KB179088

왕 이용자를
처럼 모시진
않겠습니다

왕이용자를 처럼 모시진 않겠습니다

도서관, 시민이 탄생하는 제3의 공간

느티나무도서관 관장 박영숙 지음

차례

02 공간으로 말을 걸다

끝없는 상상력의 세계

프로그램이나 전범이 아니라 정책과 사람이 필요하다

"왜 도서관이었나요?"

지난 15년 동안 가장 많이 들어온 질문이다. 참으로 긴 이야기지만, 한마디로 말한다면 자유에 대한 바람을 품은 것으로 시작해 공공성이라는 가치를 만난 덕이다. 우리를 자꾸만 옴짝달싹 못하게 얽어매는 두려움과 불안을 걷어내고 더 넓은 세상 앞에 우뚝 서서 의연하게 삶을 그려가기를 바라며, 책으로 둘러싸인 공간을 만들기로 했다. 책이 선물하는 성찰과 사유와 상상의 힘으로 삶의 맥락을 읽는 눈이 밝아지고 심장의 근육이 튼튼해질 거라고 기대했다.

공간을 꾸미고 책을 사 모으면서 공공도서관선언을 만났다. '누구나' 읽고 생각하고 상상할 권리를 보장한다니! 인간의 생명력이 지닌 존엄함을 오롯이 존중하는 선언이었다. '느티나무'라는 이름만 달고 준비하던 공간이 비로소 '도서관'이라는 정체성을 갖게 되었다.

공공성의 가치는 선언으로 그치지 않았다. 문을 연 뒤 눈에 보이는 실체로 다가온 도서관의 시간과 공간은 우리 가슴을 뛰게 했던 도서관의 정신이 고스란히 삶 속에 구현될 수 있다는 가능성을 보여주었다. 책의 힘, 책 읽는 사람들의 힘, 책과 사람이 어우러지는 공간의 힘, 그 모든 것이 소소한 일상의 삶터에 자리 잡고 있기 때문이었다. 그 안에서 자발성, 다양성, 일상성같이 현실을 변화시킬 원리들을 만났고, 북돋움이라는 덕목에 마음이 사로잡혔다. 책을 나누는 일은 꿈을 나누는 일이었다.

실험실? 실험적인

그렇게 15년을 지내면서 느티나무는 도서관계의 실험실이라는 별명을 얻었다. 우리 스스로 실험실 역할을 자처하기도 했다. 하지만 어떻게 해도 실험실이 될 수 있는 조건은 아니다. 실험실 환경이 되려면 결과에 영향을 미치는 조건과 변인을 통제할 수 있어야 하는데 도서관은 그렇게 '세팅된' 환경이 아니다. 일상의 달그락거리는 소음과 바쁜 호흡, 땀 냄새까지 오롯이 살아 있는 풍경 속에서 읽기와 배움이, 토론과 상상이 펼쳐진다. 끊임없이 일어나는 상호작용의 역동을 일방적으로 통제하는 것은 불가능하다. 학교나 심지어 종교기관도 구성원을 관리하는 체계를 갖고 있지만 '완전히 열려 있는' 도서관은 통제는커녕 이용자가 몇 명인지조차 정확하게 파악할 수 없다. 오히려 지독하리만큼 일상성의 원리에 따라 움직이기 때문에 언제 어떤 상황을 만날지 예측하기 가장 어려운 곳으로 꼽을 만하다. 그럼에도 불구하고 우리가 지내온 시간은 언제나 '실험적'이었다. 끊임없이 뭔가를 모색하고 시도해왔다.

실험실이 될 수 없는 환경에서 실험적이려면 조건이 있다. '미완'의 가능성을 끌어안는 것. 사실 실험적이라는 말은 이미 '실패'의 가능성을 담고 있다. 실험실이 아니라는 조건까지 얹히면 실패의 확률은 가늠조차 할 수 없이 커진다. 그런데 이 지점에 하나의 아이러니가 있다. 실험실이 아니기 때문에 실패로 판정할 수 있는 기준도 없다는 점이다. 실패 여부를 판정할 시점도 정해져 있지 않다. 다만, 모든 순간이 또다시 안고 갈 조건이 될 뿐. 그것이 '실패' 대신 '미완'이라는 표현을 쓴 이유고, 느티나무가 도서관으로 '운동'을 해나갈 수 있는 근거라고 할 수 있다.

무한히 열려 있어서 채우고 다시 비우고 또 채워가는 곳, 도서관은 그 자체로 과정이었다. 랑가나탄이 도서관학 5법칙 가운데 다섯째 법칙으로 도서관을 '유기체'라고 언급한 것도 같은 생각이 아니었을까. 아르헨티나의 작가이자 국립도서관장이었던 호르헤 루이스 보르헤스가 〈바벨의 도서관〉이란 작품에서 서가로 둘러싸인 육모방들이 나선형으로 끝없이 이어지는 도서관을 형상화한 것도 우연이 아닐지 모른다. 인류의 온갖 지적 활동의 산물이 쌓여가고 있는 곳이니 어쩌면 세상에서 사라지지 않는 한 도서관은 언제나 미완성의 가능태로 존재하리라는 걸 자연스레 예견할 수 있었던 것 아닐까.

실패에 덤덤해질 수 있었던 조건들

꿈꾸는 심장이 실패에 관대해지는 것은 틀림없다. 하지만 느티나무가 실험적인 일들을 시도할 수 있었던 것이 도서관문화의 변화를 바라는 간절함이나 용기 때문만은 아니었다. 우리가 발 딛고 선 조건과 거쳐온 시간이 마침, '다소 무모함'을 허용하는 어드밴티지로 작용했다.

사립도서관은 절대로 안정될 수 없는 살림살이의 부담을 안고 가야 하고 때론 아웃사이더의 외로움과 정체성의 혼란을 겪기도 하지만, 그만큼 유연하고 자유롭다. 도서관이 밑 빠진 독이라는 건 공사립 가릴 것 없이 마찬가지지만, 세금으로 얻는 재정재원과 기부금은 여러 가지 면에서 차이를 갖는다. 성과를 평가하는 잣대도 다르다. 세금으로 운영되는 공립도서관에서는 분명하게 숫자로 주어진 목표를 몇 퍼센트 달성했는지 보여주어야 한다. 성과는 곧바로 다음해 예산에 반영된다. 민간의 사립도서관에 후원하는 사람들도 기부한 돈이 제대로 잘 쓰이기를 바라는 것은 마찬가지다. 하지만 후원을 결정했다는 것은 그 도서관이 하려는 사업의 의미와 취지를 이해하고 공감한다는 뜻이다. 변화를 위한 시도와 과정까지 신뢰와 기대를 갖고 지지한다. 결과가 보장되지 않는 일들을 도모할 수 있게 해주는 힘이다.

우리가 거쳐온 시간 또한 실험적인 활동을 이어올 수 있었던 중요한 배경이었다. 한국 도서관 역사에서 지난 20년은 20세기 전체에 걸친 변화보다 더 큰 변화를 겪은 시간이었다. '압축성장'이라는 말은 도서관문화에도 그대로 적용된다. 19세기 중반부터 영국과 미국을 중심으로 근대적 도서관이 태동한 서구에서 도서관이 '공공성'을 기본가치로 선언하고 현실에 뿌리내리기까지 2백 년 가까운 시간이 걸렸다. 한국에서는? 아무리 길게 잡아도 1990년대 후반쯤부터로 봐야 할 것 같다.

훨씬 이전부터 근대적 도서관을 만들기 위한 노력이 이루어지긴 했다. 19세기 말 개화파 인사들이 근대적 도서관 개념을 소개하면서 국립도서관으로 대한도서관 설립을 시도하여 10만 권에 달하는 장서까지 수집했고, 사립도서관으로 문을 연 평양의 대동서관이나 서울의 종로도서관 등이 세워지기도 했지만 일제강점기를 거치며 긴 동면에 들어갔다. 36년간 공공도서관은 조선인이 아니라 조선에 거주하는 일본인들의 자녀교육을 위한 곳이었다. 해방 직후 도서관을 다시 세우기 위해 고군분투한 박봉석 선생 같은 인물들의 노력이 있었지만 한국전쟁으로 또 한번 단절을 겪었다. 1960년대부터 1980년대 말까지 엄대섭 선생이 펼친 마을문고운동과 대한도서관연구회를 중심으로 한 공공도서관 개혁운동이 치열하게 이어졌다. 하지만 일반인들이 도서관을 인식하기 시작한 것은 1990년대에 이르러서다.

지금 40대 이상으로 도서관을 이용해본 경험이 있는 사람이라면 100원씩 입관료를 내고 들어갔던 기억을 떠올릴 수 있을 것이다. 책을 직접 고르는 것도 아니었다. 한약방 약재서랍처럼 생긴 목록함에서 암호 같은 서지가 적힌 카드를 골라 대출신청서를 써본 경험이 있을 것이다. 도서관진흥법으로 '입관료'가 폐지된 것이 1992년, 이용자가 서고에서 직접 책을 고를 수 있는 '개가제'와 책을 도서관 밖으로 빌려갈 수 있는 '관외대출'이 시행된 것은 1980년대 후반부터 1990년대에 걸쳐 이루어진 일이다. 겨우 20년 전 일이다.

2000년대 들어 도서관을 둘러싸고 헤아릴 수 없이 많은 변화가 일어났다. 국가도서관통계시스템에 따르면 1999년 말 전국에 걸쳐 400개였던 공공도서관이 2014년 5월 현재 874개로 두 배 이상 늘었다. 작은 도서관(문고)은 3,476개에 달한다. 숫자만 늘어난 것이 아니라 도서관에 대한 기대와 요구가 봇물처럼 쏟아졌고, 그에 대한 정책적 대응과 민간의 움직임도 다양하게 이어지면서 도서관으로 떠올리는 이미지 또한 다양해졌다. 2003년 시작된 기적의도서관 건립운동은 도서관이 수험생 공부방이 아니라는 걸 보여준 동시에 어린이서비스로 눈을 돌리게 했다. 1990년대부터 아동출판이 활성화되기 시작한 출판계의 변화, 대학입시에서 논술 비중의 확대, 386세대가 부모가 되면서 아동도서의 독자로 그치지 않고 다양하게 시도해온 독서운동의 영향이 더해져 전국적으로 어린이도서관이 만들어졌다. 어린이도서관에 대한 관심은 다시 작은도서관으로 이어졌다. 걸어서 10분, 마을사랑방 같은 수식어가 덧붙여졌고 최근에는 풀뿌리 주민자치형 도서관이라는 개념까지 등장했다. 2006년 국립중앙도서관 내 작은도서관진흥팀이 설치되고 2007년 도서관법 개정에 이어 2012년 작은도서관진흥법까지 제정되면서 작은도서관에 대한 관심이 도서관 정책에서 우선순위를 차지하게 된 결과로 볼 수 있다. 주거형태에서 아파트가 절대적인 비중을 차지하게 되는 흐름 속에서, 1994년 건축법으로 500세대 이상 아파트에 문고(이후 작은도서관으로 개정)를 설치한다고 명시한 규정까지 새롭게 부각되면서 단지마다 작은도서관이 만들어지는 동인으로 작용했다. 작은도서관의 인력 문제가 대두되자 순회사서 제도가 등장하고 유례없이 도서관 자원봉사를 양성하는 사례가 늘어나면서 '유급 자원봉사'라는, 적어도 본래 의미로는 호응이 되지 않는 신조어도 등장했다.

정보화시대의 흐름을 반영하여, 신간이 출간되자마자 곧바로 제공한다는 일일수서시스템, 어디서나 책을 빌리고 받아볼 수 있다는 무인대출과 상호대차를 포함한 U(유비쿼터스)-도서관시스템 또한 여러 지자체에서 시도되었다. 도서관이 '책만 빌리는 곳'이 아니라는 인식이 확산되면서 전국적으로 한 도시 한 책, 북스타트, 휴먼라이브러리, 인문학강좌 같은 프로그램들이 앞 다투어 추진되었고 디자인, 여행, 생태 등 테마가 있는 도서관들이 등장하는가 하면 지자체 내에서 도서관별로 주제를 특화하는 움직임도 있다.

그 배경으로는 당연히 여러 줄기의 사회적 변화가 있었다. 1995년 민선1기 출범으로 지방자치제가 도입되면서 도서관 정책도 지자체의 몫으로 무게중심이 옮겨졌다. 주민자치센터가 설치되고 1992 리우선언에 따른 지역별 '의제21'이 구성되었다. 시민사회에서도 1980년대 방식의 운동 틀에서 벗어나 풀뿌리, 부문운동으로 방향이 전환되었다. 참여와 지속가능성이 화두가 되고 거버넌스의 제도적 기반도 만들어진 것이다. 교육계에서는 1999년 평생교육법 제정, 평생학습센터의 등장, 7차 교육과정 시행 등 다양한 정책이 제시되었고, 그런 가운데 사교육비는 꾸준히 치솟아 20조 원에 달했다. 여전히 입시경쟁으로 치닫는 교육에 대한 비판과 회의는 곳곳에 공동육아조합과 대안학교를 만드는 움직임으로 이어졌다. 높아진 소득수준, 1980년대 민주화시대를 거쳐 부모 세대가 된 386세대의 비판의식과 참여 동력, IT의 급속한 발달에 따른 온라인 커뮤니티의 활성화, 주5일근무제로 시너지를 일으킨 문화적 욕구, 다문화사회로 진입, 안전하지 않은 먹을거리 · 이상 기후 · 대체에너지에 대한 필요 · 원자력의 위협 같은 환경문제의 심각성과 비정규직 · 청년실업 확대로 인한 고용문제 들이 사회적으로 공유되면서 공정무역, 협동조합, 사회적기업, 마을만들기 등 다양한 대안을 모색하는 운동이 시도되고 있다.

멈춰서 돌아볼 시간

하나하나 꼽을 수 없을 만큼 변화가 이어졌고 도서관도 그 변화의 소용돌이 속에 놓여 있었다. 느티나무 같은 사립도서관에겐 무엇이든 시도해볼 만한 조건이었다고 할 수 있었고, 빠른 시간에 관심과 응원을 받는 행운 또한 누렸다. 하지만 그런 너그러운 시간이 언제까지 이어지진 않을 것이다. 실험을 검증하고 '실전'에 적용하기 위해서는 지금까지 거쳐온 과정을 제대로 복기해볼 필요가 있다. 도서관의 사회적 위상이 분명하게 세워지지 않은 상태에서 많은 변화가 이루어진 만큼 더더욱 지난 시간을 되짚어볼 필요가 있다.

사회현상이나 흐름을 반영하는 것은 도서관의 중요한 책무인 만큼, 시기마다 사회의 이슈가 도서관 정책과 서비스에 반영된 것은 반가운 일이었다. 실제로 이슈가 된 사회서비스나 커뮤니티활동을 도서관이 '보완'하거나 '대체'하기도 했다. IMF 외환위기와 글로벌 금융위기를 거치면서 실업, 비정규직 문제와 함께 양극화, 저출산, 고령화가 심각한 사회문제로 대두되고 '돌봄'이 화두가 되면서, 지역아동센터와 도서관이 연계하는 움직임이 이어졌고 곳곳에서 '실버서비스'를 시도하기도 했다.

이주노동자, 결혼이주여성의 가족이 늘어남에 따라 다문화서비스를 도입하는 사례 또한 많아졌다.

하지만 다른 기관, 단체와 기능이 중복되거나 정체성이 모호해진다는 반성과 비판이 끊이지 않았다. 참으로 아이러니한 것은 여전히 도서관을 공부방으로 여기는 사람들이 (어쩌면 더) 많다는 사실이다. 변화에 대한 상상과 실천이 뿌리를 내리고 스며들기에는 시간이 너무 짧았기 때문이겠지만, 허겁지겁 달려오느라 미처 도서관 고유의 역할을 찾지 못한 것도 큰 요인으로 봐야 할 것 같다.

성찰을 요구하는 징후들은 곳곳에서 나타나고 있다. 엄청나게 늘어나는 정보 요구와 그보다 한발 앞서가는 정보환경의 변화는 정신이 번쩍 들게 만든다. '정보센터'를 자처했던 도서관은 어떤 몫을 할 것인가. 도서관이 늘어나면서 독자가 된 사람들의 안목과 수준 역시 높아졌다. 독립영화, 뮤지컬 관객이 늘어나는 데서 문화적 요구가 높아지고 있는 것을 감지할 수 있고, 유튜브 같은 매체나 삶터 곳곳에 생겨난 커뮤니티 문화공간을 활용한 일상 속의 문화활동도 확산되고 있다. 몇 년 만에 우후죽순처럼 생겨난 북카페를 비롯해 '책도 있고 책 읽는 모임도 있는' 매력적인 문화공간들이 늘고 있으며 학습공동체와 마을사랑방 기능을 대체할 단체와 공간들이 곳곳에 생겨나고 있다. 새 책과 다름없는 책들이 쾌적한 공간에 엄청난 양으로 진열된 헌책방까지 등장했다. 더이상 몇천 권의 책을 꽂아둔 도서관 숫자를 늘리는 것만으로는 유효기간이 그리 오래가지 않을 것 같다. 작고 불편하지만 '의미'로 견딘다는 공감대는 줄어들 것이고, 자원활동 열기의 온도 또한 달라지고 있는 게 감지된다.

말하자면 S자 곡선에서 가파르게 상승하던 기울기가 차츰 완만해지는 시점에 이르지 않았나 싶다. 쭉 속력을 높일 때는 그 자체로 앞으로 나아갈 수 있지만 속도가 줄어들 때는 스스로 균형을 잡아야 한다. 지금 도서관계는 일부러 속도를 늦추지 않아도 속도가 줄어들고 있는 시기로 보인다. 몰입과 통찰과 상상력으로 다시 나아갈 방향을 찾는 노력이 필요한 때다. 도서관 사업이 단기간에 가시적인 성과를 얻기 위한 정책 수단으로 활용되는 건 아닌가 하는 불편한 문제제기에 대해서도 진지하고 냉철한 토론과 평가가 이루어지기를 기대한다. 상상력이 필요한 동시에 도서관의 정체성을 세우는 지혜 역시 필요해 보인다. 고유의 역할을 가질 때 연대도 네트워크도 가능하고 도서관의 미래에 대한 전망과 준비도 가능할 것이다.

도서관에 전범은 없다

'실험적'이라는 말을 붙들고 길게 이야기를 늘어놓은 것은 이 책이 매뉴얼처럼 받아들여지지 않기를 바라기 때문이다. 2006년, 느티나무도서관이 사립문고였던 초기 7년 동안의 이야기를 두 권의 책으로 담아냈다. 《내 아이가 책을 읽는다》(알마)와 국립중앙도서관에서 펴낸 《작은도서관 운영사례: 느티나무어린이도서관》. 그 뒤로 8년이 흘렀고 또 많은 이야기가 쌓였다. 굵직한 줄거리만 추려도 원고의 양이 많아 한 권으로 담기엔 부담스러웠다. 출판사에서 아예 사진까지 넣어 두 권으로 나눠서 펴내자는 제안을 했다. 분량 때문만은 아니었다. 알마 출판사의 정혜인 대표는 주요 독자층을 나누고 분류도 다르게 해서, 적어도 한 권은 도서관

이야기라면 처다보지도 않을 사람들에게까지 말을 걸어보자고 했다. 출판계의 도서관운동가다운 제안이었다. 도서관에서 만난 사람들의 이야기를 먼저 추려서 《꿈꿀 권리》라는 제목의 에세이집으로 엮었다. 나머지, 좀더 도서관 안으로 들어와 건물을 지은 과정부터 도서관문화 확산을 위해 벌여온 사업들과 고민, 살림살이 이야기까지 엮은 둘째 권이 이 책이다.

앞선 사례나 매뉴얼은 시행착오를 줄이는 데 큰 힘이 되지만, 해당 도서관의 여건에 맞는 목표와 계획이 없으면 도리어 없느니만 못할 수도 있다. 그동안 경험에 따르면 매뉴얼이 효과를 갖는 건 우리가 실행한 일을 앞으로 지속하기 위해 직접 갈무리해서 만들었을 때였다. 느티나무 도서관 역시 국내외 여러 도서관들에서 많은 것을 배웠지만, 그대로 적용할 수 있는 것은 많지 않았다. 실제로 힘이 된 것은 다양한 현장의 사례에서 도서관의 정신과 사회적 역할을 다시 확인하는 경험이었다. 우리가 고민하고 시도하려는 일들이 다른 곳에서도 이루어지고 있다는 사실은 우리에게 다시 한 걸음 내딛어도 좋겠다는 응원이었다.

우리는 더 나은 도서관의 모습을 찾아가고 있지만 하나의 전범이 되려는 생각은 없다. 도서관에 과연 모델이나 전범이 있을 수 있을지도 의문이다. 필요한 건 모델이 아니라 각 도서관을 고유한 사례로 만들어낼 정책과 사람이다. 도서관은 100개가 있다면 100가지 형태로 발전해갈 수 있다. 지역 환경이 다르고 그에 따라 도서관의 역할과 서비스의 우선순위도 달라질 뿐 아니라 공간과 장서와 인력의 규모를 결정짓는 자원의 수준도 다르기 때문이다. 책이 다르고 사람이 다르고, 그 요소들이 상호작용하면서 빚어내는 역동성은 차이를 지수적으로 증가시킨다. 아마 느티나무도서관도 처한 여건이 달랐다면 규모나 사업의 우선순위와 내용 모두 지금과 달랐을 것이다.

꿈꾸고 상상하기를

"언제까지 사립도서관을 이어갈 생각이냐?"

왜 도서관이었느냐에 이어서 종종 받는 질문이다. 솔직하고 현실적인 대답은 함께할 사람들이 있어서 '할 수 있을 때까지'다. 그저 바람을 이야기해도 된다면 '공립도서관들이 어떤 힘에도 영향을 받지 않고 오롯이 도서관의 정신과 역할을 구현할 수 있도록 독립성을 보장받을 때까지'라고 말하고 싶다.

느티나무도서관이 실험적일 수 있었던 조건과 배경을 길게 이야기했지만 한 가지 빠뜨릴 수 없는 힘은 '수많은 사람들'이 함께했다는 사실이다. 각자 다른 경험과 생각과 동기를 가진 사람들이 직원으로, 자원활동가로, 지지자로 함께해왔다. 일일이 꼽을 수 없을 만큼 다양한 사람이 혼을 쏟고 꿈을 펼쳤다. 충돌과 갈등을 겪기도 했고 아쉬움과 상처가 남아 있기도 하지만 그것이 함께한 시간의 의미를 희석시키는 건 아니다. 그 모든 시간을 통해 서로 배우고 단련되었으며, 한 사람 한 사람이 땀 흘리고 수고한 시간이 고스란히 남아 느티나무의 현재를 이루고 있기 때문이다. 이 책을 쓴 것은 단지 처음부터 지금까지 몸담고 있었던 사람으로서 소임을 한 것일 뿐, 여기에 담긴 모든 일은 '우리' 또는 '느티나무'라는 주어로 생략된 수많은 이름들이 상상하고 실천한 기록이다.

많은 사람이 함께하려니 소모적으로 보일 수 있는 일들과 감정노동까지 함께 겪어야 했다. 하지만 그 모든 과정이 때론 엉뚱한 상상을 하고 틀을 깨면서 다양한 시도를 할 수 있는 힘이었다. 양적인 평가에만 매달린다면 비효율이나 시행착오는 허용되기 어렵다. 공립도서관에서도 역동성을 불러일으키는 동기유발의 조건을 만들 수는 없을까? 아주 쉽게 생각해볼 수 있는 답은 '독립성'을 확대하는 것이다. 도서관의 독립성을 보장하는 제도가 만들어지게 하는 힘은 시민들의 공감과 지지에서 나올 것이다. 이 또한 느티나무가 도서관문화의 가치를 사회적으로 확산하려는 이유다.

그 노력의 일환으로 펴내는 두 권의 책을 통해, 우리가 만나고 확인한 가능성이 공유되길 바란다. 모델이 아니라 사례를 만나길 바라고, 시행착오가 눈에 들어온다면 더 반갑겠다. 좀더 욕심을 내자면, 인력과 예산, 운영계획도 없이 도서관 숫자만 늘리는 일은 이제 그만해야 할 이유를 찾으면 좋겠다. 이른바 '선진사례' 독서프로그램을 수입해 효율적으로(빠른 시간에 최소한의 자원으로) 확산하려다 '무늬만' 베끼는 결과도 더이상 반복하지 않기를 바란다. 도서관의 서비스나 프로그램은 지역과 이용자들의 삶에서 건져 올린 기획으로 삶터 속에 스며들 때 비로소 공명을 일으켰다. 도서관은 세상을 바꿀 수 있는 가능성의 공간이지만, 뿌리를 잘라버린 채로는 아무리 기다려도 새와 나비를 불러들일 열매나 꽃은 볼 수 없을 것이다.

도서관을 도서관답게 만들려면 사람이 필요하다. 그리고 그들이 도서관의 방식으로 도서관문화를 만들어갈 수 있는 여건이 필요하다. 정책은 캠페인이나 프로그램이 아니라, 그런 여건을 만드는 일이다. 전망을 제시하고 전망을 이루어가기 위한 목표를 세우고 그것을 실천하기 위해 어떤 자원이 필요하고 어떻게 확충할지 구체적인 계획으로 이어져야 한다. 도서관마다 규모와 환경에 맞는 역할을 해나갈 수 있도록 매일매일 책과 사람이 만나는 순간을 기획하고 그 자리를 지킬 사람을 충원할 방법을 찾아야 한다. 그들이 시대와 소통하고 책 표지를 읽고 사람들의 뒷모습까지 읽을 수 있는 눈을 길러, 이용자들과 소통에서 상상력의 실마리를 찾아갈 수 있도록 역량을 키우고 펼칠 수 있는 시스템이 만들어지기를 바란다.

중요한 건 실천이었다. 흐름을 읽는 통찰력과 대안을 상상하는 직관은 경험이 쌓이면서 숙성되었다. 그건 아마 백 권의 매뉴얼로도 담을 수 없을 것이다. 우리가 시도한 일들이 특별히 창의적인 건 아니었다. 가슴을 뛰게 만든 도서관의 철학을 현실의 일상 속에서 제대로, 더 적극적으로 구현해보려고 할 뿐이다. 이 책에서 공유하고 싶은 것도 낱낱의 서비스나 프로그램이 아니라 그것을 기획한 배경, 과정에서 겪은 시행착오와 깨달음, 여전히 풀어가야 할 고민들이다. 그래서 이 기록 자체도 미완이고 실험적이다. 현재진행형으로 뚜벅뚜벅 걸어가면서 잠깐 멈춰서 지나온 길을 돌아본 기록으로 읽히길 바란다.

01

왕이용자를 처럼 모시진 않겠습니다

어느 날 반납함에 쌓인 책들 틈에서, 그 책을 빌려갔던 이용자가 다른 사람에게
소개할 요량으로 쪽지를 끼워 넣은 책을 발견하게 된다면, 온종일 서가 사이를
돌아다니며 휘파람을 불어대지 않을까.

말없이
말 걸기

"도서관을 크게 만드는 건 규모가 아니라 환대다."(타고르)

—S. R. 랑가나탄, 《도서관학 5법칙》, 한국도서관협회, 2005, 83쪽

이용자를 왕처럼 모시지는 않겠습니다

느티나무도서관 입구의 한쪽 벽을 가득 채우고 있는 '서비스헌장'을 처음 보는 사람들이 한줄 한줄 읽어 내려가다가 멈칫, 되읽는 대목이다.

"이용자를 '왕'처럼 모시지는 않겠습니다."

왕처럼 모시지 않겠다는 말에는 두 가지 메시지가 담겨 있다. 이용자들의 요구에 무조건 따르지는 않겠다는 뜻과 왕을 섬기는 것과는 비교할 수 없을 만큼 진정으로 존중하겠다는 뜻. 모순처럼 보일 수 있지만 말 그대로다. 고객을 '고이 모셔두지 않고' 그들의 상상력과 꿈에 말을

걸겠다는 다짐인 동시에, 말을 걸면 기꺼이 소통과 상호작용이 이루어질 것이라는 신뢰의 표현이다. 무조건 따르지 않으려는 이유는 지금 이 순간 요구하는 것 외에 또다른 동기가 생길 수 있는 가능성을 열어두고 싶기 때문이다. 그래서 이용자가 선택한 책 한 권만 콕 집어서 대령하는 것이 아니라 '필요해질 수도 있는' 자료들까지 맘껏 둘러보도록 공들여 늘어놓고 소개하고 제안하고 의견을 묻기도 한다. 다칠까, 놀랄까, 상처받을까 걱정해서 문을 닫아걸고 바닥을 고르고 모난 것을 치워두는 대신, 여기엔 이런 길이 있고 그 옆에 또 문이 있다고, 위도 쳐다보고 뒤도 돌아보지 않겠느냐고, 말을 건다.

왕처럼 모시지 않겠다는 것은 결국 자발성에 대한 바람과 '가르치려고 들지 않겠다'는 뜻을 분명하게 밝힌 선언이다. 책을 '읽는' 것은 지극히 능동적이고 자발적인 행위가 아닌가. 훌륭한 시설과 장서를 갖추고 있다 해도, 책을 만나고 그 만남의 진동이 삶 속에 스며들도록 '만들' 수는 없다. 도서관은 말을 걸 뿐, 상대방의 머리와 가슴에 가닿는 것은 그들 자신의 몫이다.

누구든 도서관을 찾아와 이용할 수 있는 책과 활동, 공간을 늘 열심히 준비하지만, '완제품'으로 제공하는 건 아니다. 도서관에서 완전한 서비스를 제공하기란 애초부터 가능하지 않은 일이다. 도서관서비스는 준비 단계부터 전달되는 순간까지 철저히 '상호작용'으로 이뤄지기 때문이다. 우리는 이용자가 일방적으로 서비스를 제공받는 '소비자'가 아니라 사유하는 독자, 내적 동기에 따라 배우며 성장하는 학습자, 더 나은 세상을 꿈꾸고 실천하는 '시민'이 되기를 기대했다. 그래서 우리는 '말없이 말 걸기'를 중요한 원칙으로 삼았다. 단번에 공감을 얻을 수 있는 사람이 있는가 하면 열번 백번 말을 걸어도 평행선처럼 아무 소용이 없을 때도 있다. 공감은커녕 반감만 일으킬 때도 있다. 처음엔 답답함을 견디기 어려워 설명을 덧붙이려고 애를 태웠지만, 차츰 시간이 흐르면서 서두르지 않게 되었다. 서둘러 공감을 얻어내는 것은 유효기간이 그다지 길지 않을 뿐 아니라, 내적 동기와 자발성 없이는 어떤 것도 기껍고 즐겁게 이어갈 수 없다는 것을 경험으로 배웠기 때문이다.

충돌이나 갈등? 당연히 있다. '다양성'이나 '자발성' 같은 말을 구석구석 달고 있는데 어떻게 부딪히는 일이 없겠는가. 게다가 변화에는 성장통이 따르기 마련이다. 우리는 충돌과 갈등을 피해가지 않으려고 한다. 부딪히면서 서로 배우고 성숙해간다는 것을 긴 시간을 거치며 믿게 되었기 때문이다. 그 믿음은 이용자들을 정중하게 존중하면서도 당당하고 담담하게 만날 수 있는 힘이 되었다.

이용자는 소비자? 민원인?

'이용자 중심의 도서관'이라는 말에 이의를 제기할 사람은 없을 것이다. 마땅히 해야 할 소명에 충실한, 바람직한 도서관상이라고 할 수 있다. 하지만 이용자 중심이라는 말만으로 실제 도서관을 설명하기에는 부족하다. 해석의 여지가 너무 넓고 구체적이지 않다. 한 겹 들추고 몇 가지 질문을 마주할 필요가 있다. 이용자란 누구를 말하는 것일까? 도서관에 등록된 회원? 출입구의 감응장치를 통과한 사람? 책을 빌리거나 머무는 사람? 혹은 민원인? 이용자들의 요구는 무조건 따라야 할까? 요구는 어떻게 파악할 수 있나? '이용자 중심' 도서관이란 어떻게 정의할 수 있을까?

이용자 중심이란 말이 요구에 귀를 기울인다는 뜻만은 아닐 것이다. 도서관문화를 만들어가는 데서도 이용자의 성찰과 상상력, 시민의식과 실천을 중심에 두어야 할 것이다. 도서관은 공공성을 기본가치로 삼기 때문이다. 공공성이란 타인, 타인과 자신의 상호관계, 타인을 고려하는 개인들을 전제로 한다. 이용자 스스로가 다른 이용자들을 존중할 수 있다고 믿는 것이다. 그 신뢰는 그들의 자존감에 대한 극한의 존중이다.

우리는 '표현된' 요구보다는 필요에 집중하려고 한다. 요구가 꼭 언어로 표현되는 것도 아니다. 표정이나 말투, 대출권수나 도서관을 방문하는 빈도 등등, 우리가 읽어낼 수 있는 코드만 갖고 있다면 얼마든지 다양한 현상에서 이용자들의 요구를 파악할 수 있다.

이용자가 도서관의 존재 이유인 것은 분명하다. 이용자가 없다면 도서관이 있어야 할 이유가 없다. 하지만 어떤 이용자의 요구는 도서관의 정체성을 흐리게 만들기도 한다. 예를 들어 도서관에 잘 선정된 영어책들이 주제별로 가지런히 분류되어 있으니 그에 걸맞게 비싼 영어교육 프로그램을 제공해달라고 요구한다면 받아들일 수 있을까. 이용자의 요구라고 해도 도서관의 가치와 어긋나거나 원칙에서 벗어난다면 이곳이 도서관인 한 받아들일 수 없다.

우리가 생각하는 공공성은 필요와 요구의 간극을 줄이고 다양한 개인들 사이에 서로 다른 필요를 조정하는 것이기도 하다. 먼저, 이용자 각자가 자신의 필요를 깨달을 수 있도록 자극과 동기를 제공해야 한다. 이

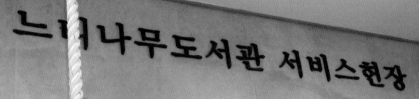

느티나무도서관 서비스헌장

누구나 꿈꿀 권리를 누리는 세상!
도서관으로 더 나은 세상을 만들고 싶습니다.

우리는
도서관을 찾아오는 모든 사람을 환대하겠습니다
아직 도서관을 모르는 비이용자, 책하고는 거리가 멀다고
여기는 사람들에게도 도서관의 자료와 만남에 대해
알 수 있도록 열심히 말을 걸겠습니다.

이용자를 '왕' 처럼 모시지는 않겠습니다.
도서관문화를 만드는 파트너로 삼아 수고로서
일거리도 기꺼이 나누겠습니다
고마워하기보다는 함께해서 기쁘고 든든하다고 여기겠습니다

세상 모든 배움을 존중하며 북돋우겠습니다.
나이, 성별, 장애, 국적, 언어, 학력, 경제력, 그 무엇도

이용자들의 프라이버시를 지키려고 애쓰겠습
어린이나 청소년들도 독립적인 인격체로 존중하여
보호자라고 해도 대출이력 같은 개인 정보는
본인의 동의 없이 공개하지 않겠습니다

용자들이 언제나 자신에게 정말 필요한 것을 알고 있는 것은 아니기 때문이다. 때로는 그런 서비스를 받을 수 있다는 사실 자체를 알지 못하거나 자료에 대한 정보가 없어서 정말 요긴할 수 있는 자료를 찾지 않는 경우까지 있다. 안타까운 일일 뿐 아니라, 도서관에서 좀더 적극적이고 효과적으로 정보서비스를 해야 할 책임을 느껴야 하는 일이다.

서로 다른 개인들의 필요가 충돌할 수도 있다. 충돌이 반드시 현장에서 면 대 면으로 일어나는 건 아니다. 도서관에 잡지가 더 많으면 좋겠다고 여기는 사람이 있는가 하면 영어 원서를 원하는 사람이 있을 수도 있다. 편하게 온돌 바닥에 앉아 책을 읽고 싶은 이용자가 있고 신발을 벗는 게 몹시 귀찮고 불편하다는 이용자가 있을 것이다. 어린아이도 편하게 데려올 수 있어서 좋다는 이용자가 있고 도서관인데 좀더 조용해야 하는 것 아니냐고 생각하는 이용자도 있다. 하지만 모두 충족시키는 건 불가능하다. 어느 한쪽만 배려할 수는 없으니 양쪽 다 포기하라고 강요할 수도 없다.

그래서 도서관은 언제나 좀더 다양성을 넓힐 수 있게 애써야 할 책임이 있고 다양한 방식과 통로로 소통하는 법을 모색할 필요가 있다. 도서관이 갖추지 못한 서비스에 대해 아쉽지만 기꺼이 양해할 마음이 들게 만드는 안내문을 써 붙이는 일부터 다양한 용도의 공간을 적절하게 배치하는 일, 본 도서관에 없는 자료를 빌릴 수 있는 가까운 도서관을 안내하는 일, 그럴 수 있도록 도서관들 사이에 꾸준히 정보를 교류하며 협력하는 일…. 할 수 있는 것도 해야 할 것도 많지만, 모든 것을 할 수 없다는 것 또한 분명한 사실이다. 그래서 이용자의 몫이 중요하다.

자발성에 기대어 균형점을 찾아가기란 굉장히 어렵다. 시민의식과 소통이 힘을 발휘해야 한다. 도서관과 이용자, 이용자와 이용자 사이에 만만치 않은 신뢰와 자존감이 쌓여가야 할 이유다.

이용자에서 시민으로

공공도서관이 형성되어온 역사가 말해주는 것처럼, 도서관의 역할은 필요한 자료만 제공하는 서비스센터가 아니다. 이용자들이 시민으로 성장하고 함께 공공성을 실천할 수 있는 힘을 키우는 곳이다. 그래서 우리는 도서관을 찾는 모든 사람이 기분 좋은 시간을 누리기 바라지만 백화점이나 호텔 입구에서 허리를 90도로 굽히며 "사랑합니다, 고객님"이라고 인사하는 식의 환대는 하지 않으려 한다. 대신 언제나 이용자들이 기여할 수 있도록 '곁'을 주려 한다. 공공성을 몸으로 익히며 실천할 수 있도록 말이다. 도서관이 공공성의 보루라고 말하는 것은 공공성을 누리는 곳일 뿐 아니라 공공성을 스스로 실천할 수 있도록 '체득'하는 장이기 때문이다. 실제로 도서관은 태어나서 처음으로 공공성을 만나고 이해하고 배울 수 있는 곳이다.

좋아하는 책이 늘 서가에 꽂혀 있었는데 없어졌다고 울음을 터뜨리던 아이가 그 책을 다른 사람이 빌려갔고 약속한 날짜가 되면 돌려준다는 걸 알게 되면서 자기가 빌린 책도 누군가 기다릴 수 있다는 생각을 하게 된다. 지시나 통제가 아니라 존중과 배려의 원리를 배운다. 나이나 학력과 상관없이 다양한 사람과 만나고 어울리면서 차이와 다양성의 가치를 확인하고 함께 살아가는 법을 몸으로 익힌다. 우리가 도서관에서 희망을 만난 이유다.

왕처럼 모시기는커녕 정말 이용자를 '부려먹는' 도서관이라는 말을 듣기도 한다. 그다지 틀린 말이 아니라 반박하기는 어렵다. 손이 모자라는 일거리나 곤란한 몫을 이용자들에게 스스럼없이 떠넘기기 일쑤다. 느티나무 도서관에는 곳곳에 1분 만에 할 수 있는 '반짝자원활동'이 널려 있다. 구석구석 빗자루와 쓰레받기가 걸려 있기도 하고, 아주 재미있게 읽고 난 책을 다른 사람들에게 소개할 수 있도록 잘 보이게 놓아두는 공간도 있다. 그 모든 것으로 '말을 건다'.

도서관에서 말을 거는 주체는 셀 수 없이 많고 다양하다. 공간, 책, 사람, 문득 가슴에 와닿는 음악, 눈 내리는 창가의 책들이 내뿜는 향기, 하룻밤 비에 꽃을 피운 화단, 뜻하지 않은 만남으로 친구가 되는 순간…. 때로는 우리가 의도하지 않은, 미처 생각하지도 못한 방식으로 사람들에게 다가가기도 한다. 하지만 '그저' 말을 거는 것은 모두 마찬가지다.

말을 건다는 것은 '상호작용'을 전제로 하는 개념이다. 상호작용이 반드시 일대일의 주고받는 관계로 이뤄지는 것은 아니다. 도서관서비스의 상호작용은 뭔가를 '불러일으키는' 과정이라고 할 수 있는데, 한 명의 이용자에게 불러일으킨 작용이 수많은 사람에게 영향을 미친다. 실제로 도서관 이용자들은 서비스의 전 과정에 기여한다. 그 기여도를 한 뼘이라도 더 넓히기 위해 말을 거는 것이 도서관의 역할이다.

"이 작가의 책을 많이 보시는군요. 새로 들어온 책도 있는데 혹시 보셨나요?"

"과학책만 골랐네. 혹시 방학숙제 하려고 고른 거니?"

말 걸기. 도서관이 코앞에 있어도 오지 못하는 동네 점포들을 찾아나서는 책수레(뒤쪽)와, 구석구석 잠깐 걸터앉는 자리마다 눈길이 닿도록 놓아둔 미니 책꽂이(앞쪽). "모든 기다림의 순간, 나는 책을 읽는다."

"이 책 빌려가는 분은 처음 봤습니다. 어떻게 이 책을 알게 되셨어요?"

"아까부터 검색대에 서 있던데, 혹시 찾는 책이 없니? 좀 도와줄까?"

곁을 주다

이용자들에게 책을 찾아 빌려주면서 건네는 이야기들은 다양한 답으로 돌아와 새로 살 책을 고르는 데 길잡이가 되고 '참고서비스^{reference} service'의 자료가 된다. 참고서비스는 도서관인들이 가장 잘하고 싶어하면서도 어려워하는 일이다. 문헌정보학 용어사전에 따르면 '참고서비스'란 이용자의 주제별 문헌조사를 돕거나 참고도서를 제공하고 이용자의 개인적 요구를 수용하는 등의 서비스 혹은 제도를 말한다. 그렇다고 해서 모든 주제의 지식정보를 제공해야 하는 것은 아닐 텐데, 처음엔 좀처럼 엄두를 내기 쉽지 않다.

그 문턱을 넘는 비법을 하나 찾았다. 우리가 할 수 있는 것과 하지 못하는 것을 분명하게 알리는 것이다. 우리 스스로 할 수 없는 것을 인정하면 이용자의 몫을 남겨두는 여유를 갖게 되고, 그러면 문턱을 넘기가 좀 수월해지지 않을까 생각했다. 그런데 정말 그런 효과가 있었다. 완벽하게 정보를 꿰고 있어야 한다는 강박에서 벗어나니 질문을 주고받고 관심을 불러일으키면서 함께 자료를 찾아나가는 조력자의 역할만으로 참고서비스의 의미를 찾을 수 있었다. 그렇게 말을 걸면서 시작된 상호작용이 차곡차곡 쌓이면서 어떤 전문가의 서평보다 살아 있는 참고서비스의 자료가 되었다.

국제도서관협회연맹IFLA 공공도서관서비스 가이드라인은 '공공도서관의 사명과 목적' 가운데 하나로 '변화를 주도하는 기관'을 꼽는다. '주도'한다는 표현이 흥미롭다. 다양한 자료를 갖추고 사람들이 정보에 접근할 수 있도록 함으로써, 그리고 지역사회 안에서 논의되고 있는 문제들을 인식하고 도움 될 만한 정보를 제공함으로써, 정보화된 민주사회를 창조하고 유지하는 데 기여하고 지역사회 구성원의 삶과 그들이 사는 지역사회가 풍요롭게 발전하도록 활력을 준다는 것이다.

그동안 많은 이용자를 만나면서, 우리는 각자의 삶과 삶터에서 '변화를 주도'해나갈 사람들의 안내자이자 조력자로서 어떤 역할을 해야 하는지 알게 되었다. 그것은 곧 도서관이 학교가 아닌 이유이기도 했다. 도서관은 답을 주는 곳이 아니라 답을 찾아가도록 안내하고 돕는 곳이다. 그리고 그 일은 몹시 답을 찾고 싶게 만드는 질문들을 만나는 데서 시작된다. 그러고 보면 도서관이 해야 할 일은 일상에서 스스로 물음표를 건져 올릴 기회와 환경을 만드는 것 아닐까. 느티나무도서관이 세상 모든 사람을 환대하면서 왕처럼 모시지는 않으려는 이유다.

느티나무도서관 서비스헌장

• **우리는 도서관을 찾아오는 모든 사람을 환대하겠습니다.**

아직 도서관을 모르는 잠재이용자, 책하고는 거리가 멀다고 여기는 사람들에게도 도서관의 자료와 만남에 대해 알 수 있도록 열심히 말을 걸겠습니다.

• **세상 모든 배움을 존중하며 북돋우겠습니다.**

나이, 성별, 장애, 국적, 언어, 학력, 경제력, 그 무엇도 이용자의 자격으로 삼지 않을 것이며 보이지 않는 문턱도 생기지 않도록 세심하게 살펴겠습니다.

• **지적 자유를 실현하기 위해 늘 고민하며 애쓰겠습니다.**

책을 고르는 데서부터 공간을 제공하는 일까지, 공공성을 실천하면서 이용자들의 알 권리를 적극적으로 보장하겠습니다.

• **경쟁적인 입시교육을 보조하는 역할은 하지 않겠습니다.**

획일적으로 가르치고 평가하는 학교의 방식이 아니라, 스스로 배우고 함께 배우는 도서관의 방식으로, 책 읽는 즐거움을 나누도록 돕겠습니다.

• **'내가 건네는 책 한 권이 한 사람의 운명을 뒤흔들어놓을 수 있다'는 생각으로**

갓난아기부터 어르신까지, 누구나 더 넓은 세상을 만나고 가슴이 뛰도록 한 사람 한 사람 존경과 응원을 담아 책을 건네겠습니다.

- **이용자를 '왕'처럼 모시지는 않겠습니다.**

도서관문화를 만드는 파트너로 삼아 수고로운 일거리도 기꺼이 나누겠습니다. 고마워하기보다는 함께해서 기쁘고 든든하다고 여기겠습니다.

- **이용자들의 프라이버시를 지키겠습니다.**

어린이나 청소년들도 독립적인 인격체로 존중하여, 보호자라고 해도 대출이력 같은 개인정보는 본인의 동의 없이 공개하지 않겠습니다.

- **'음식물 반입금지'나 '정숙' 같은 규칙을 내걸진 않겠습니다.**

규제가 생기는 만큼 자유의 몫이 줄어들 것이기 때문입니다. 대신, 자발적인 존중과 배려를 규칙으로 삼겠습니다.

- **우리가 하지 못하는 것에 대해 분명하게 알리겠습니다.**

이용자들의 이야기와 요구에 늘 귀를 기울이면서도, 할 수 없는 일이 생기면 정중하게 그 이유를 밝히고 이해를 구하겠습니다.

- **함께 만드는 도서관문화를 기대합니다.**

책을 읽고 토론하며 성찰하고 사유하는 사람들의 표정, 언어, 태도에서 뿜어나오는 기운이 도서관을 채우고 삶터를, 세상을 바꿔가면 좋겠습니다.

누구나 꿈꿀 권리를 누리는 세상!
도서관으로 더 나은 세상을 만들고 싶습니다.

배가, 도서관서비스가
예술이 되는 순간

도서관은 질서와 혼돈이 공존하는 곳이기도 하지만 우연의 공간이기도 하다. 위치가 지정되고 번호가 매겨진 후에도 책들은 자체의 고유한 이동성을 잃지 않는다. 멋대로 내버려두면 책들은 의외의 형태로 모인다. 유사성, 연대순으로 정리되지 않은 계보, 공통된 관심사와 주제 등과 같은 비밀스런 규칙을 따르는 듯하다.
—알베르토 망구엘,《밤의 도서관》, 세종서적, 2011, 173쪽

분류는 어쩌라고…

도서관 업무에서 가장 곤혹스러운 일 가운데 하나가 도대체 하나의 주제로 분류하기 어려운 책을 '어디로든' 분류를 해서 꽂아야 한다는 것이다. 수많은 책들 틈에서 필요한 책을 찾으려면 제자리에 꽂혀 있어야 하니 책의 주소라고 할 수 있는 분류기호를 부여해서 위치를 정하는 일

은 무척 중요하다. 아이러니하게도 눈이 번쩍 뜨이게 반가운 책일수록 분류하기가 난감할 때가 많다. 한 사람의 저작은 될 수 있으면 한자리에 모이게 하고 싶은데 정체성을 한마디로 말하기 힘들 만큼 다양한 내용을 다루는 저자들도 있다. 그래서 이른바 '문제작'이 될 것 같아 보이는 신간을 만나면 들뜨고 기쁘면서도 어느새 걱정이 고개를 든다. '분류는 어쩌라고…'

다양한 영역을 넘나들며 굵직한 저작을 내놓는 저자들이 갈수록 늘고 있고 아마 앞으로 더 늘어날 것 같다. 과학자와 인문사회학자, 혹은 예술가가 공동으로 책을 펴내는 예도 많다. 그 책들을 모두 '학제간 연구' 나아가 '융합학문'의 성과물이라고 볼 수는 없지만(그러기 위해서는 두 용어를 정의하기 위한 토론과 기준에 대한 공감대가 필요한데, 그것만도 참으로 어려운 일이라 여기서는 건너뛰기로 한다), 사회 흐름에 따라 연구동향이 변화하고 그것이 다시 출판동향에 영향을 미치는 것은 분명하다.

생물학자인 최재천 교수와 인문학자인 도정일 교수의 《대담》(휴머니스트, 2005)은 어떻게 분류해야 할까? 어떤 도서관에서는 강연집, 수필집, 연설문집 등을 모아두는 041로 분류하는가 하면, 어떤 도서관에서는 과학철학으로 분류해 분류기호 401을 부여하고, 001.3 지식, 학문 일반으로 분류한 도서관도 있다. 이쯤 되면 통일된 분류기호를 적용해 배가排架를 하기는 어려워 보인다.

여러 주제가 다뤄진 책을 분류할 때 분량을 기준으로 하는 지침들이 있긴 하다. 아주 단순한 방법을 예로 들면 어떤 책이 물리학, 화학, 천문학을 모두 담고 있는데 각 주제에 해당하는 분량이 50퍼센트, 20퍼센트,

30퍼센트라면 가장 많은 분량을 차지하는 물리학으로 분류를 하는 식이다. 간단해 보이지만 규칙을 적용하기는 쉽지 않다. 어디부터 어디까지를 물리학으로 보고 화학으로 볼지, 무 자르듯 주제를 가르기 어렵다. 전문 학술서적이 아니라 공공도서관에서 많은 비중을 차지하는 이른바 대중과학서는 더욱 어렵고 아이들 책은 말할 나위도 없다. 과학책 한 권에 생물학, 천문학, 인체과학에다가 실험을 따라 할 수 있는 예시까지 담고 있는 사례가 많다. 그런 경우 모두를 아우르는 상위 분류인 '과학'으로 분류한다는 지침이 있긴 하지만, 특별히 생물학이나 천문학에 관한 자료를 찾는 사람이라면 생물학이나 천문학 코너만 둘러보다가 그 책을 놓칠 수 있다.

다행히 IT의 힘을 빌릴 수 있게 되었다. 제목과 저자를 비롯해 책에 관한 정보를 담는 서지 데이터베이스DB에 블로그나 SNS의 태그처럼 키워드들을 입력해서 검색 가능하도록 만드는 것이다. 어디든 책을 꽂아둘 위치는 정해야 하니 분류기호로는 물리학 혹은 과학을 선택하더라도, 화학과 생물학이라는 분류주제어까지 입력해두면 키워드로 검색을 해서 찾을 수 있다.

분류법과 출판동향 사이의 시간차가 빚어내는 문제는 또 있다. 최근 들어 사회적으로 관심이 높아지고 있는 '사회적경제'를 비롯해, 다양하게 대안을 모색하는 지역운동의 사례를 담은 책들의 경우 찾는 사람은 많은데 어디로 분류해서 꽂을지 기존의 분류표에서 답을 찾기가 쉽지 않다. 분류체계가 사회의 변화 속도를 따라가기 어렵기 때문이다. 한국십진분류법KDC, Korean Decimal Classification만 해도 두꺼운 책 한 권 분량에 상관색인까지 한 권 딸려 있는데(최근에 발간된 제6판은 해설서까지 한 권 더해졌다), 이를 통째로 개정하는 건 방대한 작업이다. 어마어마한 인력과 시스템이 필요할 것이다. 분류표만 업데이트해서 될 일도 아니다. 자유자재로 자료를 검색할 수 있는 수준까지 효과를 발휘하려면 검색엔진부터 이용자인터페이스까지 기술적인 인프라가 뒷받침되어야 한다. 분류법과 전산시스템을 모두 갖춘다고 해도 도서관마다 그 콘텐츠를 다룰 사람을 충원해야 하는 큰 숙제가 남는다. 분류법을 실제로 적용하는 방침과 이용자들이 활용할 수 있도록 인터페이스를 다듬어가는 건 '기계로 대체할 수 없는', 사람이 해야 할 몫이다.

《유럽의 교육》을 교육학에?

분류를 둘러싼 고민을 이야기하면, 도서관에 들어오는 모든 책을 다 읽는 거냐고 놀랄 수 있다. 물론 다 읽지 않는다. 하지만 짧게라도 책을 만나고 낯을 익힐 시간은 충분히 가지려고 한다. 한권 한권 만지고 훑어보고 뒤집어보지 않고 무슨 수로 책에 관한 '정보'를 서비스한단 말인가. 사서의 손을 거치는 시간이 길수록 책이 독자를 만날 가능성이 커진다. 따지고 보면 책에 분류기호를 정하고 꽂아둘 위치를 정하는 과정부터 이미 '정보서비스'가 이루어진다고 볼 수 있다. 이 책은 어떤 주제를 담은 책입니다, 하고 보여주는 것이니 말이다.

책이 서가에 꽂히기 전에 꼭 미리 살펴봐야 하는 이유는 밤새워 이야기해도 모자랄 정도로 많다. 먼저, 그렇게 하지 않는다면 정말 엉뚱한 위치에 꽂히게 될 책들이 있다. 국내에선 에밀 아자르라는 필명으로 더 널리 알려진 로맹 가리라는 러시아 태생 유대계 프랑스 작가가 있다. 만일 그를 모르는 사서가 그의 소설 《유럽의 교육》(책세상, 2003)을 미처 표지 디자인도 눈여겨보지 않은 채 제목만 보고 분류한다면 300번대 사회과학의 370 교육학 코너에 꽂힐 가능성이 있다. 적어도 저자 소개와 서문, 후기 정도는 반드시 살펴봐야 한다. 같은 책이 지역 내에서 상호대차 서비스를 하는 도서관들 사이에서 각각 다르게 분류될 때도 있다. 스쿠버다이빙을 하는 프리랜서 사진작가가 바닷속 풍경들을 담은 《바다일기》(고바야시 야스마사, 진선출판사, 2000)가 한 도서관에서는 454 해양학으로, 다른 한 도서관에서는 497 어류, 양서류, 파충류로 분류되어 있었다. 또다른 도서관들을 확인해보니 477 생물지리학으로 분류한 곳도 여러 군데였다.

다른 도서관에서 어떻게 분류했는지 검색해보는 것은 크게 도움이 되었다. 그 분류기호를 그대로 따르기 위해서가 아니라, 만일 내가 분류한 것과 다른 번호가 부여되어 있으면, 다시 한 번 책과 분류표를 살펴보면서 더 나은 분류가 있을지 생각해보게 되기 때문이다. 실제로 그렇게 해서 어처구니없는 실수를 한 경우를 발견한 적이 꽤 있다.

같은 소재를 다루었더라도 다른 주제로 분류되는 책들도 있다. 정한진의 《향신료 이야기》(살림, 2006)와 최수근·최혜진의 《향신료 수첩》(우듬지, 2011) 같은 책들이 그 예다. 후추, 계피, 마늘 같은 향신료는 일상생활에 필수적인 존재인 만큼 세계 역사에도 막대한 영향을 미쳤다. 향신료가 이동해간 비단길과 바닷길을 따라가보면 동서교역의 역사를 그대로 볼 수 있고 열강들이 일으킨 수많은 전쟁의 현장에 이르기도 한다.

그것만으로도 굵직한 세계사의 얼개를 그려볼 수 있을 정도다. 하지만 향신료라는 제목만 보고 900번대 역사나 300번대 사회과학에 속한 분류기호를 떠올리기는 어렵다.

한국십진분류법에 따라 분류기호를 찾도록 돕는 KDC 상관색인에서 '향신료'라는 항목은 찾을 수 없다. 대신 양념, 향료라는 항목을 찾아보면 각각 500번 기술과학에서 520 농업의 524 작물학 아래 524.66 양념작물과 524.66 향료작물을 보라고 안내한다. 요리법과는 거리가 멀다. '셰프가 추천하는 54가지'라는 부제를 달고 있는 《향신료 수첩》에 이 분류기호를 쓸 수는 없다. 590 생활과학 아래의 594 식품과 음료 항목을 '알아서' 찾아가야 한다. 음식이 건강에 미치는 영향을 다룬 책이라면 같은 500번대 기술과학에서도 510 의학 아래 나열된 분류기호들을 훑어봐야 하고, 음식문화의 측면에서 다룬 책이라면 300번대 사회과학 아래 381 의식주 풍습에 두어야 한다. '달콤한 미각의 역사'라는 부제가 달린 얇지만 꽤 많은 역사와 문화를 담고 있는 《향신료 이야기》는 같은 시리즈로 발간된 책들과 함께 082 전집, 총서로 분류하거나 574 식품공학으로 분류한 곳이 많았다.

분류기호의 언어 구분표는 제국주의 목록?

분류를 놓고 길게 고민하기로는 문학을 빼놓을 수 없다. 공공도서관은 대학도서관이나 전문도서관과 달리 전체 장서에서 문학이 큰 비중을 차지한다. 문학류는 먼저 언어별로 크게 분류한 뒤 소설, 에세이, 논픽션 등 형식에 따라 구분하는 것이 일반적이다. 하지만 같은 책이라도 담겨 있는 주제를 우선으로 보아 철학, 역사, 과학 등 십진분류 주제별 서가에 배치하는 도서관도 있다.

종종 소설 한 편에 그 어느 역사서에 견주어도 손색이 없을 만큼 풍부한 역사의 기록을 담고 있는 작품들을 만난다. 게다가 문학이 허용하는 허구의 힘 덕택에, 사료만으로 엮은 역사서의 빈틈을 작가의 상상력이 채워준다. 역사서를 읽는 이유가 검증된 사료로 정확한 사실을 확인하는 것만이 아니라 큰 흐름의 맥락을 읽고 과거를 통해 오늘의 삶을 성찰하면서 미래를 그려가기 위한 것이라고 한다면, 역사 코너에 두어도 충분히 의미를 가질 만하다. 독서의 즐거움으로는 더 말할 나위 없다. 소설로 관심을 갖게 되어 어떤 시대의 역사에 천착하게 될 가능성은 무궁무진하다. 과학, 예술, 모두 마찬가지다.

이렇게 세부적으로 들어가면 문학의 비중이 많거나 적다고 획일적으로 말하기 어렵지만, 십진분류로 따졌을 때 다른 9가지 분류 주제에 비해 비중이 큰 것에는 거의 예외가 없다. 느티나무도서관도 마찬가지다. 문학은 언제나 절반쯤을 차지했고 갈수록 더 늘리고 싶어진다. 실제로 사회과학, 자연과학, 기술과학(요리법을 포함해서!) 같은 분야에서는 책 대신 다른 정보매체를 이용하는 비중이 더욱 빠르게 늘고 있기도 하다.

한국십진분류법에 따라 정해지는 세 자리 수 분류기호를 살펴보면 문학은 100의 자리에는 8을 지정하고, 10의 자리에는 지리 구분에 해당하는 숫자, 1의 자리에는 형식 구분에 해당하는 숫자를 할당한다. 예를 들어 프랑스 소설은 프랑스어에 해당하는 숫자 6과 소설에 해당하는 숫자 3을 적용해서 863이라는 번호를 부여한다. 규모가 그리 크지 않은 도서관이라도 프랑스 소설이 수백 권에 달하기 때문에 그 번호만으로 책을 찾기 쉽도록 정리하기는 어렵다. 서가의 한 칸 내에서 책이 꽂히는 최종 위치, 주소로 말하면 번지에 해당하는 상세 위치를 표시하기 위해 대부분 저자의 이름을 기준으로 하는 저자기호를 쓴다. 한국어로 번역된 작품들의 저자기호는 외국 이름이라도 발음을 한국어로 옮겨서 표기한다.

문제는 언어를 기준으로 한 구분이었다. KDC에서 문학류를 분류하는 기준과 번호는 1한국문학, 2중국문학, 3일본문학, 4영미문학, 5독일문학, 6프랑스문학, 7스페인문학, 8이탈리아문학, 9(러시아를 포함한)기타 제문학으로 지정되어 있었다. 가까운 중국과 일본은 역사적으로 깊이 영향을 주고받았으니 그렇다 치더라도 첫눈에 '왜 하나같이 제국주의 열강에 속했던 나라들만 늘어놓은 걸까?' 하는 의문이 떠올랐다. 당연한 일이라는 데 생각이 미치기까지는 오래 걸리지 않았다. 그들은 세계 곳곳에 식민지를 만들었는데, 단순히 잉여생산물을 처리하고 원료를 공급받는 것으로 그치지 않았다. 그 역할을 효율적으로 할 수 있도록 언어와 문화까지 장악했다. 그러니 국경을 넘어 널리 배포된 책들이 그 나라들의 언어로 쓰였을 것은 쉽게 짐작할 수 있는 일이었다. 세계적인 언어 사용 비율이나 도서관 서가를 차지하는 나라별 작품의 비율에서도 역사의 단면이 드러나는 것이다.

그런 배경이 이해가 되면서도 그걸 굳이 도서관 서가에 책을 꽂는 기준으로 삼고 싶지는 않았다. 그래서 10년 가까이 느티나무도서관에서는 문학작품을 1한국, 2외국 둘로만 구분했다. 고집을 피우느라 다소 억지스런 핑계를 대기도 했다. 세계가 일일생활권이 된 이 시대에 굳이 원작의 언어를 기준으로 구분해야 할 만큼 문학에서 문화적 차이가 의미를 가질까? 오쿠다 히데오와 온다 리쿠의 작품들 사이에 조지 오웰, 제인 오스틴의 작품이 있으면 어떤가? 등등. 하지만 책이 늘어나면서 더이상 고집을 부리기 어려워졌다. 문학책만 1만 권을 훌쩍 넘어서고부터는 두 손 들고(!) 언어 구분표의 1~9번 숫자를 모두 사용하고 있다.

　중국, 일본, 영미, 독일, 프랑스, … 순으로 늘어선 서가를 보면서 지금도 종종 불편한 느낌이 고개를 든다. 실제로 어디에 꽂을지 정하기 곤란한 책들도 있다. 예를 들면 그림책 《시인과 여우》(보림, 2001)는 팀 마이어스가 영어로 쓰고 한성옥이 그림을 그리고 김서정이 한국어로 옮겼다. 내용은 '하이쿠'의 대가로 이름난 일본 시인 바쇼의 이야기다. 하이쿠는 17자로 이루어진 짧은 시로 일본 고유의 시 형식이다. 동양문화에 관심이 많았던 미국 작가 팀 마이어스는 일본에서 몇 해를 보내면서 하이쿠나 일본의 옛이야기에서 얻은 모티브로 책을 여러 권 냈는데, 마침 미국에서 공부하고 활동했던 한국의 일러스트레이터가 그림작가로 참여한 것이다. 이 모든 사실을 알고도 840 영미문학에 분류하는 것은 참으로 석연찮은 일이다. 영미문학에만 관심이 있는 사람이 일본의 하이쿠에도 관심을 갖게 될 계기를 특별히 기대하지 않는다면 말이다. 언젠가 느티나무도서관에서는 또다시 한국어든 영어 알파벳이든 저자 이름만 기준으로 삼아 문학작품을 배열하겠다며 서가를 죄다 뒤엎는 수고를 무릅쓸지도 모른다.

라벨을 책의 나이테 삼아

분류와 씨름을 시작한 것은 15년 전, 도서관 개관 준비를 하던 때까지로 거슬러 올라간다. 문헌정보학과 학생들이 아르바이트로 분류작업을 함께 했는데 분류를 마친 책들을 서가에 꽂으려고 바닥에 쭉 늘어놓고 보니 곳곳에 삐죽삐죽 튀어나오는 책이 너무 많았다. 대부분 그림책이었다. 정하섭의 《삐뽀삐뽀 불자동차》(비룡소, 1997)라는 글자가 몇 개 없는 그림책이 500 기술과학 서가에서 550 기계공학의 556 자동차공학 서적들 사이에 꽂혀 있는 식이었다. 이건 분류기호를 잘못 적용한 예라고 하더라도 다른 그림책들은? 자세히 살펴보니 그림책이 죄다 300번대 사회과학 서가에 꽂혀 있었다. 370 교육학 아래 375 유아교육으로 분류한 것이다. 옛이야기 책들도 가까이에 모여 있었는데 이번엔 분류기호가 380 풍속, 민속학 아래 388 민간전승으로 분류되어 있었다. 옛이야기를 찾는 사람이 사회과학 서가를 둘러볼 확률은 얼마나 될까? 난감했다. 민담이나 전설을 채록한 기록과 그것을 다시 문학으로 재구성한 작품들은 다르게 분류해야 하지 않을까? 하는 의문도 들었다. 그에 관해서는 전문가들의 논의가 또 필요하겠지만, 무엇보다 이용자들이 책을 좀 더 쉽게 만날 수 있는 길을 선택하기로 했다. 도서관으로 공간을 리모델링하느라 막바지 공사와 가구 제작에 매달려 책 목록을 주문하면서 분류해두었던 것과 실제 DB에 입력된 데이터를 미처 비교해보지 못했던 것이 아쉬웠지만 발등을 찧고 있을 수만은 없었다. 앞으로 시간이 갈수록 책은 늘어날 테니 지금이라도 단추를 끌러 다시 채워보기로 했다. 개관예정일이 며칠 남지 않았지만, 문을 열고 난 뒤에도 조금씩 수정해나갈 수 있도록 현실적으로 계획을 세우고 라벨을 모두 떼어내고 다시 붙이기 시작했다. KDC 책장이 닳도록 옆에 두고 읽어가면서 책을 한권 한권 펼쳐보는 길고도 지난한 작업의 출발이었다.

문학류의 분류와 배가는 두고두고 어려운 숙제였다. 2000년대 들어 아동문학 관련 개론서나 서평집이 많이 발간되었는데, 아동문학 연구자뿐 아니라 지역에서 독서운동을 하거나 아이를 키우는 사람들도 많이 이용했다. 처음엔 해당 작가 작품 옆에 나란히 두는 게 당연히 좋을 거라고 간단히 생각했다. 평론이 문학 형식의 하나인 것은 분명하지만, 이용자들이 쉽게 접할 수 있기를 바라서였다. 그런데 문학평론가의 책은? 평론에서 다루는 작품 옆에 낱낱이 뜯어서 꽂을 수도 없다. 이용자 가운데는 문학이론서나 평론만 찾는 사람들이 있고, 책 수 또한 점점 늘어나 지금은 809 문학사, 평론으로 분류해 따로 꽂아두고 있다. 어쩔 수 없이 하나의 기준을 선택해야 하지만 아쉬움이 남는다. 원작은 읽지 않고 평론만 읽는 부작용(?)이 생기기도 했다. 그림을 그린 작가와 글을 쓴 작가가 다른 그림책을 어떤 순서로 꽂을지도 문제였다. 저자 이름순으로 책꽂을 위치를 정하는데 그림책은 어떻게 해야 하나? 글작가를 기준으로 했다가 그림작가로 다시 바꾸면서 책등에 붙이는 라벨을 죄다 뗐다 붙이기를 반복했다.

라벨 위에는 훼손되지 않고 잘 붙어 있도록 키퍼라는 투명한 테이프를 붙이는데 그것을 떼어내기가 어려워 그대로 둔 채 두번 세번 새 라벨을 덧붙이기도 했다. 언젠가 살림살이를 컨테이너에 넣어 보관해두고 해외 근무를 다녀온 이용자가 미처 반납하지 못했던 도서관 책을 뒤늦

느티나무도서관 책라벨 진화의 역사에서 청동기시대쯤에 해당하는 띠라벨. 분류주제어를 컬러라벨용지로 출력해서 칼집을 넣으면 뒷면을 떼어내 쉽게 붙일 수 있다.

게 떠올리고 택배로 보내온 적이 있었다. 그 사이 두 번쯤 새로운 라벨을 '개발'하여 바꿔 붙인 책들 틈에 놓으니 마치 1970년대 흑백사진을 보는 것 같았다. 기념 삼아 떼어내지 말고 새 라벨을 위에 덧붙이자고 하면서 이런 농담을 했던 기억이 난다.

"이게 말하자면 느티나무 책들의 나이테인 거죠?"

지난 15년 동안 숱한 밤을 도서관에서 보내게 만든 가장 큰 일거리는 공간배치를 바꾸느라 가구와 책 더미를 끌어안고 씨름한 것과 책을 다시 배가하느라 전산시스템의 데이터를 고치고 라벨을 뗐다 붙이기를 반복한 일이다. 두 가지 모두 절대로 '재택근무'로 할 수 없는 일이었으니.

000이 붙은 책들은 1,000원, 아니면 공짜?

이미 붙여놓은 라벨을 떼어내고 다시 붙이는 작업은 만만치 않았다. 초기 1~2년 동안은 견출지를 사다가 아예 펜으로 써서 붙이기도 했다. 한두 해 지나면서 요령이 붙자 다른 욕심을 내기 시작해 '철학' '예술' '문학'처럼 분류주제를 한글로 인쇄한 '띠라벨'을 만들기도 했다. 도서관에 있는 책들은 서가에 꽂아놓았을 때 보이는 '책등' 아래쪽에 문패처럼 책의 주소를 나타내는 라벨을 붙인다. 분류기호에 저자 이름을 나타내는 기호를 덧붙인 청구기호를 흰색 라벨에 출력해서 붙이고, 그 윗줄에 색깔 있는 띠를 하나씩 덧붙인다. 철학, 예술, 문학, 역사 같은 맨 상위 분류(대분류)를 표시하는 것인데, 분류주제마다 색깔이 다르기 때문에 좀 떨어져서 보아도 잘못 꽂힌 책을 금세 찾아낼 수 있다. 이것을 흔히 띠라벨이라고 부른다. 000, 100, 200, 300, … 900의 열 가지 띠라벨을 붙이는데, 도서관이 낯선 사람은 그 번호가 무엇을 뜻하는지 알 리가 없다. 어느 날 아이들 몇 명이 와서 자기들끼리 내기를 하는 중이라며 물었다.

"000이 공짜인 거 맞아요?"

"아니죠? 1,000원이죠?"

책마다 붙어 있는 띠라벨을 보고 300은 사회과학이 아니라 300원, 600은 예술이 아니라 600원, 900 역사는 두꺼운 책도 많으니 제일 비싼 900원(!)이라고 나름대로 생각한 아이들이 000 총류에서 공짜냐, 1,000원이냐 의견이 갈린 것이다. 그 뒤로 우리는 도서관의 중요한 기능인 배가의 원리를 '어려운 말을 쓰지 않고' 이해시킬 수 있는 다채로운 이용자 교육을 궁리하고 시도했다. 도서관의 책이 어떻게 제자리를 갖는지, 아이들도 쉽게 익힐 수 있도록.

한편으로는 '누구든 알아보기 쉬운' 띠라벨을 '개발'했다. 처음엔 견출지에 '과학' '문학' '역사'라고 손으로 써서 붙이기도 하고 '좀 더 돈을 들여' 접착용 라벨용지로 출력해서 사용하기도 했다. 1만 권 남짓한 느티나무도서관 장서만으로는 업체에 새로운 제품 개발을 요청할 수가 없었다. 마침 2003년 기적의도서관 개관 TF팀에 참여하게 되면서, 느티나무도서관의 요구를 언제나 마다하지 않고 받아주던 도서관용품업체에 주문을 해 전례가 없던 문자 라벨이 만들어졌다. 다른 도서관들 역시 비슷한 고민을 할 테고 기적의도서관은 홍보효과 또한 클 테니 어렵더라도 제품을 만들어보자고 했다. 그러면서도 늘 떼를 쓰던 처지에 업체에 너무 큰 부담을 지우는 것 아닐까 걱정이었는데, 고맙게도 이제 여러 도서

분류기호를 몰라도 책을 제자리에 쉽게 꽂을 수 있도록 만든 띠라벨. 주제마다 색깔이 달라 잘못 꽂힌 책이 금세 눈에 띈다.

관에서 문자로 만든 띠라벨을 쓰고 있다.

분류표의 용어도 문제였다. '총서'라는 낱말을 들어본 사람이 얼마나 될까? 그나마 한자를 배운 세대는 몇 단계쯤 생각을 거치면 '모일 총叢'이라는 한자를 떠올릴 수도 있지만 아이들은? 웃지 못할 일이 벌어지기도 했다. 어느 날 한바탕 축구를 하고 얼굴이 발갛게 달아오른 아이들이 뛰어 들어왔다. 잠시 땀을 식히느라 잠잠한가 싶더니 한 아이가 들뜬 목소리로 소리쳤다.

"야, 이리 와봐, 총류래, 총류."

"이런…!"

한 손으로 들기도 어려운 백과사전부터 제목에 한자도 많은 도서관학 전공서에 읍지, 면지 같은 향토자료들까지, 마치 무게로 분류한 것처럼 두꺼운 책들만 꽂혀 있는 걸 본 아이들. 이내 실망의 기색이 역력해졌다. 그 씩씩한 개구쟁이들 덕에 사회과학은 '우리가 사는 세상'으로, 기술과학은 '생활 속의 과학'으로, 서가 표지를 바꾸는 시도까지 하게 되었다.

분량이 많지 않은 '700 언어'와 '200 종교'는 아예 함께 '200 인문'으로 묶기도 했다. 그렇게 해서 빈자리가 생긴 덕에, 800 문학에 두기도 600 예술로 분류하기도 애매한 그림책과 만화책을 딱 그 사이에 있는 700에 모아둘 수 있었다. 누가 봐도 편법이었지만, 장서량이 1만 권 남짓밖에 되지 않던 때는 한결 책을 찾아보기도 쉽고 관리하기도 쉬웠다. 자료가 늘어나고 특히 어른들이 볼 책이 아이들 책보다 더 많아지면서부터는 200 종교, 700 언어 등도 복원해 다시 사용하고 있다. 그림책과 만화책은 별치기호를 써서 따로 꽂는다.

분류기호 말고도 '형식'에 매일 때 생기는 문제는 또 있었다. 책 표지에는 도서관에 들어온 순서대로 일련번호가 입력된 바코드를 붙여서 책을 대출할 때 바코드 스캐너를 갖다 대면 곧바로 전산시스템에 입력이 되도록 한다. 그런데 빠르게 대출반납 처리를 하기 위해서 바코드를 책마다 정해진 위치에 붙이려는 생각에 표지 맨 아래에서 몇 센티미터, 왼쪽에서 몇 센티미터 혹은 중앙 등으로 기준을 매긴다고 했다. 우리는 굳이 그럴 필요 있겠느냐, 바코드를 찾는 데 몇 초나 더 걸린다고, 차라리 그 덕에 표지를 앞뒤로 한 번 훑어볼 수 있으면 그것도 나쁘지 않겠다며, 바코드 위치를 '표지의 이미지와 정보를 최대한 가리지 않는 곳'으로 정했다. 이름난 작가의 그림을 아예 표지 전체에 실은 책도 있다. 제목과 저자 이름을 넣느라 디자이너는 얼마나 고민을 했을까 생각하면서 도저히 바코드로 그림을 훼손(?)하기가 어려워 결국 표지를 넘겨 안쪽에 붙이고 말았다.

다른 도서관 사서들이 방문했다가 그걸 보고는, 혀를 차며 걱정을 했다.

"세상에 이렇게 아무 데나 붙여놓으면 어떻게 관리를 해요?"

"그러게 말입니다."

번번이 답이 궁색했는데, 마침 말이 필요 없이 이유를 설명해줄 기막힌 사례를 만났다. 어느 날 새로 들어온 책들을 서가에 꽂으려고 마지막 점검을 하다가 눈에 들어온 《황금똥을 눌 테야!》(박

아이쿠, 딱해라! 바코드를 꼭 정한 위치에 붙이지 않아도 좋은 이유.

성근, 웅진주니어, 2009). 책의 표지를 곧바로 사진기로 찍어 자료정리교육 때마다 아주 요긴한 자료로 썼다.

느티나무도서관에서도 처음엔 어떻게든 정확하게 분류를 해야 한다는 생각에만 매달려 씨름을 했다. 그런데 답을 찾기 어려운 자료들이 쌓여갈수록, 대체 분류기호의 정답이 어떤 의미를 가질까 의문이 들곤 했다. 사람 사는 세상의 일이 어디 그렇게 한올 한올 낡은 스웨터를 풀어 다시 실타래로 엮듯이 할 수 있겠는가.

게다가 분류하고 DB로 입력하느라 책을 살펴보다가 전에는 잘 알지 못하고 관심도 없었던 분야의 책들이 눈에 들어오는 경험도 했다. 졸업한 뒤로는 과학책을 좀처럼 보지 않았는데 패러데이, 파인만, 이휘소 같은 과학자들의 삶의 이야기를 만나면서 중고등학생 시절 시험공부로 외우기만 했던 공식과 이론들이 비로소 삶에 이유를 둔 탐색으로 다가왔고, 《이중나선》의 저자 제임스 D. 왓슨의 연구에 실제로 결정적인 역할을 한 로절린드 프랭클린 같은 인물들의 일화를 엿보면서 역사 속에서 여성의 삶이 어떻게 자리매김해왔는지에 대한 또다른 단면을 만나기도 했다.

어쩌면 도서관에 오는 이용자들에게도 이런 경험이 도움이 되겠다는 생각이 들었다. 두고두고 고민하던 전기나 평전의 문제에서 실마리를 찾을 수 있을 것 같았다. 처음엔 과학자 이야기를 다룬 평전은 과학 서가에 함께 두고, 예술가의 삶을 담은 자료는 예술 코너에 두는 게 좋겠다고 생각했는데, 900번대 역사 서가의 990 전기에 모아두는 것이 좀더 다양한 분야의 인물들을 만나는 기회가 될 수 있겠다는 생각이 들었다. 솔직히 말하면 아직도 무엇이 더 나은 방법이라고 단언하지는 못하겠다. 꼭 하나의 정답이 필요하다고 생각하지도 않는다. 다만 도서관에서 책을 어디에 어떻게 배치할지 고민하는 일이 중요하다는 걸 계속 확인할 뿐. 아무튼 한 가지 대상을 이쪽저쪽 다양한 측면에서 바라보는 자료들을 만나는 경험은 그 대상에 대한 이해의 폭을 넓혀줄 뿐 아니라, 관심 없던 분야에까지 눈을 돌리는 기회가 된 것은 틀림없다. 도서관은 그렇게 내가 바라보는 세상을 조금씩 넓혀가기에 더할 나위 없는 곳이었다. 나아가 분류와 배가를 끌어안고 고민한 참으로 지난했던 세월은 '절대로 소모적이라고 말할 수 없는' 도서관 정보서비스의 과정이었고, 도서관에 '사람'이 있어야 할 이유를 확인하는 시간이었다.

서가정리는 허드렛일이 아니다

절대로 소모적이라고 할 수 없는 또 한 가지 일이 바로 책을 제자리에 꽂는 일이다. 공들여 고른 책을 공들여 분류해놓아도 제자리에 꽂혀 있지 않으면 소용없다. 느티나무도서관에서는 자기가 읽거나 빌려간 책을 직접 제자리에 꽂는다. 책에 붙여놓은 라벨을 보고 위치를 찾으면 같은 주제의 책들이 그 자리에 있기 때문에, 좀더 다양한 책들을 둘러보면서 고를 수 있을 거라고 기대했다.

명분은 그럴듯하지만 실제로 그런 효과가 그리 크겠느냐며 반대하는 사람도 있다. 정말로 제자리를 찾지 못하는 이용자도 있었지만 '귀찮아서' 찾지 않고 '대충' 꽂아두는 이용자들도 적지 않았다. 빌려갔던 책을

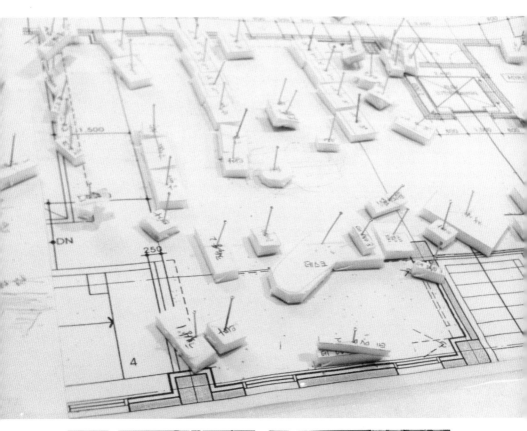

장서를 점검하고 공간 배치를 바꾸려면 책을 죄다 빼냈다 꽂는 일을 반복한다. 위쪽은 축소한 서가를 핀으로
이리저리 옮기며 배치를 구상할 수 있게 만든 공간 모형으로 청년 인턴의 작품이다.

열 권쯤 한곳에 무더기로 던져놓고 가면 곤란한 상황이 발생한다. 검색 프로그램에서는 틀림없이 반납이 되어 도서관에 있는 것으로 나오는데 책꽂이에는 책이 없는 것이다.

　반납대를 설치해보기도 했다. 읽고 난 책을 제자리까지 가져가지 않고 모아둘 수 있는 자리를 마련했다. 결과는? 반납대에 쌓이는 책은 '실체volume'를 가진 물건들이었다. 한두 시간만 지나면 반납대가 차고 넘칠 만큼 쌓이는데 그 책들을 제자리에 꽂을 시간은 좀처럼 나지 않았다. 채 며칠 못 가서 만장일치로 '원상복귀!'를 결정했다. 이용자들이 도무지 제자리를 확인도 하지 않고 마구 꽂아둔다, 일손을 덜어주는 게 아니라 오히려 일거리를 만든다…, 이용자의 자율 배가에 대해 끊이지 않던 불만이 그 며칠 동안의 실험으로 싹 사라졌다. 책을 손수 제자리에 꽂는 것이 크게 힘이 된다고 이야기하면 그저 인사치레로 여기는 사람들이 많았는데, 정말 그런 면이 없지 않았나 보다. 반납대 설치 이벤트를 치른 뒤로는, 열심히 제자리를 찾아 책을 꽂아두는 이용자를 보면 나도 모

이동식 반납함. 도서관 문을 닫은 동안에는 입구 안쪽에 놓아둔다. 밖에서 출입문에 뚫린 반납구로 책을 집어 넣으면 이 반납함에 책이 쌓인다.

르게 꾸벅, 절을 하게 되는 게 아닌가.

지금까지도 도서관 문을 연 시간 동안은 이용자들이 자기가 본 책을 직접 서가에 꽂는 걸 원칙으로 하고 있다. 문제는 반납함. 아침마다 도서관 문 열 준비로 분주한 도서관에서 가장 큰 일거리 가운데 하나가 반납함에 쌓인 책들을 정리하는 일이다. 정기휴관일인 목요일을 지내고 난 금요일 아침이면 아예 반납함 정리할 시간을 따로 할애한다. 명절연휴나 장서점검 등으로 며칠 휴관을 하고 나면 반납함과 한바탕 씨름을 해야 한다.

어느 날 인턴으로 일하던 한 청년이 꾀를 냈다. 열람실 엘리베이터 앞 눈에 띄는 자리에 탁자를 하나 가져다 놓고 테이블보를 척 걸치더니, 반납함에 들어 있던 책들을 모두 그 탁자에 늘어놓았다. 뚝딱, 전시대가 만들어졌다. 그러고는 이렇게 써붙였다.

"오늘 느티나무에 반납된 자료들입니다. 요즘 이웃들이 어떤 책을 읽는지 궁금하셨죠?"

작전은 대성공. 수북이 쌓였던 책들이 하루 만에 모두 대출되었다. 반납함을 전시대로 탈바꿈시킨 아이디어에는 또 한 가지 의미가 있었다. 공청회, 토론회처럼 이름 붙인 행사를 치르지 않고도 얼마든지 일상 속에서 소통하고 참여할 수 있다는 것을 다시 확인한 것이다.

그때부터 서가 위에 소개하고 싶은 책을 올려놓는 자리를 더 늘렸다. 누구든 빌려갔던 책을 제자리에 꽂으면서 다른 사람에게도 소개하고 싶을 만큼 아주 재미있게 읽은 책은 제자리에 꽂지 않고 해당 위치의 서가

밤새 반납함에 쌓인 책들로 뚝딱 차려진 전시대. "요즘 우리 마을 사람들이 어떤 책을 읽는지 궁금하셨죠?"

위에 표지가 보이도록 세워두는 것이다. 느티나무도서관의 서가 위에는 군데군데 표지가 보이도록 세워둔 책들이 쭉 늘어서 있고, 그 틈에는 이런 안내표지가 놓여 있다.

"다른 사람들과 같이 보고 싶을 만큼 재미있게 읽었던 책을 올려주세요."

1분도 걸리지 않지만 효과 만점인 반짝자원활동이다. 말없이 이어지는 소통의 시간.

"이 책 참 재미있더군요." "이 책 한번 보실래요?" 표지가 보이게 책을 꽂아두는 것은 이렇게 말을 건네는 것과 마찬가지다. 책 표지는 책의 첫인상을 결정짓는 얼굴이다. 제목, 저자 이름, 출판사, 책 내용을 엿볼 수

다른 사람에게 소개하고 싶은 책을 서가 위에 올려두는 짧은 수고로도 긴 여운을 남긴다. 말없이 이어지는 소통.

있는 발췌문, 추천사 등 책에 대한 많은 정보를 담고 있기 때문이다. 디자인도 큰 몫을 한다. 표지의 이미지만으로 책의 느낌이 꽤 전달되어 책을 선택하는 데 큰 영향을 미치기 때문에 책을 만드는 사람들은 갈수록 표지 디자인에 공을 들인다. 그래서 표지 자체의 예술적 수준 또한 상당하다. 아마도 지금 내가 가진 미적 감각은 그동안 수많은 책 표지를 보면서 나도 모르는 사이에 길러진 것이 아닐까 생각한다.

표지가 보이면 책을 읽고 싶어질 가능성이 커지는 건 분명하지만, 모든 책을 표지가 보이게 놓아둘 수는 없다. 한정된 공간에 많은 책을 꽂으려면 책등이 보이게 꽂는 수밖에 없다(책의 부위별 이름은 사람 몸의 이름을 따서 쓴다. 책장을 꽉 묶어 제본해서 제목 등을 써넣는 앞표지와 뒤표지 사이 평평한 곳을 책의 '등spine'이라 부르고, 반대쪽을 책배라고 한다). 책등에도 제목을 비롯해 책에 대한 정보가 적혀 있지만, 등이 보일 때보다는 표지가 보이게 놔둘 때 책이 선택될 가능성이 높아진다. 그렇게 책을 권하는 일도 사서 혼자 하지 않고 이용자들이 참여하도록 '곁'을 내주는 방법을 찾은 것이다. 사소해 보일 만큼 일상적인 소통과 참여가 이루어지도록 시도하는 것 역시 자발성과 다양성이 한 뼘이라도 더해질 거라는 기대 때문이다.

어느 날 반납함에 쌓인 책들 틈에서, 그 책을 빌려갔던 이용자가 다른 사람에게 소개할 요량으로 쪽지를 끼워 넣은 책을 발견하게 된다면, 온종일 서가 사이를 돌아다니며 휘파람을 불어대지 않을까.

말없이 말 걸기, 그 방식이 썩 괜찮은 것은 바로 누구나 슬그머니 동참할 여지가 참으로 풍성하게, 구석구석에 널려 있다는 점 때문이었다. 이

책을 읽고 나면 또 어떤 책들이 읽고 싶어질까? 늘 궁리하면서 때론 영화로 만들어져 큰 반향을 불러일으킨 작품의 원작들을 찾아 소개하기도 하고, 어떤 소설의 배경이 된 나라의 여행안내서나 그 나라 출신으로 이름난 사람의 평전을 슬그머니 옆에 세워두기도 한다. 늘 관심을 갖고 보는 분야의 책만이 아니라 다른 분야에도 관심을 갖게 되길 기대하면서.

분류무용론에 물음표를 달다

책에 관한 서지를 모두 전산화하고 검색시스템을 갖춘다면 분류는 무용지물이 될 것이라고 보는 견해도 있다. 옳고 그름을 따지기보다는 표현을 바꿔야 할 것 같다. 분류가 무용지물이 되는 것이 아니라, 분류의 형식과 범위가 변화해야 한다고. 왜냐하면 분류표에 따른 번호를 부여하는 것 외에 앞서 말한 검색 키워드를 정하는 것 역시 '분류'의 과정이라고 볼 수 있기 때문이다.

전산화에 힘입어 도서관에서 책에 관한 정보를 한결 풍성하게 이용할 수 있게 된 것은 말할 나위 없다. 하지만 도서관의 책을 언제나 컴퓨터로 검색해서 찾아보는 것은 아니다. 도서관의 중요한 기능 가운데 하나가 '브라우징'이다. 연관된 자료들이 가지런히 모여 있는 서가 주변을 살펴보다가 미처 생각지 못했던 자료들이 눈에 들어오고, 꼬리에 꼬리를 물듯 보고 싶은 자료들이 많아진다. 분류무용론에 여전히 물음표를 달고 싶은 이유다. 번호순으로 꽂으면 관련된 주제의 자료들이 자연스레 연결되도록 책의 위치를 정해주는 십진분류법이 여러 가지 한계와 보완할 점에도 불구하고 여전히 강력한 효과를 갖고 있기 때문이다(아무리 생각해도 듀이

십진분류법DDC, Dewey Decimal Classification을 창안한 듀이Melvil Dewey는 천재다. 세계 공용인 아라비아숫자를 사용하기에 많은 나라의 도서관들이 DDC를 채택하거나 변형해서 쓸 수 있다. 그뿐 아니라 십진수를 활용해 서가에 자료를 배열하기가 쉽다. 자릿수에 따라 하위 주제, 다시 그 하위 단계의 세부 주제가 차례대로 표시되는 번호에 따라 배열하면 같은 주제의 책들이 자연스레 한곳에 모이게 된다. 이론적으로 말하면 세상에 어떤 새로운 주제가 등장하더라도 자릿수를 확장해서 번호를 정할 수 있는 체계다. DDC 초판이 선을 보인 건 100년도 더 전인 1876년이다. 듀이가 애머스트대학 도서관의 사서보조원으로 일하던 학부 시절에 고안했다고 하니, 그는 사서가 되기 이전에 이미 사서의 역량이 필요한 이유를 보여준 셈이다).

우리는 도서관에서 분류가 갖는 의미를 다시 생각해보기로 했다. 10여 년 전과는 비교할 수 없을 만큼 발달한 검색시스템을 이용할 수 있게 되었으니 브라우징을 고려한 서가 배치, 즉 '배가'에 좀더 무게를 두어도 좋지 않을까 생각했다. 전체 장서가 5만 권쯤밖에 되지 않는 공공도서관에서 시시콜콜 세부 주제까지 나누어 분류번호를 일고여덟 자리까지 정확하게 부여하느라 안간힘을 쓸 일은 아니라는 생각이었다. 그보다는 도서관의 공간배치나 이용자들의 동선을 생각해서 어떤 책을 어디에 두는 게 발견될 가능성을 더 높일지에 초점을 두고 두 가지 반칙을 하기로 했다. 먼저 한 가지로 분류기호를 정하기 어렵게 여러 주제를 담은 책들은 두세 권씩 구입해서 이쪽저쪽에 모두 꽂아두기로 했다. 그리고 딱히 분류기호를 정하기는 애매하지만 한곳에 모여 있으면 좋을 책들은 따로 자리를 마련해 모아두기로 했다. 서가의 칸마다 써 붙일 안내문이 늘어나고 전산시스템의 서지에 입력할 사항도 늘어갔다.

별난 별치기호들: 살림, NGO, 연구…

궁리 끝에 찾아낸 대안은 별치기호였다. 도서관에서 별치기호란 말 그대로 '따로 두고 관리'하기 위해 붙이는 표시다. 가장 많이 쓰이는 별치기호는 'R'이다. 사전류처럼 대출할 수 없고 도서관 안에서만 볼 수 있는 참고자료에 붙인다. 처음에는 도서관마다 R이라고 붙여놓은 자료를 보면 참고자료를 뜻하는 reference의 첫 글자가 아니라 대출을 허용하지 않는다는 의미에서 restrained를 뜻하는 줄 알았다. 자료를 어느 정도로 이용할 수 있느냐가 주관심사였기 때문이기도 하고, 설마 참고자료라고 해서 무조건 대출을 허용하지 않을 거라고는 미처 생각하지 못했기 때문이다. 예를 들어 야생화도감이나 별자리도감은 여행을 갈 때 들고 가기에 맞춤한 자료다. 수첩에 옮겨 적거나 머릿속에 담아 가라고 할 수도 있지만 계곡이나 들판에 나가서 자연을 만나 감동과 호기심이 일었을 때 자료를 찾아볼 수 있으면 훨씬 도움이 될 것 같았다. 우리는 도감이나 사전도 자료 특성에 따라 대출할지 말지를 하나하나 검토해서 참고자료라도 필요하면 대출하기로 했다.

대신에 '열람전용자료'를 따로 모아두기 위한 별치기호를 만들었다. 인기가 높아서 자주 대출되는 그림책들을 도서관에서라도 볼 수 있도록 한 권씩 더 구입해 '도서관에서만 보는 책'이라는 라벨을 붙이고 '책날개'라는 별치기호를 달아 관리했다. 책날개는 《우리 아이, 책날개를 달아주자》(현암사, 2000)의 저자 김은하 선생이 그 책의 첫 인세를 기부해준 돈으로 열람전용 코너를 만들기 시작했기 때문에, 그 뜻을 기념하려고 책 제목을 따서 붙인 이름이었다.

따로 모아서 꽂아두지만 검색을 하면 주제별로도 찾을 수 있으니 별치기호는 아주 요긴한 도구였다. 그 별치기호를 좀더 확장해서, 분류표에 따르면 이리저리 흩어져 있을 책들을 이용자들이 한자리에서 볼 수 있도록 모아주는 표지판처럼 사용하기로 했다. 그 결과 '살림' 'NGO' '지역사회' '도서관' '연구' 등등 다양한 별치기호가 등장했다. 청소년 독서회의 멤버들이 '청소년들이 읽을 만한 책'을 골라 '청소년'이라는 별치 스티커를 붙이기도 했다. 도서관계에서 보기에 '별치기호를 남용'하는 것으로 보일 만하다. 그래도 이용자들이 관심 있는 책들을 만나게 될 가능성이 높아지는 건 분명했다.

아기를 업고 와서 육아에 관한 책을 찾는 사람 눈에 '기술과학'이라는 표지가 띄기는 쉽지 않다. 육아는 598 기술과학의 맨 뒤쪽에 배치된다. 요리책, 영양과 건강에 대한 책 모두 마찬가지로 기술과학으로 분류된다(뜻밖에 아이들이 요리책을 좋아해서 종종 펼쳐놓고 읽는 걸 목격할 때면 다시 마음이 오락가락했다. 요리책을 찾아 기술과학 코너에 갔다가 그 재미난 과학책들이 눈에 들어온다면! 하는 욕심). 그림책이 375.1 유아교육으로 분류되어 사회과학 코너에 꽂혀 있는 도서관도 꽤 많았다. '살림'이라는 별치기호로 한자리에 모으니 필요한 사람들이 좀처럼 접근하지 않는 곳에 있던 자료들을 눈앞으로 확 끌어내 보여주는 효과를 가진다. 느티나무도서관처럼 장서 5만 권 안팎 규모의 공공도서관에서 이 정도 일탈은 기꺼이 허용할 만하지 않을까.

별치에서 컬렉션으로

별치기호가 만능키는 아니었다. 이용자들이 좀더 쉽게 접근할 키워드나 주제를 애써 골라 따로 모아둔 것인데, 해당 주제의 서가에만 매달려 책을 찾는 사람들도 있기 때문이다. 한 가지 주제로 분류하기에 '너무 아까운' 책들은 아예 두세 군데 해당 주제의 서가에 한 권씩 따로 꽂아두기도 했다.

느티나무도서관은 공간 규모로 보면 장서량이 5만 권을 넘기 힘들다. 최대장서량을 이미 채운 상태로 봐야 한다. 주어진 공간에서 서가가 꾸준히 숨을 쉬도록 하려면 새 책을 채워 넣을 때마다 그만큼 묵은 책을 솎아내야 한다. 그래서 해마다 수만 권씩 발행되는 책들 가운데 구입할 책들을 '고르는' 일이 갈수록 중요해진다. 공들여 고른 책들이 주인을 만나도록 미로 같은 서가 사이에 길을 내고 표지판을 다는 것 또한 더 중요해졌다.

도서관마다 자체적으로 정책을 정해야 할 사항은 많기도 하다. 모두 똑같이 따라야 하는 불가침의 원칙이 있는 것은 아니다. 분류를 통일하지 않으면 어떤 도서관의 체계에 익숙해진 사람이 다른 도서관에 가서 책을 찾기 어렵다는 문제제기도 검색시스템이 이만큼 발달하고, 서점에서 책의 위치를 은행 대기번호표처럼 출력까지 할 수 있는 시대에는 어울리지 않는다.

고맙게도 하루하루 이용자들과 만나고 소통하는 시간이 쌓이면서 이용자들을 알아가고 '이용자들에게 필요한' 책을 고르는 눈이 조금씩 밝아졌다. 느티나무도서관에서 오랫동안 천착해온 별치기호는 이제 다양

구석구석에서 눈길을 멈추게 하는 다양한 주제의 컬렉션들. 도서관은 책으로 세상에 말을 건다.

한 주제의 '컬렉션'으로 진화하고 있다. 첫 번째 컬렉션은 독서회 책 모음으로 시작했다. 함께 읽을 책을 도서관에서 빌리기도 하지만 대부분은 독서회원들이 개인적으로 구입하는 경우가 많았다. 그 가운데 한 권을 도서관에 기증해서 그 독서회 이름이 붙은 칸에 꽂아두는 방식이었다. 강좌나 워크숍 같은 행사가 열리면 그 자리에서 다루어지는 책들이나 그 주제와 관련된 책들을 컬렉션으로 따로 모아두었다. 행사에 참가하지 못한 사람들과도 소통할 수 있는 통로가 되었다. 지난해부터는 컬렉션 쪽으로 배가의 무게중심을 좀더 옮겨서, 도서관 어디에서나 형식도 주제도 다양한 컬렉션들이 말을 건네고 있다.

별치기호가 특정한 위치에 고정 코너를 만드는 도구라면, 컬렉션은 별치기호와 전시의 중간쯤에서 주제나 분류의 틀을 넘나들며 좀더 유연하게 책을 배치하는 방식이라고 할 수 있다. 우리의 삶이 그러하듯, 문득 화두를 던지는 한 권의 책 혹은 하나의 낱말에서 시작해 한코 한코 엮어가듯이 함께 볼 자료들을 골라 몇 개월 또는 일 년씩 보기 좋게 따로 모아둔다. 소리 없는 스토리텔링.

이런 시도를 하는 것이 꼭 책을 수납할 공간이 모자라서만은 아니다. 사회의 흐름과 변화에 따라 다양한 형태로 컬렉션을 만드는 일은 '점점 더 책과 멀어지는 시대'에 갈수록 의미를 가질 것이라고 생각한다. 책과 이용자들의 표정을 꾸준히 읽고 소통하는 노력은 오롯이 장서에 반영되어 도서관의 서가에 내러티브를 입힐 것이고, 그렇게 한권 한권 살아난 책들은 마을에 깃들인 사람들의 삶과 호흡하며 세상에 희망을, 상상력을 풀무질할 테니까. 서가가 살아서 숨을 쉬도록 만드는 일에는 기한도

없고 반환점도 없다. 도서관이 문을 열고 이용되는 한 지극히 일상적인 과정으로 이어질 것이다. 바로 그 점이 책과 사람의 만남을 잇는 도서관 서비스를 모두 기계로 대체하지 말아야 할 이유이자 예술로 만드는 비법이다. 15년 전 한 연구자의 논문에서 만난 다음과 같은 화두가 앞으로 다시 15년이 지난 뒤에도 여전히 우리에게 똑같은 질문을 건넬 것이라는 예감이 틀리지 않는다면 말이다.

> 결국 공공도서관은 장서를 통해 사회에 대해 말할 수밖에 없다. 즉 공공도서관의 장서는 사회를 반영하기도 하지만, 사회를 변화시키기도 하는 것이다.
> ─김영기, 《공공도서관 장서를 통해본 한국사회 지식의 흐름》, 한울아카데미, 1999, 134쪽

배려 vs. 간섭,
균형 없는 줄타기

이용자는 두 종류로 나뉜다. 즉 어딘가로 가던 길이어서 가능하다면 바로 신속한
조처를 원하는 사람과 그다지 많은 도움 없이 천천히 책을 고르고 싶은 사람이 그
것이다. 이 점을 잘못 판단하게 되면 당장 그리고 언제까지나 나쁜 인상을 주게
된다. 이것은 모든 이용자를 획일적인 말로 맞이하는 것에 잘못이 있다.
—S. R. 랑가나탄, 《도서관학 5법칙》, 한국도서관협회, 2005, 79~80쪽

환대와 배려

도서관의 첫인상에 가장 크게 영향을 미치는 것은 사람이다. 장서와
서비스를 얼마나 잘 갖추었느냐와 상관없이, 처음 들어설 때 마주친 사람
의 표정, 태도, 말투만으로 도서관에 대한 느낌이 달라지는 듯했다.

이용자를 환대하고 필요한 정보를 잘 전달하는 것은 도서관의 중요한

책무다. 하지만 아무리 도움이 되는 정보라도 많은 이야기를 한꺼번에 건네려들면 오히려 벽이 생기는 것 같았다. 친밀감이나 신뢰가 생기지 전에 지나친(!) 친절은 오히려 경계하게 만들 수 있다는 걸 배웠다. 낯설고 서먹한 느낌도 존중하면서 간섭받지 않고 탐색할 시간을 담담히 기다릴 필요가 있었다. 일방적으로 전달하는 것이 아니라 이용자 스스로 귀를 기울이고 소통의 동기를 갖게 될 순간들을 꾸준히 만들어가야 했다. 소통은 상호작용이었다.

한쪽 끝에는 아직 도서관이 낯설고 최소한의 정보만 필요로 하는 이용자가 있고, 다른 끝에는 좀더 풍성한 만남과 교류를 원하는 이용자가 있다. 그 사이에 펼쳐진 스펙트럼 위에서 적절하게 대응할 수 있어야 한다. 우리는 그것이 배려라고 생각했다.

처음 온 사람 알아보기

도서관 카운터를 지키는 시간이 쌓이면 눈이 밝아지는 모양이다. 들어서는 사람의 표정과 태도만 봐도 처음 온 사람인지 아닌지 쉽게 알아차릴 수 있게 되었다. 솔직히 털어놓으면 요령이랄 것도 없다. 손에 반납할 책을 들고 있지 않은 사람, 구석구석 눈길을 돌리며 구경하듯 두리번거리는 사람, 누구에게 말을 걸어야 할지 살피는 사람, 함께 온 사람들과 공간의 첫인상에 대해 말을 주고받으며 들어서는 사람.

먼저 다가와서 처음 왔다며 안내를 청하는 이용자도 있지만 언제나 그런 것은 아니다. 아이들 가운데는 여기가 내가 올 만한 곳인지 살피기만 하고 먼저 말을 건네기 어려워하는 경우가 많았다. 게다가 도서관이

라니! 아직도 책이라면 곧바로 공부, 공부는 곧 시험으로 연결시키는 어른들 탓인지, 아이들이 처음부터 도서관을 편안하게 여기긴 어렵다. "안녕? 처음 왔니?" 하고 말을 건네는 것으로, 낯선 공간에 들어설 때 갖기 쉬운 경계나 긴장감을 덜어보려고 했다. 자신에게 관심을 보이며 필요한 걸 찾아 서비스하려고 준비하고 있는 사람이 있다는 것을 알게 되면 성큼 한 발을 들여놓지 않을까 하는 생각이었다.

어린아이를 데리고 온 이용자들에게도 배려가 필요했다. 아이를 안거나 업은 채 구석구석 공간과 책을 둘러보기 어려울 뿐 아니라, '이렇게 어린아이를 데려와도 괜찮을까?' 눈치를 보는 사람이 많았다. 이것저것 궁금하지만 먼저 말을 꺼냈다가 괜스레 아기가 너무 어리니 이용이 곤란하다는 말을 들을까봐 망설였다는 사람도 있었다.

"돌 지났나요? 아이가 아주 잘 웃네요."

"포대기 좀 풀고 잠시 앉으시겠어요? 가방은 이리 주시고요."

"우와! 아기가 도서관 나들이를 오셨네. 여기는 도서관이에요. 느티나무도서관."

아이나 보호자에게 몇 마디 말을 건네는 것만으로 표정이 한결 편안해진다. 도서관 공간과 시설에 대해 안내하고 정수기, 기저귀교환대, 담요와 포대기 같은 비품의 위치도 알려주면서 아기들에게 읽어줄 책, 퍼즐, 인형 등까지 한 번씩 짚어가며 이용하는 방법을 설명한다. 언제나 짐작이 꼭 들어맞는 건 아니다. 간혹 처음 오셨느냐고 인사를 건넸는데 자주 왔었다는 대답을 듣고 민망해질 때가 있다. 그러면 또 그런대로 멋쩍게 웃다가 이야기가 이어지기도 한다. 중요한 건 당황해서 '얼어붙지' 않고 솔직하고 편안한 태도로 말을 건네는 것.

"아, 그랬구나. 어떻게 아줌마가 한 번도 인사를 나누지 않았을까. 벌써 책 빌리는 카드도 만들었네. 도와주지 않아도 알아서 잘한 모양이구나."

"진즉에 안내를 해드렸어야 하는데, 죄송합니다. 혹시 불편하거나 궁금한 건 없으셨나요? 2층 열람실이나 지하 북카페에도 가보셨어요?"

처음 온 사람에게만 안내가 필요한 것이 아니었다. 몇 년 동안 도서관을 이용하면서도 '이런 책'이 있는 줄 몰랐다, '이런 공간'이 있었느냐고 뒤늦게 반가워하는 사람을 보면 쥐구멍에 숨고 싶을 만큼 미안했다. 이용자가 도서관 자료와 서비스에 대해 미처 파악하지 못한 것은 없는지,

불편한 점은 없었는지 묻고 안내하는 일은 늘 실시간으로 필요했다.

"잡지도 지난 호는 빌리실 수 있는데, 혹시 아래층 열람실에 가보셨어요? 육아나 교육에 관한 잡지들도 여러 종 있으니까 언제 한번 훑어보세요."

처음 방문한 이용자가 도서관에 신뢰와 기대를 가질 수 있도록 할 수 있는 일은 많았다. 먼저 책에 대한 정보를 공간에 담으려고 했다. 주제별로 책꽂이를 잘 배치하고 알아보기 쉽게 안내문을 써 붙이는 데 공을 들였다. 책에 흥미를 일으키는 다양한 공간 이벤트도 시도했다. 상설 전시대를 활용한 작은 전시회, 책과 지역 정보를 주고받을 수 있는 게시판 등, 구석구석 말없이 소통을 일으킬 수 있는 공간들을 만들었다. 서가의 옆면, 윗면, 구석구석에 책 표지, 포스터, 서평기사를 붙이고 신문에 실린 신간 보도기사를 스크랩하여 게시판에 붙이거나 투명파일에 끼워 누구나 볼 수 있도록 놓아두었다. 기사에 소개된 책 표지 옆에는 그 책에 해당하는 분류 라벨을 붙여놓았다. 서평을 보면서 읽고 싶어진 책을 서가에서 쉽게 찾을 수 있도록 위치를 표시하는 것인데, 일본 도쿄의 한 도서관을 방문했을 때 보고 배운 방법이다.

키 낮은 책꽂이 위에는 "다른 사람에게 소개하고 싶을 만큼 재미있게 읽은 책을 올려주세요"라고 써 붙여놓았다. 사서가 작성하는 북리스트 외에 이용자들끼리 서로 책을 권하고 소개하는 기회를 일상적으로 열어둔 것이다. 아무도 책을 올려놓지 않거나 서가정리를 해서 그 자리가 텅 빌 때만 그저 몇 권 골라서 올려놓을 뿐이다. 누구든 쉽게 마음을 낼 수 있도록, 마중물처럼.

도서관을 처음 찾은 이용자들 가운데는 별 생각 없이 도서관이라는 간판을 보고 잠깐 둘러보러 들어왔다가 한두 마디 이야기를 주고받으면서 회원이 되는 경우가 적지 않다. 이런 도서관이 이렇게 가까이 있었느냐고 반기며 후원이나 자원활동 신청을 하는 사람까지 있다. 물론 정반대일 때도 있다. 여긴 내가 이용할 만한 곳이 아닌 것 같다며 발걸음을 돌리는 사람도 있다.

도서관인의 숙련된 전문성은 이런 상황에서 차이를 보인다. 절차가 지나치게 번거롭다는 느낌이 든다면, 다음에 다시 오겠다며 돌아서기 십상이다. 그저 시간이 없어서 다음에 오겠다고 하는 사람에게는 도서관 이용에 대해 알기 쉽게 안내하는 홍보물을 건넨다. 어떤 자료를 볼 수 있고 어떤 서비스를 이용할 수 있는지, 더 자세히 알아보기 위해서 참고할 웹사이트나 담당부서 연락처 등이 명시된 홍보물을 언제든 쉽게 건넬 수 있도록 출입구와 카운터 가까이에 비치해둔다.

정확하고 충분하게 정보를 전달할 책임

안내문을 받아들고 돌아가는 사람에게 인사를 건네면서도 몇 가지 꼭 알아둬야 할 사항을 안내한다. 특히 도서관 문 여는 시간이나 휴관일, 회원가입신청에 필요한 준비물 같은 사항은 안내문을 펼쳐서 그 내용이 적힌 부분을 손가락으로 짚어가며 분명하게 안내한다. 간혹 문 닫은 날 찾아와서 "전에 한 번 들른 적이 있는데 휴관일 이야기는 듣지 못했다"며 헛걸음했다고 속상해하는 이용자도 있다. 더운 날 아이를 업고 오거나 마음먹고 친구까지 만나 함께 온 사람을 돌려보내려면 무척 안타깝고 곤혹스럽다. 그래서 쉬는 날 문이 닫힌 입구에 분명하고 정중하게 안내문을 써 붙이는 데도 마음을 쓴다. 그날 가까이에서 문을 여는 다른 도서관들을 안내하는 것도 도움이 되었다.

대출, 예약, 대출제한 등 자료이용에 대해서는 하나하나 짚어서 꼼꼼하게 안내한다. 도서관에 따라서는 자료이용에 대한 규정이 복잡해서 한꺼번에 설명하면 모두 기억하기 어려울 수 있다. 이것 역시 알기 쉽게 잘 정리된 안내문을 준비해두고 함께 읽으면서 안내한다. 컴퓨터 화면으로 웹사이트의 해당 페이지를 열어 훑어보게 하는 것도 효과적이다. 당장 모든 규정을 기억하진 못하더라도, 필요할 때 어떤 자료를 참조하면 될지 한 번이라도 눈으로 확인해두는 것은 이용자에게 큰 도움이 된다.

불편한 이야기를 해야 할 때도 있다. 어린이도서관이나 공공도서관의 어린이열람실은 '아이들만 이용'하는 곳으로 알기 쉽다. 아이를 맡겨둘 수 있을 거라고 여기는 사람도 꽤 있다. 아이에게 책 보고 놀고 있으라며 볼일을 보러 간다. 그사이에 오줌을 싸는 아이도 있다. 이 때문에 도서관 카운터에 헌 옷을 챙겨놓거나 한다. 한번은 엄마가 나간 길을 따라 밖으로 나서 아장아장 멀리까지 가버린 아이를 찾느라 도서관이 발칵 뒤집혔다. 실랑이 끝에 우리는 '보육교사가 있는 보육시설이 아니니' 어린아이는 꼭 보호자가 함께 와서 책을 읽어주고 돌봐달라고 써 붙이고 끊임없이 말을 건넸다. 물론 아이를 데려오는 어른들을 위한 자료와 서비스가 제공된다는 것을 분명하게 알리는 데도 힘을 쏟았다.

'어떻게 저렇게 이기적일 수 있지?' '어쩜 저렇게 생각이 없을까' 하고 못마땅해하면서 정작 제대로 안내하지 못한다면 다른 이용자들에게 피해를 주는 일이 생길 수 있다. 아이에게 어려운 상황이 생기기도 한다. 아이가 열람실 밖으로 나가 없어지거나, 당황해 바지에 오줌을 싸거나, 부딪혀 다치거나, 싸움을 일으키거나…. 아이를 일일이 돌볼 수 없다고 뒤늦게 이야기해봐야 아무 소용이 없다. 미리 그런 상황을 막을 수 있도록, 도서관이 보육시설과 어떻게 다른지 이용자들이 충분히 이해하도록 설명해야 한다.

낯설면 낯선 대로, 바빠 보이는 사람 얼른 놓아주기

너무 앞서서 안내하려고 이미 웹사이트나 도서관 홍보물을 통해 충분히 알고 있는 내용을 반복하면 귀찮게 여길 수 있다. 어느 정도 도서관에 대해 알고 있는지, 도서관을 이용하는 사람에게 이야기를 듣고 왔는지, 지금 무엇을 필요로 하는지, 먼저 말할 수 있도록 묻고 귀 기울여 들으려고 했다.

"처음 오셨군요? 이사 오셨나요?"

"도서관 찾는 데 어렵진 않으셨나요? 혹시 어떻게 알고 오셨어요?"

열린 질문은 이용자 스스로 이야기할 기회를 만들어준다. 이웃에서 도서관에 대한 이야기를 들었다, 아이가 다니는 어린이집에서 단체견학을 왔을 때 알게 되었다, 인터넷으로 검색하다가 보게 되었다, 등등 다양한 답변을 들을 수 있다. 도서관을 처음 방문하게 된 계기를 알면 그 사람이 도서관에 대해 얼마나 알고 있는지 파악하는 데 도움이 된다. 그러면 좀더 적절하게 도서관 이용을 안내할 수 있다.

이용자 한 사람 한 사람에게 관심을 갖는 것은 중요하지만, 시시콜콜 사적인 질문을 하면 경계심을 자극할 우려가 있다. 도서관에 혼자 왔는데 회원카드를 발급하려고 보호자와 연락을 취하려 하면 머뭇거리며 불편한 내색을 하는 아이처럼.

"집에 아무도 없어요."

"지금 엄마 수업하고 있을 거예요. 수업할 때 전화하면 안 돼요."

아이가 마음을 놓고 먼저 말을 꺼낼 때까지 혼자 도서관을 이용할 수 있도록 필요한 내용을 찬찬히 알려주면서 부담스러워하지 않게 도와줘야 한다. 혼자서 도서관에 머물 수 있는 나이라면 보호자 없이 자료를 빌릴 수 있어야 하는데, 한국 사회에서 아이 개인의 '신원 확인'을 할 수 있는 도구는 거의 전무하다. 학교와 연계하여 주소나 주민등록번호 대신 학교 이름, 반, 번호 등을 확인하고 회원등록을 하는 방법도 생각해봤다. 하지만 학교에서 아무 때나 도서관에서 걸려오는 전화를 받아 전교생 가운데 그 아이의 정보를 찾아 확인해주는 번거로운 일을 맡아줄 담당자를 찾기는 어려웠다. 뾰족한 답은 없었다. 궁리 끝에 지금까지 찾은 답이라면 우리 자신의 직관을 믿는 것뿐이다. 아이들과 만나는 시간만큼 힘이 되는 건 없다는 걸 배웠기 때문이다. 아이들 이름을 기억하고 맞이해서 그날그날 아이가 편안한지, 안전한지, 혹시 지금 아이의 의식 흐름 속으로 살짝 끼어들 수 있을지를 생각하며 바라보고, 눈에 담고, 말을 거는 우리 자신을 믿기로 했다.

도서관을 찾는 모든 이용자들을 친절하게 환대하고 관심을 갖는 것이 중요한 만큼, 이용자들의 프라이버시 또한 존중해야 한다. 이용자에 따라서 친밀함을 더 바라는 사람도 있고 프라이버시에 대한 요구가 더 큰

사람도 있다. 그 사이에서 균형을 잡고 각각의 이용자 상태와 요구를 '감각적으로' 파악해 유연하게 대응하는 일은 쉽지 않다. 지나친 친밀감이 걸림돌이 되기도 한다. 아는 사람이 너무 많아 불편할 때가 있다며, 때론 아무에게 방해받지 않고 책에 푹 빠져보고 싶다고 아쉬워하는 사람도 있었다.

이용자가 바빠 보일 때는 서둘러 볼일만 보고 돌아갈 수 있도록 배려하는 센스가 필요하다. 급하게 책만 놓고 가겠다는 이용자를 붙잡고 굳이 행사 안내까지 하려고 들면 짜증을 낼 때도 있다. 차라리 드러내놓고 불편해하면 다행이다. 도무지 호의를 뿌리치지 못하는 사람이라면 약속 시간에 늦어 곤란을 겪을지 모른다. 서둘러 대출이나 반납 처리를 하면서 꼭 필요한 정보만 짧게 전달할 수 있도록 책 소식이나 행사 홍보물을 만들어두었다가 대출하는 책에 끼워 건네기로 했다.

"자. 열세 권 모두 반납하신 것 확인했구요. 오늘 빌리신 열다섯 권은 8월 30일 수요일까지 돌려주시면 됩니다. 이건 낭독회 안내문입니다. 꼭 읽어보시고 주말 잘 보내세요."

때에 따라서는 반납한 자료를 대신 꽂아주겠다고 건네받거나 필요한 책을 찾도록 직접 서가로 가서 도움을 준다.

"어디 급히 가시는 길인가 봅니다. 반납할 책은 저에게 맡기시고 얼른 빌려갈 책 골라오세요."

"혹시 따로 찾는 책이 있으세요? 바쁘시면 제가 도와드릴게요."

"아이고, 뛰어왔구나. 약속 있는데 늦은 거야? 어디 보자. 시리즈 3권까지 반납했네. 4, 5, 6권 빌려가면 될까? 잠깐 숨 고르고 있어봐. 금세 찾아다줄게."

이용자의 이름을 부를 때도 신중해야 한다. 이름을 기억해주는 것을 관심이라고 여겨 반가워하는 사람도 있지만 어떤 사람은 경계심을 보이기도 한다.

"내 이름 어떻게 알았어요?" 하고 묻는 아이도 있다.

대출반납을 할 때는 "○○○님, 모두 ○권 반납하셨네요. 맞나요?" 하고 이용자의 이름과 대출내역을 확인하는 걸 원칙으로 삼았다. 대출반납 내역이 시스템에 정확하게 입력되었는지 확인하는 동시에, 이름을 알게 되었다는 걸 자연스레 알리는 효과도 있다. 물론 이름을 묻거나 확인하기 전에 자신의 이름을 밝히는 것이 원칙이다. 서비스를 맡은 직원이나 자원활동가는 누구나 쉽게 알아볼 수 있도록 이름표를 달고, 카운터 테이블에는 사진을 담은 명패를 놔둔다. 그러고도 필요할 경우엔 직접 이름을 말하면서 소개한다.

"두 권 예약됐습니다. 책이 돌아오면 곧바로 연락드릴게요. 혹시 제가 자리를 비운 사이에 오셨는데 예약자료가 없다고 하면 저를 찾아달라고 해주시겠어요? 제 이름은 ○○○입니다."

'공공성'을 기본으로 하는 도서관은 누구에게나 열린 공간이므로 개인정보가 노출되기 쉽다. 인턴이나 자원활동가처럼 아주 잠깐이라도 대출반납 카운터를 맡는 사람들에겐 개인정보 보호에 관해 충분한 사전교육이 필요하다. 지금은 전산화시스템의 기능이 워낙 발달해 아예 옵션으로 설정해둘 수 있다. 예를 들어 회원의 정보까지 볼 수 있는 모듈은 정보보호 책임을 가진 관리자의 아이디로 로그인할 때만 활성화되도록 설정해두고, 평소 사용하는 검색화면에는 자료가 대출 중인지, 반납예정일은 언제인지, 이용에 필요한 정보만 보이도록 설정해두는 것이다.

느슨함과
긍정의 힘

도서관 입구에 막대사탕을 손에 든 아이들이 나타났다. 사서가 눈인사를 하며 말을 건네려고 하니 안 그래도 눈치를 보며 들어서던 아이들이 돌아 나가려고 한다. 서둘러 말을 건다. "우와, 맛있겠다. 딸기 맛? 복숭아 맛?" "포도 맛." "난 딸기." "하나 맞혔네. 난 복숭아 맛 제일 좋아하는데." 사서가 먹고 싶어하는 걸 보고 미안한 마음이 드는지 어쩔 줄 모르는 표정으로 물끄러미 쳐다본다. "그런데 이거 책 보는 동안에 내가 잘 맡아둘까? 랩으로 잘 싸서 여기 이렇게. 끈적끈적한 물이 책에 묻으면 앞장이랑 뒷장이랑 딱 달라붙어버리거든. 저번엔 사탕이 하나 떨어져 있었는데 개미가 집을 지은 거야. 100마리쯤 모였을걸. 너희 개미 좋아해?" 아이들이 고개를 저으며 얼른 사탕을 건네준다. "여기에 잘 지키고 있을게. 이름표도 붙이자." 재빠르게 랩으로 싸고 메모를 적어 붙여놓는다. '포도 맛 ○○ 거, 딸기 맛 ○○ 거.' "집에 갈 때 잊지 말고 꼭 찾아가. 오케이?" "오케이! 손 씻고 올게요~."

—박영숙, 〈어린이와의 커뮤니케이션: v.상황별 대화기법〉, 사이버 코스웨어
http://nl.coti.go.kr, 국립어린이청소년도서관, 2010

'규제'가 생기는 만큼 '자유'가 자리를 내주지 않을까

느티나무도서관에서 오랫동안 고수해온 원칙 중 하나가 "안 돼"라는 표현을 쓰지 않는 것이다. 모든 걸 허용하거나 방관하겠다는 뜻은 아니다. 다만 규제가 생기면 그만큼 자유가 몫을 내주게 될 것이라고 생각할 뿐이다. 책을 펼쳐들고 있을 때만이 아니라 도서관에 머무는 모든 시간 동안 자유롭고 자발적인 긍정의 기운을 누리기 바랐다.

도서관만큼 '제재' '통제' '금지' 같은 낱말이 어울리지 않는 곳도 없을 것이다. 뭔가 하고 싶어지게 만드는 곳, 배우고 성장하며 상상하고 꿈꾸도록 북돋우는 곳 아닌가. 도서관은 저마다 배움과 성장의 스토리를 엮어가는 사람들이 언제든지 필요한 자료를 만날 수 있도록 담고 있는 저수지 같은 곳이다. 인류의 모든 지적·문화적 활동의 기록물들이 지적 호기심을 자극하고 사유와 성찰을 흔들어 깨우고 상상력을 북돋우어 삶에서 자유의 폭을 넓히는 엄청난 일이 벌어지는 현장이다. 통제하기보다는 다양한 사람들이 서로 '기꺼이' 배려하며 있는 그대로 존중하는 문화, 참으로 당찬 바람이다. 하지만 그것이 도서관다운, 도서관의 방식이라고 생각한다. 존중이나 배려는 머리가 아니라 몸으로 배운다. 자발적으로 존중하고 배려하도록 만드는 가장 좋은 방법은 먼저, 충분히 존중받고 배려받는 기회를 누리도록 도서관의 환경과 서비스를 만들어가는 데서 시작될 것이다.

이용자들과 지난한 실랑이 끝에 얻은 한 가지 답은 '규칙에는 받아들일 만한 이유가 있어야 한다'는 원칙이었다. 도서관은 자료든 공간이든 많은 사람이 함께 이용하는 곳인 만큼 규칙이 필요하다. 모든 규칙을 정할 때의 기준 역시 공공성이다. '누구에게도 피해가 가지 않으면서 누구나 자유롭게 도서관을 이용할 수 있어야 한다!' 아울러 정해진 규칙을 알릴 때, 규칙이 지켜지지 않아서 제재가 필요할 때는 그 이유를 분명히 밝혀야 한다.

설명도 하지 않고 있다가 곧바로 '제재'로 건너뛰는 건 너무 무책임하다. 적어도 이용자들에게 감동을 주긴 어렵다. 하지만 많은 도서관에는 지금도 이용자에게 '왜?'라는 질문을 떠올리게 만들 만한 '지시문'들이 구석구석 꽤 많이 붙어 있다. '음식물 반입금지' '뛰지 마시오' '정숙' '관외대출금지'…. 그걸 주의 깊게 들여다보고 지킬 사람이 얼마나 될까. 벽에 걸린 그림 혹은 벽지 무늬와 다를 바 없이, 그저 그 자리에 있는 것으로 지나쳐버리기 쉽다. 규칙을 지키는 사람들 역시 깊이 생각을 해서라기보다는 으레 그러려니 하고 관성적으로 제재에 따르는 경우가 많다. 얼핏 보기에는 큰 차이가 없을지 모르지만, 그런 시간이 쌓이면서 만들어내는 도서관의 '아우라'는 전혀 다를 것이다. 적어도 일방적으로 제재가 가해진다면 자발적으로 규칙을 따르면서 적극적으로 서로를 배려하는 성숙한 '도서관문화'는 기대하기 어려울 것이다.

똑같은 이용자가 소비자나 민원인의 자리에 설 수도 있고, 적극적으로 공공성을 몸에 익히고 실천하는 시민의 자리에 설 수도 있다. 규칙의 이유를 분명하게 밝히는 것은 이용자들을 존중하는 태도일 뿐 아니라 규칙을 '기꺼이' 지키게 만드는 열쇠가 된다. 예를 들어 만화책 대출에 대해 생각해보자. 만화는 시리즈로 만들어진 작품이 많다. 한 작품이 5권쯤에서 많게는 50~60권이 넘기도 한다. 다른 단행본 자료들과 같은 대출규정을 적용하기가 쉽지 않다. 느티나무도서관에서는 만화 대출기간을 1주일로 제한하면서 이렇게 안내한다.

> 만화는 시리즈가 많습니다. 다음 편을 빨리 보고 싶은데 다른 사람이 빌려가서 오랫동안 가져오지 않는다면?! 기다리기가 얼마나 힘들지 짐작할 수 있으시죠? 그래서 만화는 1주일 동안만 대출하고, 대출연장은 하지 않기로 정했습니다.

이 안내문을 보고 일방적으로 규칙을 정해 통제한다고 느끼는 사람은 없었다. 아이들도 충분히 이해하고 공감했다. 이용자들 입장에서 생각하는 노력이 '기꺼이 지킬 만한 규칙'을 만들어내는 소통의 시작이 될 것이다.

관외대출, 다시 말해 도서관 밖으로 빌려가기에 적합하지 않은 자료도 있다. 대출금지자료를 지정할 때 원칙은 누구나 이해하고 받아들일 수 있는 타당한 이유가 있느냐는 것이다. 그것이 자료를 좀더 효과적으로 '이용'하는 데 도움이 되는지 충분히 신중하게 검토한다. 자료의 대출을 제한하기로 정할 때는 이런 식으로 안내문을 써 붙인다.

> 여기 꽂혀 있는 자료들은 다른 책을 보다가 궁금한 게 생길 때, 숙제에 필요한 자료를 찾을 때 잠깐씩 찾아보는 참고자료들입니다. 언제든지 곧바로 찾아볼 수 있

도록 도서관에서만 보기로 정했습니다. 빌려드리지 않는 대신 필요한 부분은 복사해서 가져갈 수 있으니 카운터로 가져와서 말씀해주세요.

여러 독서회에서 자주 선택해서 보는 자료, 강좌에서 함께 이야기 나눈 책들을 좀더 많은 사람과 나누고 싶어서 여기 꽂아둡니다. 바코드 위에 '도서관에서만 보는 책'이라는 노란 라벨이 붙어 있으니 빌려갈 책을 고를 때는 잘 보고 확인해주세요.

여기 있는 그림책은 보고 나서 제자리에 꽂아주세요. 인기가 높은 그림책들은 여러 권 장만해두어도 모두 빌려가서 보기 힘들다고 아쉬워하는 사람이 많습니다. 그래서 언제든 도서관에 오면 볼 수 있도록 한 권씩 더 구입해서 여기에 모아두었습니다. 맞은편 책꽂이에 빌려갈 수 있는 똑같은 책이 있습니다. 찾기 어려우면 언제든 카운터로 오세요.

어쩌면 이유에 동의하지 않는 이용자가 반대하는 의견을 내놓을 수도 있다. 예를 들면 도감은 대부분 참고자료로 분류되어 대출을 금지하는 경우가 많다. 그런데 손에 들고 다니기 좋은 작은 판형으로 만든 도감은 아이들이 생태체험 프로그램 같은 나들이를 갈 때 가져가고 싶어했다. 처음엔 대출금지 대상으로 등록했더라도 다른 의견을 충분히 귀담아듣고, 필요할 땐 규칙을 바꿀 수 있도록 '열린 자세'를 가지려고 했다. 그런 소통이 이용자들 스스로 도서관의 이용자로서 태도를 생각해보고 실천하는 계기가 되었다. 그것이 소통이고 도서관서비스의 질을 높이는 열쇠가 아닐까.

규칙을 '어기지 않을 수 있도록' 배려하기

아이스크림이나 사탕을 들고 달게 먹으며 들어서는 아이들 표정을 마주칠 때마다 마음이 오락가락한다. '저렇게 행복한 표정으로 책에 빠질 수 있다면 아이가 책을 좋아하게 되지 않을까?' 하는 생각이 들기 때문이다. 어른들이라고 다르지 않다. 볕이 잘 드는 도서관 창가에 앉아 커피 한 잔 마시며 아이 생각도 집안일도 다 잊은 채 책에 푹 빠져보고 싶다는 게 많은 이용자들의 '간절하지만 좀처럼 도서관들에서 받아들여지지 않는' 바람이다.

간식거리를 들고 온 아이를 입구에서 막아서며 음식물은 들고 들어갈 수 없다고 돌려보낼 수도 없는 노릇이다. 너무 당연해서 말할 필요조차 없는 일 아니냐고 할 수 있지만, 우리는 왜 음식물을 갖고 들어오면 곤란한지 아이들 입장에서 받아들일 만한 이유를 생각해보려고 했다.

간식은 집에서 먹고 오기로 해요! 혼자 먹으면 다른 사람도 먹고 싶어질지 모르니까.^^

이렇게 써 붙여놓았더니 분명히 효과가 있었다. 다른 사람이 먹는 걸 보면서 자기도 먹고 싶어졌던 경험이 없는 아이가 있겠는가. 그러면 다 함께 먹을 수 있게 많이 가져오는 건 괜찮겠느냐고 되묻는 아이들도 있었다. 안 된다고 말할 명분이 없으니 그렇다고 할 수밖에. 아이 돌잔치를 했다며 백설기와 수수팥떡을 가져와 책 읽어주는 시간에 함께 나눠 먹은 달콤한 기억도 있다.

먹을거리 가운데 가장 골치 아픈 건 사탕과 아이스크림이다. 단물이 묻은 손으로 책을 만져서 책장이 달라붙어버리면 손쓸 방법이 없다. 그렇다고 도서관에 오는 아이들을 붙잡고 일일이 손바닥 검사를 할 수야 없는 노릇이다. 느티나무도서관에서는 입구의 카운터에 늘 주방용 랩이나 비닐봉투를 준비해두었다가 사탕을 들고 온 아이가 있으며 이렇게 말을 건넨다.

"사탕은 내가 잘 맡아둘까? 끈적끈적한 물이 묻으면 책이 망가질지 모르거든. 여기 랩으로 잘 싸서 지키고 있을 테니까, 집에 갈 때 꼭 찾아 가, 응?"

지금은 지하의 열람실이 셀프 북카페를 겸하고 있고 층마다 복도에 탁자도 놓여 있지만, 집을 짓기 전 상가 지하 시절에는 아이들이 간식거리를 들고 오면 먹을 곳이 마땅치 않았다. 도서관 입구에 아이들이 앉기 좋게 나지막한 의자를 놔두고 뒷벽에 아이스크림, 음료수, 사탕을 그린 다음 이렇게 써 붙여놓았다.

여기서 먹고 들어갈까, 우리?

아이들이 그 자리를 '아이스크림 의자'라고 불러서, 아예 아이스크림 의자라고 이름이 붙었다. 효과 만점이었다. 사서나 관장이 그 의자에 앉아 있으면 얼른 달려와 같이 먹자며 들고 온 먹을거리를 나눠주기도 했다. 아이들이 도서관에서 배려받고 환대받는다고 믿는구나, 확인하는 그 순간은 소프트아이스크림보다 더 달콤했다.

규칙에 대해 이유를 설명하고 규칙을 어기지 않을 수 있도록 '빠져나 갈 구멍'을 터놓으려는 시도는 도서관 곳곳에서 찾아볼 수 있다.

전화통화는 열람실 밖에서! 출입문 바로 앞에 탁자를 마련해두었습니다.

인라인스케이트나 킥보드를 타고 온 아이들을 위한 안내문도 있다.

바퀴 달린 신발을 신고 다니면 다칠까봐 조마조마해요. 인라인스케이트나 킥보드는 카운터에서 잘 맡아둘 테니까 여기 있는 실내화로 갈아 신고 다니기!

도서관 카운터테이블에는 온갖 '잡동사니'가 쌓이곤 한다. 그중에는 종종 안으로 갖고 들어갈 수 없다고 따로 맡아둔 무기들도 눈에 띈다. 느티나무도서관에서 유일하게 '출입금지' 대상으로 정한 게 바로 무기다. 어린아이들 장난감 가운데 왜 그렇게 무기가 많은지, 도서관에 장난감 총이나 칼을 들고 오는 아이들이 적지 않다. 도서관 안에서 총싸움 칼싸움 놀이를 벌이는 것도 곤란하지만, 무기란 사람을 해치는 도구이기 때문에 도서관에서는 그런 것을 받아들이지 않는다고 이야기하려 한다. 혹시 어른들도 남자답고 씩씩해지려면 그런 게 필요하다고 무의식적으로 생각하고 있는 건 아닌지, 한번 생각해보자고 말을 걸고 싶기 때문이다.

긍정의 기운

도서관에서 빌려갈 수 없는 자료에는 대부분 '대출금지'라는 표시가 붙어 있다. 책 표지나 책등 어딘가에 라벨로 만들어 붙이려면 가능한 한 짧고 명료한 표현이 필요하니 네 글자로 대출금지라고 써 붙이는 건 적당해 보인다. 하지만 어디든 '금지'라는 표현은 사람을 주춤거리게 만들고, 심하면 그 대상에서 아예 관심을 거두게 할 수도 있다.

'대출을 금지한다니 여기서 보라는 얘기군' 하고 금세 이해할 사람도 있지만, '금지'라는 표현에 걸려서 어쩐지 조심히 다뤄야 할 것 같아 손도 대지 않은 채 관심을 닫아버릴 수 있지 않을까? 그래서 느티나무도서관에서는 빌려갈 수 없는 책에는 "도서관에서만 보는 책"이라고 써 붙인다. 자세히 들여다보지 않으면 눈에 잘 띄지도 않는 작은 문구 하나에까지 시시콜콜 긍정의 기운을 담으려고 한다. DVD처럼 손상되기 쉬운 자료를 대출할 때도 자료를 조심해서 다루자는 이야기를 어떻게 긍정의 기운을 담아 표현할까 궁리한다.

> DVD나 비디오테이프는 쉬 망가집니다. 늘 세심하게 살피고 있긴 하지만, 미처 알아차리지 못하고 대출할 때도 있습니다. 영상을 보다가 혹시 중간에 이상이 생긴 부분을 발견하시거나 실수로 망가지게 되었을 때는 반납하면서 꼭 말씀해주시겠어요? 많은 자료를 잘 관리하는 데 크게 도움이 됩니다.

자료를 빌리려는데 빌려주는 사람에게서 '혹시 이걸 망가뜨릴까봐 걱정하는' 기색이 느껴진다면 유쾌할 리 없다. 하지만 그 자료가 원래 손상되기 쉽고, 정말 망가지면 잘 고쳐 쓸 수 있도록 도와달라고 말한다면 기꺼이 나서지 않을까. 찢어진 책에 대해서도 마찬가지다. '찢어지지 않도록 조심하라'는 말보다 '찢어진 책을 다루는 법'에 대해 안내하는 것이 더 효과적이었다.

> 책이 찢어지면 테이프로 붙이지 말고 찢긴 조각을 잘 챙겨서 그대로 가져다주세요. 책을 꿰매고 붙이는 자원활동가들이 있습니다. 셀로판테이프를 쓰면 책을 고치기가 더 어려워요.

　'책이 찢어져도 고쳐줄 사람들이 있으니 더 함부로 다루지 않겠느냐'
고 걱정할 수도 있다. 뭐, 그렇다면 하는 수 없다. 그래도 지금까지 경험
에 따르면, 책 보수를 전담하는 자원활동가들이 있다는 사실 자체에 관
심을 보이고, 도서관에서 그렇게까지 세심하게 서비스를 한다니 놀랐다
며 책을 좀더 조심스레 다루게 되었다는 사람들이 많았다.

　흥미로운 사실은, 왜 그런지 모르겠지만 똑같은 책의 복본이 있을 때
아이들은 말끔한 새 책보다 한지를 덧대어 붙이고 꿰맨 책을 더 좋아하
더라는 것이다. 보수한 책만 골라서 빌려가는 아이도 있었다.

잠재이용자,
등잔 밑을 살필 것!

문헌정보학 대학원에서 가르쳐 주지 않은 것은 공공 도서관 사서가 된다는 것은

모든 사람들을 위한 사서가 된다는 의미라는 사실이다. 물론 특정 계층을 대상으

로 운영하는 전문 도서관도 있겠지만 그렇다고 해서 다른 계층을 돕지 않아도 된

다는 뜻은 아니다. 나는 십 대를 좋아하지 않지만 내가 계속 공공 도서관 사서 자

리에 머무르고 싶다면 십 대들과 함께 사는 법을 배워야 한다. 성공하지 못하는

십 대도 있겠지만, 그렇더라도…

—스콧 더글러스, 《쉿, 조용히!》, 부키, 2009, 321쪽

도서관에 늘 오지만 이용자가 아닌 사람들

도서관을 정기적으로 방문하는 사람들 가운데는 잠재이용자가 많다.

전기나 가스계량기 검침기사, 우편배달부, 식당 배달원 등 헤아려보면

도서관마다 꽤 많은 잠재이용자를 찾을 수 있을 것이다. 심지어 달마다 도서관에 새 책을 배달해주는 택배기사! 책을 배달받으면서 새 얼굴을 만나면 어떻게든 붙잡고 회원카드를 만들어야 한다고 떼를 쓴다.

"도서관에 이렇게 책을 많이 갖다주시면서 정작 본인은 한 권도 빌려가지 않는 건 말이 안 돼죠."

도서관 가까이에 있지만 아직 도서관에 온 적이 없는 사람들은 어디에 있을까? 공원, 놀이터, 문구점, 식당, 미용실, 슈퍼⋯. 꼽아보면 끝이 없다. 느티나무도서관에서 서비스 우선순위 1호는 '잠재이용자'다. 아직 도서관의 이용자가 아닌 사람들. 뜻밖에 아주 가까운 곳에도 도서관 잠재이용자는 셀 수 없이 많았다. 그래서 늘 주문처럼 외는 원칙이 있다. '등잔 밑을 살펴라!' 도서관은 '누구나' 이용할 수 있어야 한다는 '공공성'에 대한 이념은 '선언'이 아니라 '실천'할 때 의미를 가진다.

몇 해 전부터 꼭 시도해보려고 궁리한 일 가운데 하나가 책수레 배달 서비스다. 도서관이 코앞에 있는데도 일하는 시간 동안 좀처럼 자리를 비울 수 없다며 잠재이용자로 남아 있는 사람들이 많았다. 식당에 밥을 먹으러 가거나 미용실에 머리를 자르러 갈 때면 도서관 홍보물을 건네며 안내를 했다. 냉면집에서 서빙을 하던 조선족 아주머니에게 한글도 배울 겸 읽으시라고 그림책을 배달해드렸다. 열에 아홉은 바빠서 책 볼 시간이 없다는 공인된 거짓말로 대답했지만, 간혹 '왕년에'로 시작하는 독서이력을 자랑하는 사람들도 있었다. 청록파 아느냐, 내가 청록파 시는 다 외고 있었다고 말문을 연 죽집 사장님은 아예 일하던 손을 놓고 오래돼서 생각이 날까 모르겠다면서도 한번 외워보겠다고 나섰다. "책

신청하면 갖다줄 수도 있다는데 잡지 갖다달라 할까?" 샤브샤브집 여사장님이 주방을 향해 물었을 때, 손에 국자를 든 채 서둘러 고개를 내민 주방아주머니는 "아니, 난 막 가슴 저린 연애소설이 좋은데 그런 것도 되나?" 푸근해 뵈는 얼굴로 소녀처럼 물었다. 미용사답지 않게 평소 말이 없던 미용실 남자원장은 자원활동가들이 내게 미용실 쿠폰을 선물하려고 찾아갔을 때, 미용실 문 열고 처음 만들어보는 거라며 그 쿠폰을 만들려고 프린터까지 샀다고 해서 황송하게 만들기도 했다.

모금함을 만들어 가게마다 돌리면, 카운터에 놔두고 계산하는 손님들에게 느티나무도서관 홍보대사 역할을 해주는 분들도 있다. 하지만 정작 책을 보러 도서관에 오진 않았다. 그 사람들에게 수레에 책을 담아 배달을 하기로 한 것이다. 도서관 이용안내문이랑 회원가입신청서도 가져가서 즉석 회원가입을 받기도 한다. 수레를 끄는 몫은 건장한(?) 청소년 자원활동가들이 맡고 있다. 모처럼 몸을 움직여 넘치는 에너지를 쓸 기회가 될 뿐 아니라, 밥집 떡집 미용실을 돌며 배달하고 삶을 배운다.

책수레 서비스는 영화 〈쇼생크 탈출The Shawshank Redemption〉에서 팀 로빈스가 연기했던 앤디의 교도소도서관을 보고 떠올린 아이디어였다. 또다시 옆길로 새는 것에 대해 용서를 구하며, 짤막하게 영화 이야기를 하고 가겠다. 〈쇼생크 탈출〉은 적어도 나에겐 도서관과 책의 의미를 논문 열 편보다 더 설득력 있게 보여준 작품이다. 도서관을 열고부터는 뭘 봐도 도서관 이야기로 끌고 가는 바람에 '도서관 수렴론자'라는 별명을 달고 살았다. 하물며 그렇게 멋진 교도소도서관을 보고 어떻게 들뜨지 않

을 수 있었겠는가.

앤디는 전직 은행원의 실력을 발휘해 교도소장의 비자금을 도맡아 관리하면서 신임을 얻는다. 유산을 받은 간수에게 세금을 피할 방법을 알려준 대가로 동료 죄수들에게 맥주를 돌리던 장면, 교도소 안마당에서 무기력하게 햇볕을 쬐는 죄수들을 향해 〈피가로의 결혼〉 음반을 턴테이블에 올리던 장면에서 그들은 '자유인'이었다. 쇼생크는 앤디를 20년 동안이나 가두었지만 그는 갇히지 않았다.

"Fear can hold you prisoner, Hope can set you free."

누명을 쓰고 지옥으로 알려진 교도소 쇼생크에 수감된 앤디는 매주 주정부에 청원서를 써 보내 마침내 교도소 내에 도서관을 꾸미게 된다. 동료 죄수들과 함께 도서관 책을 정리하던 장면은 잊을 수가 없다. 《몽테크리스토 백작》을 분류하던 죄수가 저자 알렉상드르 뒤마A. Dumas의 이름을 프랑스어가 아닌 영어로 덤애스(dumn ass: 글자 그대로 해석하면 멍청한 엉덩이쯤?)라고 읽어 한바탕 웃음바다가 된다. 압권은 그다음 장면. 무슨 내용이냐는 질문에 감옥에서 탈출하는 이야기라는 말을 하자, 단숨에 분류기호를 매긴다. "아, 교육학이군."

마침내 도서관이 만들어지고 앤디는 수레에 책을 싣고 감방을 돌며 철창 사이로 책을 건넨다. 어떻게 마음을 빼앗기지 않을 수 있겠는가!

언제 어디서 누구를 만나든

심지어 바로 도서관 건물 앞에서 '도서관에 들어올 생각은 전혀 없이!' 자전거를 타거나 공놀이를 하는 손자를 돌보는 할머니, 할아버지들도 눈에 띈다. 날씨가 더운데 도서관 안으로 들어와 한숨 돌리시라거나, 재미있는 그림책도 많고 온돌방도 있으니 편하게 앉아서 아이에게 책을 읽어주시라고 말을 건네면, 뜻밖에(!) '애가 아직 어려서' 못 들어간다거나 '집에 책도 많고 엄마 아빠가 많이 읽어준다'며 고개를 젓는 분들이 있다.

책꽂이 몇 개와 읽어주기 좋은 책을 가지고 나가서 '바깥도서관'이나 '도서관 하루나들이' 같은 이름으로 '아웃리치outreach 서비스'를 시도해본다면 잠재이용자들을 도서관으로 이끄는 매우 적극적인 소통의 기회가 될 거라고 기대한다.

어딜 가든 도서관 소개와 이용안내를 담은 홍보물을 가방이나 주머니에 지니고 다녔다. 쉽게 건네줄 수 있는 갈피표 같은 기념품에 도서관 전화번호, 문 여는 시간, 자료대출 규정 같은 것을 간단하게 적어넣어 언제든 쉽게 꺼낼 수 있도록.

지역사회의 관련 기관이나 단체, 업체에서 찾아오는 사람들과 프로그램을 기획해보는 것 또한 좋은 방법이었다. 업무와 관련된 책을 읽어주거나 소속 기관의 활동에 대해 소개하는 자리를 마련해볼 수 있고, 그곳을 탐방하는 견학 프로그램을 시도해볼 수도 있었다. 소방서에서 점검을 나왔다가 이야기손님이 되어준 소방대원은 유니폼 덕에 어느 아이돌 스타보다 더 인기를 누렸다. 팬층도 두터웠다. 예닐곱 살 어린아이들에서부터 40~50대 여성들까지.

소방수나 전기기사, 배달원으로 만나던 이웃 아저씨 아줌마가 책을 읽어주고 이야기를 들려주는 경험은 아이들에게 다양한 삶을 만나고 자신들이 사는 지역사회에 대해 알 수 있는 기회가 된다. 그뿐 아니라 도

종일 마주보며 씨름하는 엄마와 아기들의 도서관 나들이. 그저 둘러앉아 책을 읽어 주는 것뿐인데 그 시간이 참 특별하다고 들 했다. 관계가 생기고 조금씩 세상이 넓어지고, 비로소 서로를 만나고 바라보게 되었다.

서관에 한 걸음 더 가까워지는 기회가 된다.

사실 대부분의 도서관은 누군가 도서관에 들어오는 것을 기다리고 있을 만큼 충분한 직원을 갖지 못하고 있고, 직원은 매우 많은 잡일을 안고 있다. 그렇다 하더라도 이용자가 도서관에 들어온 순간에는 손에 잡고 있는 일이 무엇이든 곧 멈추고 환영하며 주의를 기울이고 있다는 인상을 이용자가 받도록 해야 한다. … 도서관에 들어갔을 때 그 사람은 우리들을 전혀 눈치 채지 못하고 있었으며, 그 순간의 표정은 분명히 '내가 이 일을 끝낼 때까지 도서관에 들어와서는 곤란하다'고 말하고 있었다. 그러나 실제로는 자리에서 일어나지도 않고 '무엇을 도와드릴까요?'라고 말했다. '미안합니다. 그 도서는 대출 중입니다'라는 대답이 돌아왔을 때, 우리는 그가 정말 미안하다고 생각했는지 혹은 우리가 원한 책을 알고나 있었는지 알 수 없었으며, 그 책이 쭉 서가에 없었는지 어떤지도 분명하지 않았다.
—S. R. 랑가나탄, 《도서관학 5법칙》, 한국도서관협회, 2005, 76쪽

찾아오는 길 안내+α

도서관에 가장 많이 걸려오는 전화 용건 가운데 하나는 찾아오는 길을 묻는 경우다. 물어보는 지점도 다양하고, 이용하는 교통편도 다양하다. 내비게이션 없이 운전을 하고 오면서 길을 잘못 든 사람도 있고, 대중교통을 이용하면서 버스를 잘못 타거나 비슷한 지명을 보고 엉뚱한 곳에 내려 연락을 하는 사람도 있다.

도서관 건물도 보지 못한 상태에서 몇 마디 대화로 도서관에 대한 첫인상이 결정될 수 있기 때문에, 전화안내는 무척 중요하다.

"제가 운전을 하지 않아서 잘 모르겠는데요."

"버스 노선까지 알려드리기는 어렵습니다. 도서관 홈페이지에 찾아오는 길 지도가 있는데 못 보셨나요?"

아이를 업고 안고 찾아오는 길이거나 길이 막혀 애를 태울 때 이런 답변을 듣게 된다면, 혹은 전화 받은 사람이 수화기를 든 채 옆 사람에게 길을 묻느라 시간만 끈다면, 실망해서 발길을 돌릴지 모른다. 돌고 돌아서 간신히 찾아왔는데 도서관 문 닫는 시간이 되어버려 결국 헛걸음을 한 셈이 되었다면(!) 더 말할 나위 없다.

직원이나 자원활동가들의 업무교육에서 도서관 주변 환경에 대해 숙지하는 과정은 매우 중요하다. 길을 묻는 사람이 어디에 있든, 어떤 교통편을 이용하든 찾기 쉽게 안내할 수 있도록 참조할 자료를 만들어 카운터에 비치하고, 언제든 쉽게 찾아 안내할 수 있도록 잘 익혀둔다. 길찾기 서비스를 하는 웹사이트와 내비게이션에 도서관의 정확한 명칭과 주소, 연락처, 간단한 이용안내를 등록해두는 것도 정보센터답게 도서관이 꼭 해야 할 기본 서비스라고 할 수 있다. 덧붙여 어떤 목적으로 도서관에 찾아오는지를 확인할 필요도 있었다. 물어물어 찾아온 사람에게 "공부할 수 있는 열람실은 없느냐"는 질문을 받았을 때의 난감함이란.

거꾸로 도서관에서 다른 장소를 찾아가는 길 안내도 필요하다. 인근의 공공기관, 박물관, 학교, 병원, 마트, 주유소, 종교시설 등에 대해 안내하는 것은 중요한 정보서비스다. 가까이에 있는 다른 도서관으로 안내해야 할 때도 있다. 학교나 보육시설에서 과제나 추천도서목록을 받아들고 같은 책을 찾으러 오는 사례가 많다. 온종일 같은 책을 찾는 사람들을 보고 낌새를 알아차릴 때쯤이면 이미 도서관에 그 책은 남아 있지 않다. 여러 권 복본을 갖고 있더라도 순식간에 모두 대출이 되어버려 그 자료를 찾으러 왔다가 발을 동동 구르는 이용자들이 생기기 마련이다. 그래서 우리는 가까운 도서관들의 사이트를 검색해서 빌릴 수 있는 곳을 안내하기로 했다. 거의 모든 도서관이 웹 검색 기능을 제공하고 있기 때문에 어렵지 않게 할 수 있는 서비스였다.

02

공간으로
말을 걸다

'가장 싼' 것으로 설치하면 얼마나 들지 물었다. 최소한 1300만 원쯤은 들 거라
고 했다. 1300만 원어치 책을 잃어버리려면 몇 년이나 걸릴까? 더 망설일 필요
없이 그냥 '책 잘 잃어버리는' 도서관이 되기로 했다.

자유의 대가를
땅에 묻다

5년차 사립문고가 공공도서관으로 거듭나기까지는 꼬박 3년이 걸렸다. 계획했
던 시간표가 미뤄질 때마다 애를 태웠지만, 돌이켜보면 꼭 아쉬운 것만은 아니다.
'이유 있는 지체'였다고 볼 수 있는 일들이 오히려 많았다. … 어쩌면 예기치 않은
문제 상황이라고 여겼던 일들이 '시간조절장치'였는지 모른다.

—본문에서

5주년잔치의 후유증

도서관은 '살아 있는 유기체'가 틀림없다. 자기 생명력을 갖고 자라
기 시작했다. 개관한 뒤 5년쯤 지나자 본래 계획하고 예상했던 성장속
도와 규모를 훨씬 넘어서버렸다. 등록된 회원이 1만 2000명으로 늘어나
고, 하루 평균 빌려가는 책의 수가 700권가량에 달했다. 빌려간 만큼 반

납되는 책까지 따지면 하루 1,400권, 아무것도 하지 않고 책 대출반납만
해도 20초에 1권씩 바코드를 찍어서 처리해야 했다. 책을 제자리에 꽂
는 일은? 엄두도 낼 수 없을 정도였다. 이용이 늘어나는 만큼 책도 부지
런히 사들여야 했다. 개관 초 3,000권이었던 장서가 1만 5000권으로 늘
어났다. 40평밖에 안 되는 공간에 날마다 200~300명이 찾아오고 독서
동아리는 열두 모둠, 자원활동가는 80여 명으로 늘었다.

공공도서관이 하나도 없던 수지읍이 '인구유입률 전국 최고'의 신도
시로 탈바꿈하면서 이뤄진 빠른 변화였다. 게다가 언론보도와 입소문을
통해 느티나무도서관이 알려지고 도서관에 대한 관심도 높아지면서 제
어하기 힘들 만큼 가속도가 붙었다. 도서관은 더이상 책을 꽂을 곳도 앉
을 자리도 없는 포화상태가 되었다. 해야 할 일, 하고 싶은 일은 점점 많
아지는데 공간이 부족해서 미루고 포기하는 일도 늘어만 갔다.

개관 5주년을 맞으며 처음으로 번듯한 행사를 열었다. 해마다 도서관
생일이 되어도 손님을 초대하거나 특별한 행사를 벌인 적은 없었다. 그
저 책을 보러 오는 이용자들과 떡 한 조각씩 나눠 먹으며 환등기를 켜놓
고 책 읽어주는 시간을 갖는 것이 전부였다. 그런데 그해에는 지난 시간
을 돌아보며 앞으로 5년을 함께 그려보자는 생각으로 인근 농협의 강당
을 빌리고 지역과 도서관계 손님들도 초대했다. '행복한 기억과 작은 바
람'이라는 제목으로 열린 행사에서 도서관을 이전해야 할 필요성을 알
리고 공간을 마련하기 위한 모금을 시작했다. 그 뒤 도서관은 눈에 보이
게 활기를 띠었다. 신규 이용자도 늘고 독서모임도, 마을학교를 비롯한

서가마다 책이 차고 넘쳤다. 집집마다 바구니에 김치냉장고 용기까지 가져다 서가 발치에 책을 담아두었다.

도서관 활동도 늘어났다. 숨차게 하루하루를 보내면서 이게 모두 5주년 잔치를 걸게 벌인 '후유증' 아니겠냐는 농담으로 서로의 고단함을 위로하곤 했다.

따지고 보면 후유증이었던 게 맞다. 5주년 행사를 준비하고 치르면서 우리는 도서관의 가치와 가능성을 새삼 확인했기 때문이다. 묵은 사진과 자료들을 끄집어내 차곡차곡 갈무리하면서 일상이었던 일들이 의미로 다가왔다. 그동안 얼마나 어마어마한 일들을 꿈꾸고 시도했는지, 책과 사람의 만남이 삶과 삶터에 얼마나 큰 변화를 가져올 수 있는지, 그제야 비로소 깜짝깜짝 놀라곤 했다. 그런 기운이 도서관 이용자들에게도 공유되었던 모양이다. 어느새 자기 동력을 갖고 움직이기 시작한 도서관의 아우라를 통해서 말이다.

가슴이 뛰는 만큼 마음도 바빠졌다. 도서관운동을 지속할 이유가 더 분명해졌으니 구체적으로 다음 단계로 나아갈 길을 찾아야 했다. 사립 '문고'를 운영하면서 확인한 도서관의 가능성을 이제 '공공도서관'이라는 틀에 담아보자는 전망을 세웠다. 그러기 위해서는 먼저 두 배가 넘는 공간을 마련해야 했다. 도서관법이 명시한 공공도서관 기준 가운데 면적은 264㎡(80평) 이상이다.

지상으로의 탈출

지하 공간을 벗어나고 싶다는 바람도 더이상 미룰 수 없이 간절해졌다. 도서관이 자리 잡고 있던 상가는 땅속에 묻힌 하수관을 통해 하수종말처리장으로 오수를 배출하게 되어 있었는데, 지하의 도서관은 바닥이

행복한 기억과 작은 바람

서관

6년 3월 19일 (토) 늦은 3시 | 곳 | 수지농협 2층 대회의실 | 문의 | 031-262-3494 www.neutinamu.c

농협 강당에서 열린 5주년잔치. 자원활동가와 직원들이 천을 떠다 테이블보를 만들고 식혜를 담그고 컵과 접시까지 모아 행사를 마련했다. 새 도서관 짓는 꿈의 씨앗을 심던 날.

하수관보다 낮아서 펌프를 사용해 퍼올려야 했다. 도서관 안쪽 구석, 건물의 온갖 배관이 모여 있는 피트에 저수조가 설치되어 있어서 물이 일정 수위로 차오르면 펌프가 작동을 해서 뽑어올리는 방식이었다. 센서에 닿을 만큼 물이 차오를 때까지 더러운 물이 고여 있는 셈이라 저수조 벽에는 오니가 졌다. 몇 달에 한 번씩 수세미와 솔로 긁어내지 않으면, 창문 하나 없는 지하실 피트에서 여름이면 벌레와 전쟁을 치러야 했다.

저수조의 깊이가 사람 키만큼 깊어서 팔을 뻗어 청소를 하는 데는 한계가 있었다. 물을 모두 퍼내고 저수조 안으로 들어가 사방 벽을 닦아내고 나면 온몸에 하수구 냄새가 배어 다음 날까지 애를 먹곤 했다. 저수조 크기는 겨우 한 사람이 들어가 팔을 뻗을 수 있을 정도로 좁았지만 물은 얼마나 많이 차는지, 엘리베이터도 없는 건물에서 계단으로 물을 퍼 나를 때면 평소 '세상에서 가장 무거운 건 책'이라고 여기던 생각이 싹 날아갔다. '세상에 물보다 무거운 건 없을 거야'.

밤낮을 가리지 않고 꼬박 6년째 지하에서 지내다 보니 습기, 곰팡이와 실랑이하는 데도 이골이 났다. 장마철 폭우가 쏟아지면 한밤중에 도서관으로 돌아가서 비가 들이치거나 하수도가 역류하지 않도록 비설거지를 해야 했다. 이용자가 없는 밤에는 보일러를 최대한으로 가동시켰다가 아침이면 다시 에어컨으로 열기를 식히는 '과소비'도 무릅써야 했다. 책이 습기에 상하지 않게 해야 하는 데다가 걸음마하는 어린아이들도 머무는 공간이니 냉난방비 걱정은 둘째라고 했지만, 그 부담을 누가 덜어주는 건 아니었다. 급기야 상가건물 위층에 중국음식점과 분식점이 들어서면서 도서관으로 쥐가 드나들기 시작했을 때는 이제 그만 도망치고 싶다는 생각이 들었다. 문틈에서 시작해 서가 모서리를 갉아대던 쥐들은 순식간에 책 모서리까지 갉아놓기 시작했다.

하수구를 청소하고 쥐를 잡으면서 생각했다. 도서관 업무 목록에 이런 일들까지 있을 줄 사람들은 알까, 너무 어렵다, 이렇게 해서 오래 지속할 수 있을까, 운동을 하려면 복제 가능하게 만들어야 할 텐데… 막막함과 고단함 사이로 회의와 무력감이 꼬리를 물었다. 누구든 마음먹으면 할 수 있는 틀을 만들고 싶다는 바람이 간절해졌다. 진중하고 단호하게 선택해야 했다. 공간을 옮기거나 시설관리에 시간과 품을 들일 수 있도록 다른 일을 줄이거나. 당장 공간을 옮기긴 어려우니, 조금이라도 관리가 덜 힘들어지는 방법을 하나씩 찾았다. 같은 상가건물 위층의 빈 점포를 월세로 얻어 사무실 겸 소모임 공간으로 꾸미고, 천장까지 닿는 서가를 짜서 발 디딜 틈 없이 쌓인 책들을 정리해 넣었다. 온갖 잡동사니를 넣을 벽장도 만들었다.

번번이 목돈을 들여야 하니 그것도 한없이 지속할 수는 없었다. 게다가 늘어나는 책과 활동의 규모가 그런 임시방편으로 따라잡을 수 있는 수위를 이미 넘어서 있었다. 도서관학교를 비롯해 도서관계 안팎에서 펼친 사업들이 성과를 내기 시작하면서 후원자들의 기대와 요구 또한 늘어났다. 새로 공간을 만드는 일은 더이상 무엇으로도 미룰 수 없는 절대과제였다.

어떻게 집 지을 돈을 마련할까. 5주년 행사로 모금한 돈은 400만 원 남짓. 하루 만에 그렇게 큰돈이 모금된 것에 놀라면서도 이사비용을 생

아파트단지 내 상가 지하 40평 공간에 자리 잡고 있던 문고. 유리벽과 낮은 서가로 공간을 분할해 답답하지 않으면서도 다양한 활동을 할 수 있게 했다.

각하면 말 그대로 상징적인 종잣돈이었다. 공간을 옮겨가야 한다는 필요성을 공유했을 뿐, 하루하루 정신없는 일과에 쫓기느라 이렇다 할 모금활동을 기획하지도 못하고 있었다. 후원회원이 100명 가까이로 늘어났지만 월 5,000원에서 1만 원의 개미후원으로 집 지을 돈을 모으려면 갈 길이 너무 멀었다. 100평쯤 되는 작은 건물 하나를 지으려고 해도 최소한 50년 넘게 걸릴 터였다.

그나마 이태 전쯤 아파트를 한 채 분양받아 잠시 이사를 했던 것이 다행이었다. 집이야 다시 전세로 옮기면 되니 일단 살던 집을 팔고, 재단 이사진들에게 기금 출연을 제안해보기로 했다. 또 뭘 할 수 있을까? 책을 내기로 마음먹었다. 언제든 우리가 도서관에서 꿈꾸고 경험한 일들을 책으로 담아내야 한다고 생각하고 틈틈이 기록을 남기긴 했지만 맘먹고 정리할 시간을 내기가 어려웠는데, 절실한 목표가 생겼으니 다시 해보자는 생각이었다. 책을 팔아서 집을 짓겠다는 것이 얼마나 당차고 야무진 생각인지는 훨씬 뒤에야 알게 되었다. 《내 아이가 책을 읽는다》(알마, 2006)라는 제목으로 느티나무도서관 7년을 담은 책이 나오고 나서야 출판사 대표가 말해준 진실. 집을 팔아 책 낸다는 이야기는 들었지만, 책 써서 번 돈으로 집을 짓는다는 이야기는 처음이라고 했다. 그건 베스트셀러 작가들에게나 해당할 법한 이야기였다.

집을 팔고 모금을 해서 건물 지을 돈을 마련하면 땅은 어떻게든 얻을 방법이 있지 않을까, 또 한 번 야무진 기대를 갖고 움직이기 시작했다. 한쪽으로는 시유지나 도유지 같은 공공부지를 사용할 방법을 알아보면서, 다른 한쪽으로는 공공부지를 사용할 수 없을 경우 직접 매입할 부지를 물색하기 시작했다.

도서관은 선물로도 좋은 품목이 아니다?

2006년 3월, 시청에 공문을 보내 도서관 이전 계획을 알리고 공공부지를 무상 혹은 장기임대로 사용할 방법을 찾고 있다며 협조를 요청했다. 몇 주 만에 돌아온 답변은 정부기관이 아닌 민간 재단법인에게는 공공부지 사용허가를 내줄 수 없다는 것이었다. 조건을 바꿔 다시 제안을 했다. 부지가 제공되면 건물을 지어 기부하겠다, 도서관 운영은 인력충원 문제가 생기지 않도록 재단이 위탁받는 방안을 협의해보자, 예산은 일정 비율을 재단에서 매칭으로 분담하는 방법을 찾아보자는 안을 냈으나 시의 답변은 달라지지 않았다.

도서관은 선물하기에 좋은 품목이 아니었다. 시청의 여러 관련 부서를 찾아가 왜 공간을 이전해야 하는지 녹음테이프를 재생하듯 반복해서 설명하고 사정도 했지만 하나같이 난색을 표했다. 지자체의 상황 역시 이해가 가지 않는 건 아니었다. 인구가 급격하게 늘어나 어떤 동은 1동, 2동으로 나눠야 하는데 새로 동사무소 설치할 공간을 확보하지 못해서 상가건물을 임대해서 쓰고 있는 형편이었다.

번번이 헛걸음하는 우리를 안쓰럽게 보던 담당공무원이 별다른 수확은 없겠지만 굳이 직접 확인해야겠으면 쭉 훑어보라면서, 공공부지 열람대장이란 걸 내준 적도 있었다. 시청 건축과 사무실 구석 탁자에서 두 손으로 들어올리기도 힘들 만큼 두꺼운 공공부지 열람대장에 파묻혀 하루를 보냈다. 실낱같은 가능성이라도 찾으려고 공공기관에 딸린 손바닥만 한 녹지까지 지도와 목록을 살폈지만, 결국 답을 찾지 못했다. 게다가 지자체장 선거가 몇 달 앞으로 다가오면서, 하루하루 바빠지는 시청의 행정라인에서 한 자그마한 민간 도서관의 이야기에 귀를 기울일 여유는 더이상 기대하기 어려웠다. 도서관은 공무원들 사이에서도 '돈 먹는 하마'로 통한다는 사실, 기부받기에 그다지 반가운 대상이 아니라는 걸 확인하는 것으로 '공공부지'에 대한 서툰 희망은 막을 내렸다.

하나의 가능성이 불통으로 확인되었으니 남은 하나의 과제에 집중해야 했다. 어느새 땅 살 돈 걱정은 뒤로 한 채 부지를 찾아 나섰다. 인근의 부동산 시세나 현황도 조사하고 실현 가능한 예산계획도 세워야 하는데 그것 또한 큰 일거리였다. 접근성도 좋고 예전 도서관에서도 너무 멀지 않은 곳을 찾으려고 3킬로미터 이내의 땅이란 땅은 샅샅이 찾아다녔다. 몇 달 동안 발품을 판 끝에 맞춤한 부지를 만났다. 20~30평대 아파트와 다세대주택들이 빽빽하게 들어서서 인근에서는 인구밀도가 가장 높고 서울, 안양, 분당, 수원을 연결하는 버스들이 모두 통과하는 지점이었다. 걸어서 갈 수 있는 거리에 초중고등학교도 여섯 곳이나 있고, 부지 바로 옆에 자그마한 공원도 있었다.

마침내 보물을 찾은 줄 알았는데 이번에도 상자를 열어보니 다음 문제를 적은 쪽지가 들어 있었다. 토지거래허가! 더 큰 걱정거리가 생기면 으레 그전 문제는 한결 가벼워지기 마련. 토지거래 자체가 가능할지 알 수 없는 상황이 되자 땅값 마련 걱정은 우선순위에서 저만치 뒤로 밀려났다. 돈이야 마련하면 되지. 어떻게든 되지 않겠어?

우리가 점찍은 부지는 지구단위계획에 따라 마치 자를 대고 선을 그

도서관 지을 땅을 구하는 데만 꼬박 1년이 걸렸다. 착공 준비로 펜스를 둘러쳐놓은 저 빈터에 지하 1층, 지상 3층으로 건물을 세웠다.

은 것처럼 한 필지에 80평씩 바둑판 모양으로 나뉘어 있었다. 처음엔 부지를 얼마나 매입할지 평수에만 매달렸다. 마침 공원이 바로 보일 위치에 나란히 두 개의 필지가 남아 있었다. 건폐율이 60퍼센트니 한 필지에 건물을 세우면 바닥 면적이 50평도 채 안 되었다. 용적률 200퍼센트를 꽉 채워 3층으로 지으면 연면적이 160평, 새로 지을 도서관 규모를 200평쯤으로 계획하고 있었는데 아쉬웠다. 게다가 3개 층을 열람실로 운영하려면 층마다 관리할 사람이 따로 있어야 한다. 도서관을 운영할 직원

수를 생각하면 바닥 면적은 좁고 층이 여러 개로 나뉘는 건 바람직하지 않았다. 이사회에서는 다시 머리를 맞대고 이리저리 계산을 하고 따져 보았다.

이미 갖고 있던 장서와 이용자 수를 고려하고 도서관학교를 비롯한 여러 가지 프로그램이 진행될 공간에다 서고, 사무실, 세미나실 등 그동안 아쉬웠던 공간들까지 배치하려면, 80평 한 필지로는 얼마 못 가 다시 여유가 없어질 거라는 결론이었다. 그렇다고 두 필지를 모두 매입하려니 비용이 어마어마했다. 토지매입비만 문제가 아니라 건물 규모가 커지는 만큼 운영비도 늘어날 것이었다. 마음 같아선 1.5필지만 사면 딱 좋겠는데 땅을 두부처럼 잘라서 살 수는 없는 일. 어려운 선택을 놓고 긴긴 고민과 토론이 이어졌다. 도서관은 적어도 10년 이상을 내다봐야 하는데 얼마 못 가 다시 공간이 부족해질 수 있다는 걱정이 앞서는 한편, 원래 계획보다 일이 너무 커지는 건 무리이니 일단 작게 만들고 증축을 고려하자는 신중론에도 귀를 기울이지 않을 수 없었다. 물론 그때까지 증축할 만한 땅이 팔리지 않고 남아 있을지 장담할 수도 없었다.

결국 두 필지를 사는 쪽으로 의견이 기울었지만, 실제로 긴 논쟁에 종지부를 찍게 만든 것은 또다시 예상치 못했던 문제였다. 첫째, 이 지역은 주상복합건물밖에 지을 수 없다는 용도제한규정이 발목을 잡았다. 눈앞에 마음에 드는 땅을 놓고도 계약을 할 수 없었다. 둘째, 주인이 각기 달라서 언제 한쪽이 팔려버릴지 알 수가 없었다. 서둘러야 했다.

도서관은 1종 생활근린시설에 해당하는데, 알고 보니 이 지역은 지구단위계획상 2종 일반주거지역으로 지정돼 있어서 점포겸용단독주택밖에 지을 수 없다고 했다. 아뿔싸. '도서관을 지을 수 없는 동네'가 있다는 것이 놀라웠다. 지구단위계획이라는 것을 세우면 도서관 같은 기반시설들에 먼저 부지를 할애해야 하는 것 아닌가. 도서관만이 아니었다. 도시계획 내용에서 우리가 일반적으로 기대하는 기반시설들은 찾아볼 수가 없었다. 대체 그런 계획은 어떤 기준에 따라 세워지는 것인지 담당부서에 거듭 물었지만, 이미 오래전에 전임자들이 만든 것이라 본인들은 할 말이 없다는 답변만 반복해서 돌아왔다.

무상으로 부지를 제공받는 것이 아니라 자체 재원으로 땅을 사려는 것인데도, 토지거래와 건축을 허가받으려면 먼저 용도변경 절차를 밟아야 했다. 사례가 드문 일이라는 걸 감안해도, 도서관이라는 분명한 공익시설로 용도를 지정하는 것인데 그렇게 어렵다는 것이 이해가 가지 않았다. 부동산 업무를 대행해주던 사람들도 답답해했다. 땅값을 올려 돈을 벌기 위한 것이라면 몰라도, 도서관으로 건축용도를 제한해버리면 땅값이 오히려 떨어져 차익을 얻을 수 없을 텐데, 뭘 걱정하는지 알 수 없다고 했다. 하지만 시청에서는 이런 사례를 한 번 허용하면 그다음은 둑처럼 무너져버려 감당할 수 없게 될 거라며 느티나무도서관에만 예외적으로 '혜택'을 주기 곤란하다고 완강한 태도를 보였다.

맙소사! 도서관 지을 땅을 사도록 허가하는 것을 혜택이라고 보다니. 게다가 둑이 무너진 것처럼 도서관 만들 사람들이 줄을 설까봐 걱정이라니(정말 그렇게 된다면 얼마나 좋을까!). 하지만 발등의 불은 꺼야 했다. 어렵사리 찾아낸 땅이 다른 사람에게 팔리기 전에 계약을 하려면 토지거래허가를 받아야 했다. 다시 8개월쯤 시청과 구청을 오가는 셔틀게임이 시작됐다. 공문이 접수되고 복잡한 결재라인을 거치는 데만 몇 달이 걸렸다. 발을 구르고 애를 태우다 시장 면담도 요청해봤지만, 새로 취임한 시장은 바빴다. 수장이 바뀐 시청에서 바쁘지 않은 사람은 없었다. 우여곡절 끝에 토지거래허가서를 받아든 건 연말이 다 되어서였다. 부지를 무료나 장기임대로 얻은 것도 아니고 다만 토지거래를 허가한다는 증서였을 뿐인데, 달랑 그 종이 한 장을 받아들고 구청에서 도서관까지 오는 길 내내 엉엉 목 놓아 울었다. 무엇이 터져나온 것인지 나도 알지 못했다. 그런 걸 생각할 만큼 여유가 있지도 않았다. 지금 돌이켜보면 1년 가까이 부지를 구하느라 겪은 고단함이 한꺼번에 몰려오기도 했지만, 앞으로 '사립' 도서관을 고집하면서 맞닥뜨릴 일들을 예감했던 것 같다.

설계를 시작하고 첫 번째 고비는 또다시 규모에 대한 고민이었다. 땅은 거래단위인 필지당 면적이 정해져 있어서 하는 수 없이 무리해서 샀지만, 늘어난 부지를 꽉 채워 건물까지 크게 지을 생각은 아니었다. 이유는 물론 공사비 부담 때문이었다. 처음엔 작게 짓고 몇 년 뒤 증축을 고려해보자고 했다. 그러면서 걱정도 있었다. 도서관처럼 일상서비스를 해야 하는 곳에서 일단 문을 열고 나면 그렇게 큰 규모로 리모델링 하기 위해 휴관을 하기는 어려울 것이라는 점이었다. 설계를 맡은 건축사 역시 증축을 염두에 두고 구조 설계를 하는 것에 대해 소모적이라는 문제제기를 했다. 어느 쪽도 쉽게 선택할 수 있는 방법은 아니었다. 그런데 아뿔싸, 또다른 문제를 놓치고 있었다. 토지 가치의 실현. 평당 1000만 원에 달하는 땅을 비워둔다는 건 엄청난 손실이라는 지적에 두 손을 들었다. 결국 연면적 200평쯤으로 계획했던 설계는 건폐율과 용적률 한도를 꽉 채워 320평으로 늘어났다.

줄곧 그런 식이었다. 많이 고민하고 자료조사도 했지만, 언제나 마음 먹고 준비한 대로 일이 되는 건 아니었다. 생각하지 못했던 요인에 의해 결정되어버릴 때가 오히려 많았다. 그렇다고 어떤 준비도 고민도 소용 없는 것은 아니었다. 그보다는 아무리 계획하고 준비해도 예기치 못한 변수가 생길 수 있으니, 언제나 또다른 가능성을 열어놓고 유연하게 선 택할 수 있어야 한다는 걸 배웠다고 할 수 있다.

부지를 매입하는 데만 열 달을 보내고 나니 설계를 시작할 무렵엔 어 느새 겨울로 접어들고 있었다. 하는 수 없이 시공을 다음 해 봄으로 미 루게 되면서 설계에 좀더 공들일 시간을 벌었다. 설계도를 마무리하는 데 꼬박 6개월이 걸렸다. 누구나 자유롭게 찾아와 머물 수 있는 편안하 고 안전한 공간, 10만 권의 책도 끄떡없이 견딜 수 있는 튼튼한 건물을 짓자고 공을 들이다 보니 자꾸만 시간이 길어졌다. 그리기만 하다 말 것 같던 설계도가 겨우 마무리되고 마침내 첫 삽을 떴을 때는 공간 이전을 마음먹고 5주년잔치를 기획한 지 2년 반쯤이 지난 시점이었다.

2007년 4월 25일, 한동안 공사 먼지와 소음으로 불편을 겪을 이웃들 에게 인사라도 하려고 빈터에 떡과 막걸리로 조촐하게 상을 차렸다. 말 하자면 기공식이었다. 초대된 사람은 바로 다음 날부터 땀 흘려 작업할 시공팀과 도서관 부지에 텃밭을 가꾸다가 갑자기 빈터를 잃어버린 이 웃 어르신들. 애써 가꾼 채소를 거두고 서운했을 할머니들께 도서관을 지을 거라고, 나중에 오셔서 아이들에게 책 읽어주시라고 청하니 흔쾌 히 그러마고 약속을 해주었다. 그러면서도 여기 '무슨 점포'가 들어서는

첫 삽 뜨던 날, 막걸리 박스를 가져다 놀이에 취한 아이들. 아이들은 어느새 저희들이 바라는 도서관을 지어 놓고 거기서 놀고 있었다. 진짜 기공식.

거냐고 연거푸 묻는 어르신들을 보면서, 어쩌면 몇 달 뒤 공사를 마치고 다시 문을 열 때는 도서관을 처음 여는 것처럼 시작해야 할지도 모른다는 예감이 들기도 했다. 예전 도서관에서 그리 멀리 떨어지지 않은 곳이었지만 공간을 옮긴다는 건 많은 것이 달라지리라 예상하고 받아들여야 하는 일이었다. 게다가 규모가 7~8배로 커지는 상황이었으니 말할 나위도 없었다.

장마와 삼복더위를 지내는 동안 공사장 옆 야트막한 언덕의 공원을 몇 번이나 오르내렸는지 모른다. 한층 한층 건물이 올라가는 걸 바라보고 있으면 레미콘이 콘크리트를 내 어깨 위로 들이붓는 것 같았다. 땅값만 16억, 설계와 건축에 들여야 할 돈이 또 16억. 당시 한 해 예산이 2억이 넘었으니, 32억이면 10년쯤 운영비로 쓸 수 있는 액수였다. 그 돈을 집 짓는 데 모두 쏟아 붓는 건 어마어마한 각오가 필요한 일이었다. 그때마다 혼잣말처럼 되뇌곤 했다. 지금 우리는 '자유의 대가를 땅에 묻고' 있는 것이라고.

다시 겨울로 접어들 무렵, 마침내 완공된 건물에서 '공공도서관'으로 문을 열었다. 하루하루 숨차게 달린 것 같은데도, 5년차 사립문고가 공공도서관으로 거듭나기까지는 꼬박 3년이 걸렸다. 계획했던 시간표가 자꾸 미뤄질 때마다 애를 태웠지만, 돌이켜보면 꼭 아쉬운 것만은 아니다. '이유 있는 지체'였다고 볼 수 있는 일들이 오히려 많았다. 걸음을 늦추게 만든 문제들이 생기지 않았더라면 일이 조금 빨리 진행되긴 했겠지만, 다른 아쉬움을 남겼을지 모른다. 실제로 일이 빠르게 진행되었을지도 장담할 수는 없다. 어쩌면 예기치 않은 문제 상황이라고 여겼던 일

들이 '시간조절장치'였는지 모른다. 때로는 준비가 더 필요하다는 '사인' 역할도 했고, 때로는 하드웨어만이 아니라 그 안에 채워넣을 책과 사람, 소프트웨어까지 좀더 제대로 준비할 시간을 벌어주기도 했다.

세상 모든 일이 그런 것 같다. 그 단계에 필요한 것을 미뤄둔 채 지속할 수 있는 일은 없었다. 그렇다고 필요한 요소를 빠짐없이 예측하고 시뮬레이션해서 계획을 세우는 것도 불가능했다. 흔히 가지 않는 길을 선택한 이상 받아들여야 할 조건일지 모른다.

공공성을
공간에 담다

일단 도서관용품업체에 전화를 걸어 '가장 싼' 것으로 설치하면 얼마나 들지 물었다. … 최소한 1300만 원쯤은 들 거라고 했다. … 1300만 원어치 책을 잃어버리려면 몇 년이나 걸릴까? 더 망설일 필요 없이 그냥 '책 잘 잃어버리는' 도서관이 되기로 했다. … '원천적으로' 책을 잃어버리지 않기 위해 (효과도 장담할 수 없는) 도난방지시스템을 설치하기보다는, 이용자들 스스로 도서관 책을 소중히 여기게 될 가능성에 '올인!' 하기로 했다.

―본문에서

여백, 표정과 스토리가 담기도록
"밋밋하면 좋겠어요. 시간이 가면서 표정이 담기도록…."
설계사무소와 첫 번째 미팅에서 가장 먼저 요구한 도서관의 콘셉트는 밋밋함이었다. 매력적이지만 너무 세련됐다는 느낌은 들지 않았으면 좋겠다. 신발에 흙이 잔뜩 묻었어도 툭툭 털고 들어오고, 장난삼아 벽에 발자국 하나쯤 찍고도 크게 눈치 보지 않고 들어설 수 있으면 좋겠다···.

세월의 흐름에 따라 건물과 책과 사람이 어떻게 함께 나이 들어갈까 생각했다. 한해 두해 시간이 흘러 책이 채워지고 사람들이 찾아와 머물면서 차츰 건물에 표정이 생기기를 바랐다. 그 생각을 도서관 건물에 담은 것이 노출공법이다. 민낯. 건물 전체 외벽에 타일이나 돌 같은 마감재를 붙이지 않고 콘크리트 표면 그대로 드러나게 두기로 했다.

노출공법에 기대한 건 여백이었다. 여백과 빈틈은 달랐다. 이가 빠진 것처럼 느껴지지 않으면서, 무엇이든 채울 수도 있고 다시 비울 수도 있도록 만들려고 했다. 도서관을 찾아오는 사람들에게 전하고 싶은 메시지이기도 했다. 지역에 깃들인 사람들의 삶의 시간이 쌓이고 흘러가는 곳이 되도록.

색을 고를 때도 여백을 두려고 했다. 울긋불긋하게 눈길을 끄는 색은 쓰지 않고 목재, 시멘트, 철제 소재 본래의 색을 그대로 살리기로 했다. 녹 방지 처리가 필요한 철제 부분과 단열을 위해 석고보드로 마감한 부분만 튀지 않는 색으로 페인트를 칠했다. 지하의 북카페 겸 강당과 1층 열람실에는 실내에도 거친 표면의 블록을 쌓아 벽을 세웠는데 블록 색은 최대한 무채색으로 골랐다. 벽을 배경으로 책과 사람이 오롯이 제 빛깔을 드러내고 어우러질 수 있도록.

최상의 방수공법은 물길을 내는 것

건물을 짓는 동안에는 눈에 보이는 여백만 생각했는데, 완성된 건물을 유지하고 돌보면서 보이지 않는 여백을 두는 법도 배웠다.

건물을 짓고 관리하는 데 가장 어려운 일은 '방수'였다. 액체방수, 시트방수, 도막방수, 복합방수, 폼 인젝션까지, 온갖 공법을 써봤지만 물이 스며들고 새는 걸 막기 어려웠다. 창틀에 미세한 틈이 생겨 물이 새어들기도 했고 시간이 흐르면서 건물 주변에 흐르는 물의 수압과 구조물 사이에 힘의 균형이 달라져 문제가 생기기도 했다.

처음엔 물이 새는 곳을 막는 데만 매달렸다. 액체방수, 시트방수, 침투성방수액, 그 모두를 합친 복합방수 등등 갖은 방수공법을 동원해 틈새를 메우고 방수액을 바르고 시트를 붙였다. 하지만 대체로 임시방편일 뿐, 거듭 같은 부위에 문제가 생기는 걸 겪고 나서야 근본적인 해결책을 찾아나섰다. 건물 안팎을 모두 살펴 물이 흐르는 근원지를 찾고 큰 규모로 공사를 하려니 당연히 비용도 많이 들었다. 그렇게 몇 해를 보내고서야 깨달았다. 가장 확실한, 아니 유일한 방수공법은 물의 흐름을 파악해서 제대로 '물길을 내는 것'이라는 사실. 생각해보면 당연한 일 같지만, 좀처럼 저절로 배우긴 어려운 지혜를 우리는 그렇게 말없는 건물과 소통하며 배웠다.

물길을 내야 한다는 원칙은 건물관리에만 적용되는 것이 아니었다. 도서관의 장서와 서비스를 기획하고 운영하는 데도 그대로 적용되었다. 도서관 문 닫을 무렵이면 사방에 책이 흩어져 있고 구석구석 낱장으로 떨어져 나온 책장이 나뒹굴기도 한다. 어느 책에서 빠져나온 것인지 찾느라 진땀을 흘리다 보면, 페이지마다 위아래에 제목과 쪽 번호를 표시하는 방법을 고안한 건 누구일까, 이름 모를 그 출판계 인사에게 저절로 경의를 표하게 된다. 많은 자원활동가들이 공들여 책을 꿰매고 붙여준 덕에 매주 수십 권의 책이 말끔하게 새 책으로 복원되었지만, 떨어져 나간 책장을 찾지 못해 결국 책 전체를 포기하는 경우도 적지 않았다.

망가진 책을 고치고, 고치지 못하는 책들을 버리면서 우리는 책과 함께 나이 들어가는 법을 배웠다. 찢어진 책장을 감쪽같이 붙이고 꿰매는 요령을 익히는 한편, 도서관이라면 낡고 해진 책들을 잘 떠나보낼 수 있어야 한다는 지혜도 얻었다. 새 책을 한 권 더 사고 싶은 마음에 책이 망가지고 없어지는 것에 애를 태웠지만, 조금씩 담담해질 수 있는 힘이 생겼다. 한 권이라도 더 누군가의 손에 닿아 읽히길 바라는 만큼, 끊임없이 책을 솎아내고 그중에 필요한 책은 새로 장만하는 것을 당연한 일상 업무로 삼게 되었다.

책 잘 (잃어)버리는 도서관

듀이를 만난 뒤로 이른 아침 텅 빈 도서관을 들어설 때면 나도 모르게 반납함 구석을 들여다보는 습관이 생겼다. 듀이 리드모어 북스Dewey Readmore Books. 독서캠페인 표어 같은 이 이름의 주인공은 《듀이: 세계를 감동시킨 도서관 고양이》(비키 마이런·브렛 위터, 갤리온, 2009)라는 책으로 널리 알려진 고양이다. 듀이는 몹시 추운 겨울 아침 미국 아이오와 주 스펜서라는 작은 도시의 도서관 반납함에서 꽁꽁 언 채 발견된다. 그날부터 꼬박 19년 동안 도서관 고양이로 살아간다. 도서관 서가와 열람실 책상, 도서관에 찾아온 사람들의 무릎 위를 누빈다. 어린아이부터 노인까지 멍들고 베이는 상처를 입은 이들이 듀이를 보러 도서관에 오고 듀이를 통해 다른 사람들에게 눈길을 주고 마음을 건네게 되면서 듀이는 도서관을 보다 '완전한' 공간으로 만드는 존재가 된다.

느티나무도서관의 반납함에서 아기고양이를 발견한 적은 없다(고양이 대신 아기토끼가, 반납함이 아니라 문 앞에 놓여 있었던 적은 있다. 2,000원짜리 사료 한 봉지와, 부모님 반대로 집에서 키울 수 없어 맡기고 가니 잘 부탁한다는 간곡한 당부를 담은 쪽지와 함께). 하지만 반납기한을 넘긴 책과 함께 작은 선물을 넣어두는 사람도 있었고, 밤새도록 책이 쌓인 반납함 구석에서 후원신청서를 발견하는 날도 있었다. 무엇이 그런 기대와 격려를 보내게 만드는 걸까? 아마 출입구에 '도난방지장치'가 없다는 사실 또한 한몫하지 않나 싶다.

건물을 지으면서 도난방지용 게이트를 설치할 것인지 말 것인지를 놓고 긴 고민이 이어졌다. 처음부터 도난방지장치를 달 생각은 없었다. 그런데 설계를 진행하다 보니, 그 이유는 공감하지만 공간이 이렇게 커지면 눈에 들어오지 않는 사각이 생길 텐데 뭔가 대책이 있어야 하지 않겠느냐고 걱정하는 사람들 이야기를 무시할 수 없었다.

출입구마다 게이트를 설치해야 하니, 출입구를 몇 개로 할지도 관건이었다. 비상상황이 발생할 때는 통로 역할을 해야 하고, 무엇보다 접근성과 연결되니 출입구의 숫자와 위치는 중요한 사안이다. 부지 둘레를 수십 바퀴 돌아보았다. 건물 뒤편에서 출입문을 찾아 빙 둘러서 걷는 시간이 얼마쯤 되는지 감각으로 느껴보려고 했다. 도서관 옆에 1차선 이면

도로 하나를 사이에 두고 놀이터가 딸린 작은 공원이 있는데 미끄럼틀을 타거나 공놀이를 하다가 도서관으로 달려올 아이들의 동선도 문제였다. 아무리 봐도 블록 전체를 빙 둘러서 돌아오기보다는 건물들 사이에 나 있는 좁은 골목으로 다니기가 쉬울 것 같았다. 여럿이 뛰어오면 위험할 텐데. 어디서든 편하게 들어설 수 있는 통로를 만드는 일은 좀처럼 포기하기 어려운 카드였다. 문이 있어야 할 법한 위치에 문이 없어 돌아서 가야 한다는 사실만으로 그냥 발길을 돌릴 수 있지 않을까?

도서관에서 접근성은 두말할 나위 없이 중요하지만, 문제는 또 있었다. 출입구 숫자와 위치에 따라 내부 공간배치가 크게 달라졌다. 벽을 뚫고 달랑 문짝 하나를 다는 것으로 출입구가 만들어지는 것이 아니었다. 문을 여닫을 수 있는 면적과 드나드는 동선까지 할애해야 하니, 한 뼘이라도 열람실 공간이 줄어들 수밖에 없다. 출입구 하나를 없애면 작게나마 카운터테이블과 연결되는 사무공간을 만들 수 있을 것 같았다. 접근성과 면적을 놓고 수없이 저울질을 하며 토론을 벌였지만, 정작 결정을 내리게 된 계기는 엉뚱한 데서 왔다. 거의 언제나 그랬듯이 이번에도 돈과 관련이 있었다.

공공도서관들이 출입구를 여러 개 만들지 못하는 것은 공간 활용의 효율성 때문만이 아니라 '보안'과 운영의 부담 때문이기도 하다. 책을 잃어버리지 않고 도서관 분위기를 '저해'할 사람들이 함부로 들어오지 못하도록 '지키기' 위해서, 꽤 규모가 큰 열람실에도 출입구는 한 군데뿐인 곳이 많다. 몇 해 전부터는 도서관에서도 IT의 힘을 빌려 감지장치가 달린 도난방지시스템을 도입하고 있는데, 설치비용이 만만치 않아서

책 읽는 그네. 도서관 뒷문 맞은편 공원 놀이터에서 놀던 아이들이 달려오면 열린 문 사이로 그네가 먼저 눈에 들어온다.

역시 출입구 숫자는 최소한으로 유지되고 있다. 아무래도 도난 방지장치를 설치해야 한다는 의견에 못 이겨, 일단 도서관용품 업체에 전화를 걸어 '가장 싼' 것으로 설치하면 얼마나 들지 물었다. 여러 가지 조건을 따져봐야 하지만, 최소한 1300만 원쯤은 들 거라고 했다. 입구에 게이트만 세우면 되는 게 아니라 책 한 권마다 감응테이프도 붙여야 하는데 그 장비비와 인건비는 뺀 가격이었다. 그 한마디에 일사천리로 의사결정이 진행되었다.

1300만 원어치 책을 잃어버리려면 몇 년이나 걸릴까? 더 망설일 필요 없이 그냥 '책 잘 잃어버리는' 도서관이 되기로 했다. 사실 느티나무도서관은 사립문고로 운영되던 시절에도 도서관의 모토 가운데 하나가 '책 잘 버리는' 도서관이었다. 공간이 작아 해마다 출판되는 수많은 책 가운데서 일부만을 골라야 하는 부담이 컸기 때문이다. 하지만 그보다는 자료의 보존과 이용이라는 도서관의 역할 가운데 어디에 우선순위를 둘 것이냐의 문제였다. 느티나무도서관처럼 장서량이 모두 10만 권이 되지 않는 곳에서는 보존보다는 이용이 먼저라고 생각했다. 도서관의 서가가 언제나 살아 숨 쉬도록 새롭게 채우기 위해서는 끊임없이 책을 사야 했고. 그러기 위해서는 책을 '기꺼이' 버릴 수 있어야 했다. 그런데 이제 책을 기분 좋게, 적어도 기분 나쁘지 않게 버리고 또 잃어버릴 수 있는 도서관이 될 이유가 하나 더 생긴 셈이었다.

'원천적으로' 책을 잃어버리지 않기 위해 (효과도 장담할 수 없는) 도난방지시스템을 설치하기보다는, 이용자들 스스로 도서관 책을 소중히 여기게 될 가능성에 '올인!' 하기로 했다. 걱정하고 반대하던 사람들에게는 무모한 베팅으로 보이는 선택이었다. 규제와 자발성이 절대로 병행할 수 없는 것은 아니라고 생각한다. 어디쯤에서 균형을 이룰지 선택의 문제일 뿐. 우리는 한쪽으로 많이 기울어진 균형을 선택한 것이라고 할 수 있다. 당장의 효과로 보면 자발성이 규제를 따라잡기는 어려울지 모른다. 하지만 꼭 그럴까? 좀더 시간이 지나고 나면 전혀 다른 결과를 볼 수 있지 않을까? 자발적인 배려와 존중이 구현되는 문화, 그 바람은 포기하기엔 너무 아까운 선택지였다.

참으로 다행스럽게 지금까지 느티나무도서관의 책꽂이에는 많은 책들이 거의 그대로 남아 있다(물론 끝없이 책을 잃어버렸고 지금도 잃어버리고 있다. 하지만 도난방지시스템을 완비한 도서관들에서도 책을 잃어버리는 건 마찬가지라는 사실을 확인하고 있다). 그리고 그런 '작은 차이'를 체험한 사람들이 차츰 '자발적인' 공공성에 공감하게 되었을 것이라고 믿는다. 증명할 방법은 아직 찾지 못했다. 다만 우리가 공감의 증거로 내놓을 수 있는 사례는 100가지도 넘게 쌓였다. 예를 들면 도서관 문 닫을 무렵에 숨차게 뛰어 들어와 책을 반납하고 기어이 직접 제자리에 책을 꽂고 돌아가는 이용자를 볼 수 있다. 빌려간 책을 반납함에 넣고 가면 사서들이 책을 정리해야 하는 일손을 더할까봐 그러는 것이다. 절대로 잃고 싶지 않은 흐뭇한 경험이다.

세상에서 가장 긴 간판

어떻게 하면 첫눈에 도서관처럼 보일까. '느티나무도서관'이라고 일곱 글자만 써 붙이면 한글을 모르는 사람은 도서관인 줄 모르고 지나쳐 버릴 수 있지 않을까. 누구든 이용할 수 있는 공공도서관이라면 간판도 그에 걸맞게 만들어야 하지 않을까. 글을 모르는 어린아이도, 다른 나라 사람들도 간판만 보면 이곳은 책이 많이 있는 집이라는 걸 알 수 있게 만들고 싶었다. 책 모형으로 애드벌룬을 만들어 옥상 위에 띄울까? 서가가 늘어선 열람실 풍경을 커다란 현수막으로 출력해서 벽에 걸까? 온갖 궁리를 하느라 새로 도서관 문을 열고 석 달이 지나도록 간판을 달지 못했다. 설계를 맡았던 건축사도 건물에서 간판은 화룡점정 같은 의미라 늘 마음을 썼지만, 이번엔 손을 놓겠다고 했다. 너무 많은 의미가 담긴 공간이라 도무지 실마리를 찾기 어렵다면서.

판단중지. 서둘러 답을 찾으려고 애쓰지 않기로 했다. 일단 도서관 문을 열어야 하니, 8년 전 상가 지하에서 도서관을 열었을 때 인테리어 업체에서 선물해주었던 해묵은 나무 현판만 뒷문에 달고 앞쪽 벽엔 집들이 홍보용으로 만들어 달았던 커다란 현수막을 그대로 둔 채 기다려보기로 했다. 책과 사람들이 어우러진 풍경을 보면 영감이 떠오를 것이라고 기대하면서 말이다.

느티나무 한 그루 있으면 좋겠다는 바람으로 2000년 2월

누구나 무료로 이용하는 사립 공공도서관, 책꽂이 옆에 그네와 다락방도 있는 시끌벅적한 도서관입니다. 책으로 둘러싸인 곳에서 넓은 세상을 만나고 경쟁보다 먼저 어울림을 배우기를 바랐습니다. 책하고는 거리가 멀 것 같던 아이들이 놀이터보다 도서관이 좋다 하고, 책과 일상을 나누는 이웃들이 자꾸 하고 싶은 게 많아진다고 합니다. 도서관은 가르치지 않아서 더 큰 배움터 입니다. 선생님도 시험도 없지만, 모든 배움을 소중하게 북돋우며 배움을 나누는 곳입니다. 책에서 자유로울 권리를 누리며 저마다 배움의 동기를 찾고 스스로 배우는 기쁨을 알아갑니다. 도서관은 공공성을 담아갈 마지막 보루 입니다. 나이가 많든 적든, 장애가 있든 없든, 말이나 얼굴색이 달라도 누구나 배우고 알 권리, 꿈꿀 권리를 누리는 곳입니다. 그래서 느티나무는 보이지 않는 문턱도 생기지 않게 하고 도서관이 먼 사람들에게는 찾아가는 도서관이 되려고 합니다. 도서관은 만남, 소통, 어울림이 있는 마을문화를 꽃피우는 곳입니다. 있는 그대로 다름을 존중하며 주인과 손님이 따로 없이 도서관의 하루하루를 함께 채워갑니다. 내가 건네는 책 한 권이 한 사람의 운명을 뒤흔들어 놓을지도 몰라, 한결같은 마음으로 도서관을 가꾸는 이웃들이 모두 멘토가 됩니다. 책을 나누며 꿈을 나눕니다. 도서관으로 좋은 세상을 만들고 싶습니다.

느티나무 도서관

아트디렉터 홍동원 디자이너 김규범 조현정   1

궁리 끝에 얻은 답은 펼쳐놓은 책의 한 페이지처럼 간판을 만드는 것이었다. 본문에는 느티나무가 꿈꾸는 도서관에 대한 생각을 담을 수 있으니 그것도 좋을 것 같았다. '타이포그래피'에 천착해 다양한 시도를 해온 글씨미디어의 홍동원 대표와 김규범 팀장이 긴 시간 공들여 디자인을 해주었다. 잔뜩 설레며 디자인을 마쳤는데 이번엔 제작할 곳이 없었다. 여느 간판업체에서 시공하는 간판의 종류 가운데 어디에도 해당되지 않았기 때문이다.

흔치 않은 길을 택하려면 어려움을 감수해야 한다. 좀더 힘든 정도가 아니라 완전히 다른 차원의 어려움을 겪을 때도 있다. 느티나무에서 하는 일이 으레 그랬다. 삶과 삶터에 변화를 일으켜보자고 운동을 하는 것이니 당연하다고 할 수 있지만, '사서 고생'을 언제나 '기꺼이' 하기란 쉽지 않다. 그런데 대부분 그걸 깨달을 때쯤이면 되돌아가기 어려울 만큼 멀리 와버렸기 때문에 어떻게든 길도 내고 힘도 내서 가야 했다. 그러고 보면 '어쩔 수 없는 조건'이 꼭 일을 그르치는 장애물만은 아니었다. 도리어 안 될 일을 되도록 도와주는 조력자의 몫을 하기도 했다.

벽을 쳐다보며 간판에 담긴 긴 글을 편안하게 읽으려면 글자 하나의 크기는 얼마쯤이 좋을지, 바닥에서 어느 정도 높이에 달지, 튼튼하고 안전하게 시공할 방법은 무엇인지까지 따져봐야 할 게 많기도 했지만, 가장 결정적인 건 소재를 찾는 일이었다. 노출콘크리트 벽면과 잘 어울리면서 두고두고 자연스레 나이 들어가려면 아크릴 같은 인공 소재보다는 나무를 쓰자고 의견을 모았다. 그런데 얇고 넓으면서도 쪼개지지 않고 비바람을 맞아도 썩지 않을 외장용 목재를 구할 곳이 없었다. 간신히 수

입목을 찾아냈지만 값이 비쌌고, 주문해서 배송받을 때까지 걸리는 시간도 문제였다. 새 도서관 문을 열고 100일이 흐른 뒤에야 마침내 700 글자나 되는, 아주 길고 '튀는' 간판을 달게 되었다.

느티나무 한 그루 있으면 좋겠다는 바람으로 2000년 2월 도서관을 열었습니다. 누구나 무료로 이용하는 사립 공공도서관, 책꽂이 옆에 그네와 다락방도 있는 시끌벅적한 도서관입니다. 책으로 둘러싸인 곳에서 넓은 세상을 만나고 경쟁보다 먼저 어울림을 배우기를 바랐습니다. 책하고는 거리가 멀 것 같던 아이들이 놀이터보다 도서관이 좋다 하고, 책과 일상을 나누는 이웃들이 자꾸 하고 싶은 게 많아진다고 합니다. 도서관은 가르치지 않아서 더 큰 배움터입니다. 선생님도 시험도 없지만, 모든 배움을 소중하게 북돋우며 배움을 나누는 곳입니다. 책에서 자유로울 권리를 누리며 저마다 배움의 동기를 찾고 스스로 배우는 기쁨을 알아갑니다. 도서관은 공공성을 담아갈 마지막 보루입니다. 나이가 많든 적든, 장애가 있든 없든, 말이나 얼굴색이 달라도 누구나 배우고 알 권리, 꿈꿀 권리를 누리는 곳입니다. 그래서 느티나무는 보이지 않는 문턱도 생기지 않게 하고 도서관이 먼 사람들에게는 찾아가는 도서관이 되려고 합니다. 도서관은 만남, 소통, 어울림이 있는 마을문화를 꽃피우는 곳입니다. 있는 그대로 다름을 존중하며 주인과 손님이 따로 없이 도서관의 하루하루를 함께 채워갑니다. 내가 건네는 책 한 권이 한 사람의 운명을 뒤흔들어 놓을지도 몰라, 한결같은 마음으로 도서관을 가꾸는 이웃들이 모두 멘토가 됩니다. 책을 나누며 꿈을 나눕니다. 도서관으로 좋은 세상을 만들고 싶습니다. **느티나무도서관**

• 이용자를 왕처럼 모시진 않겠습니다

마침내 간판을 달던 날, 즉석에서 마을잔치가 벌어졌다. 3월로 접어들었는데도 눈발이 날리던 일요일 오후, 도서관 앞뜰에 사다리차가 등장하고 그 둘레로 사람들이 모여들었다. 자음, 모음 하나씩 적힌 종이쪽지로 제비뽑기를 하여 쪽지에 적힌 글자 조각을 찾아 들고 어른과 아이 한 명씩 짝을 지어 차례로 사다리차를 타고 벽 앞에 섰다. 생전 처음 사다리차에 올라 한껏 들뜬 아이들도 한자 한자 간판에 글자를 붙이는 순간에는 경건한 의식을 치르는 것처럼 진중한 표정이 되었다.

안전사고가 걱정이었는데, 평소 비디오나 DVD를 빌리러 도서관에 들르던 동네 지구대의 경찰관들이 도서관 앞에 순찰차를 세워놓고 든든하게 지켜봐주었다. 사다리차 기사는 웬 사람들이 이렇게 모여드느냐고 얼떨떨한 기색이더니, 한 글자씩 간판이 채워지는 걸 보며 어느새 잔치에 동참했다. 마지막 글자를 붙이고 나자 놀이기구 타지 않겠느냐며 아이들을 불러 모았다. 25미터 사다리가 높이를 최대한으로 올려서 순식간에 놀이기구로 변신했다. 그대로 하늘로 날아오를 듯한 아이들의 함성소리에 도서관이 온통 축제 기운으로 채워졌다. 도서관을 미처 알지도 못했거나 스쳐 지나가버렸을 사람들을 도서관으로 불러들여줄 간판은 그렇게 즉석에서 연출된 '튀는' 현판식을 치르며 자리를 잡았다.

느티나무도서관의 간판 프로젝트는 아직도 미완성, 혹은 진행 중이다. 7년 전부터 노래를 불러대던 애드벌룬도 꼭 시도해볼 계획이고, 한동안 밤을 새우며 매달렸던 '바벨탑 버전' 간판도 언젠가 다시 시도해보려고 한다. 언제쯤 다시 엄두를 낼 수 있을지는 모르겠다. 때가 되면 어떤 식으로든 알게 될 거라고만 여기고 있다.

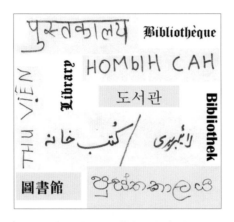

집 짓고 7년째 여전히 미완성(혹은 진행 중)인 '바벨탑 버전' 간판 프로젝트.

바벨탑 버전은 세상 모든(?) 언어로 '도서관'이라는 단어를 써 붙이자는 아이디어다. 디자인을 하려고 이주민센터를 찾아가 필리핀, 방글라데시, 파키스탄 등 여러 나라에서 온 이주민들에게 각자 모어로 '도서관'이라는 글씨를 써달라고 했다. 이주민들은 몹시 흥미를 보이며 정성을 다해 글씨를 써주었다. 도서관이라고 쓴 다양한 언어의 글씨들이 꼬리를 물고 이어지도록 달팽이 등껍데기 모양으로 디자인을 할 생각이다. 또다른 언어로 도서관 철자를 알게 되면 계속 이어붙일 수 있도록 길을 열어놓기 위해서다.

단어를 몇십 개만 넣어도 간판이 꽤 커져야 하고 문자마다 점 하나, 획 하나만 살짝 잘못 '그려도' 뜻이 달라질 수 있으니 작업의 난이도가 높고 그만큼 제작비도 상당할 것이다. 그래도 언젠가 바벨탑 버전 간판이 걸리는 날이 오면, 우린 또 '다른 별에서 쓰는 외계인 문자'를 찾아 나서자고 할지 모른다.

장애인'전용'이 아니라…

집을 지으면서 어느 한구석 마음을 쓰지 않은 곳이 없지만, 오랫동안 마음을 쓰고도 아쉬움이 남은 곳은 화장실이다. 환기 덕트, 수도꼭지 손잡이, 청소용 보조 수전, 물 빠짐을 위한 바닥의 경사, 소지품을 올려놓을 선반까지 기능적으로 챙겨야 할 일도 많았지만, 안내표지를 만드는 데 특별히 시간이 많이 걸렸다. 먼저 휠체어를 타고 사용할 수 있는 화장실의 표지가 고민이었다. 장애인도 편하게 사용할 수 있지만 '장애인용'이라는 꼬리표는 달지 않으려고 했다. 배려도 때에 따라 다르게 받아들여질 수 있기 때문이다.

도서관을 처음 열었을 때 작은 집 모양으로 골방을 두 개 만들고 한쪽은 책 읽어주는 이야기방, 다른 한쪽은 꾸러기방이라고 이름을 짓고 "잠깐! 어른은 출입금지"라고 써 붙였다. 아이들이 얼마나 좋아했는지 말할 나위 없다. 공항의 항공사 카운터에서는 대체로 길게 줄을 서서 기다리기 마련인데, 부칠 짐이 없는 승객들이 탑승철차를 밟는 창구가 따로 있는 걸 알게 되었을 때(이제는 그 절차도 필요 없이 바로 탑승할 수 있도록 법이 개정되었지만) 얼마나 반가웠는지 모른다.

장애인전용이라는 꼬리표도 그렇게 흥미진진한 혹은 흐뭇한 배려로 느껴지면 좋겠지만, 여러 장애인들이 실제로 그렇지 않다고 이야기해주었다. 특별한 배려가 종종 불편하게 받아들여질 수 있다는 걸 고려해야 했다. 궁리 끝에 찾아낸 아이디어는 기저귀교환대와 아기의자를 함께 설치하는 것이었다. '장애인전용이 아니라' 보호자가 함께 이용할 수 있도록 공간을 넉넉하게 만든, 말하자면 다용도 화장실이라는 표지였다.

장애인 보조장치들을 설치한 뒤에는 직접 휠체어를 타고 화장실에 들어가보았다. 휠체어를 뒤로 돌려 문을 열고 닫는 데 공간이 부족하지 않은지, 앉은 채로 손을 뻗을 때 휴지걸이나 휴지통의 위치는 적당한지, 하나하나 살폈다. 세면대가 문제였다. 일반 개수대를 설치했더니 수도꼭지까지 거리가 너무 멀었다. 휠체어에 앉은 채로 수도꼭지를 돌리려면 몸의 중심을 앞쪽으로 옮겨야 하는데, 다리에 힘이 없는 장애인이라면 몸의 균형을 잃을 수 있을 것 같았다. 세면대 아랫면이 휠체어 손잡이와 부딪혀서 더 가까이 접근하기 어려운 것도 문제였다.

세면대를 바꾸기로 하고 인터넷을 뒤졌다. 몇 시간을 매달려 맞춤한 디자인을 찾아냈다. 이미지를 출력해서 현장소장에게 전달하고, 공사 마무리 날짜가 얼마 남지 않았지만 중요한 일이니 꼭 그 모델을 찾아 재시공해달라고 당부했다. 그날 밤 11시가 넘어 전화벨이 울렸다. 현장소장의 번호였다. 어지간히 급한 일이 있어도 늦은 시간에 전화를 거는 법이 없던 사람인데 현장에 사고라도 난 걸까, 가슴이 철렁했다. 뜻밖에 전화기를 타고 들리는 소장님의 목소리는 평소보다 한 옥타브쯤 높은 톤으로 아이처럼 들떠 있었다.

"관장님, 세면대 주문한 거 보고 드립니다. 내일 바로 배달될 테니까 걱정 마세요. 대금은 전기랑 창호, 조경까지 넷이 나눠서 냈으니까 잊어버리시고요. 평소엔 말 한마디 없던 '수도'가 아는 업체마다 전화를 몇 번씩이나 걸었나 몰라요. 곧바로 배달해준다 그러더라고요."

휠체어를 타고도 쓸 수 있는 세면대(위쪽)와, '장애인전용'이라는 표현을 쓰지 않으려고 기저귀교환대와 아기의자를 달아 '다용도'로 만든 넓은 화장실(아래쪽).

늘 희미하게 웃음을 머금은 표정으로 묵묵히 일만 하고, 인사를 건네도 고개만 꾸벅해서 좀체 목소리를 듣기 힘들던 설비업체 사장님을 현장에서 일하는 사람들은 그냥 '수도'라고 불렀다.

말이 없기로는 현장소장 또한 못지않았다. 그런 사람이 그 늦은 시간에 들뜬 목소리로 쏟아내는 이야기를 대꾸도 하지 못하고 듣고만 있었다. 실은 무슨 이야긴지 금세 알아듣지도 못했다. 전화를 끊고 나서야 찬찬히 생각해보니 낮에 세면대를 보고는 얼른 휠체어를 가져다가 타고 앉아서 이리저리 수도꼭지를 틀어보며 혀를 찼던 기억이 났다. 내가 낭패스러운 표정을 지었던 걸 소장님이 본 모양이었다. 전기, 조경, 창호업체 대표들까지 모두 연락을 하고 이곳저곳 업체를 뒤져서 세면대를 골라 주문했을 걸 생각하니, 세상에… 고맙다는 말도 나오지 않았다.

화장실을 놓고 가장 길게 고민한 것은 안내표지였다. 성차별적인 인식이 담기지 않을 방법을 찾고 싶은데 도무지 방법이 없었다. 치마와 바지, 긴 머리에 챙이 넓은 모자와 중절모, 생물학 기호, 뾰족구두와 굽낮은 신사화, 꽃과 넥타이, 별별 안이 다 나왔지만 어느 것이나 반론을 내놓을 여지가 있었다. 여자도 바지 입잖아? 뾰족구두 한 번도 신지 않는 여자도 많은데?

남녀 차이를 부정하려는 것은 아니었다. 그 차이를 존중하고 그에 걸맞은 배려가 필요하다고 생각했다. 다만 사람마다 개인의 특성이 그보다 훨씬 중요할 수 있는데, 너무 쉽게 남녀 차이에 묻혀버리고 마는 인식과 무의식에 한번 문제제기를 하고 싶었던 것이다.

사실 표지판만의 문제가 아니었다. 왜 남자화장실에는 칸막이도 없이 소변기를 달아놓느냐, 여자의 몸은 비밀스럽게 프라이버시를 지켜야 하고 남자는 그러지 않아도 되는 것이냐, 긴 논쟁이 벌어졌다. 그래서 남녀구분을 하지 않고 층마다 좌변기에 문이 달린 화장실을 만들자는 안을 내기도 했지만, 그 안은 정서적인 저항이 워낙 커서 결국 양보했다. 예상 이용자 수와 동선을 고려해 층마다 남녀 화장실을 모두 만들기로 했다. 그래도 여전히 안내표지에 대해서는 답이 없었다. 뭐 그리 사소한 것까지 신경을 쓰느냐고들 했지만, 자꾸만 신경이 쓰였다. 정말 사소한

일일까 하는 의문도 떨쳐지지 않았다. 명색이 공공도서관 아닌가. 성별, 나이, 인종, 국적, 학력, 무엇으로도 차별하지 않겠다고 선언한 곳인 만큼 무심코 지나치던 소소한 일들에도 자꾸만 물음표가 떠올랐다.

도무지 답이 없으니 역시 남자용 여자용이라고 분명하게 써 붙이는 게 낫겠다는 의견이 많았다. 하지만 한글을 모르는 사람들까지 도서관이라는 걸 알아볼 수 있게 하려고 결국 100일이나 걸려서 700자의 긴 간판을 만들었는데 화장실이라고 달랐을 리 없다. '남' '여' 한글을 몰라도 한눈에 알아볼 방법을 찾자고 고집을 피웠다.

공사가 마무리되어가던 어느 날, 현장에 가보니 화장실 벽에 빨강 파랑 페인트칠이 되어 있었다. 고민만 늘어놓고 답은 주지 않는 건축주가 자리를 비운 사이에 답답해하던 시공업체 대표가 서둘러 진행해버린 것이었다. 조금만 더 기다려주시지 그랬느냐고 아쉬운 소리를 하면서도 일단 공사를 마쳐야 하니 더이상 떼를 쓰진 못했다. 지금까지 검토한 내용으로 보면 그나마 한눈에 직관적으로 알아볼 수 있도록 색으로 구분하는 게 나아 보인다는 시공사 대표의 의견에 잠정적 동의. 언제든 기막힌 묘안이 떠오르면 꼭 다시 손을 봐주시라 당부하고 물러섰다. 그래놓고 6년이 지난 지금까지 다른 답을 찾지 못했다. 이용자들 가운데는 화장실에 남녀 표시가 없어서 당황했다고 불평을 하는 사람도 있었다. 혹시 이 책을 읽는 분들 가운데 성별에 대한 선입견 없이 남녀구분을 한 좋은 사례를 보았거나 묘안이 떠오르는 분이 있다면 느티나무도서관으로 꼭 연락주시길!

묵독과 낭독과
토론의 공간 그리고…

나는 특정 이용자를 편애하지는 않는다. 나는 각각의 독특한 이유 때문에 모든 이용자들을 좋아한다. 나는 그들이 나를 웃게 하기 때문에, 생각하게 하기 때문에, 좌절시키기 때문에, 또는 단지 나를 미소 짓게 하기 때문에 좋아한다. 내가 '미친 신발 사나이'를 좋아하는 이유는 그가 내 신발을 빼앗아 가려고 했기 때문이다.
—스콧 더글러스, 《쉿, 조용히!》, 부키, 2009, 181쪽

품격 있지만 압도되지 않는, 환대하는 공간

도서관도 사람처럼 첫인상이 중요하다. 처음 들어서는 짧은 순간, 이곳이 나를 환대하는 곳인지 촉으로 느끼기에 충분하다. 앞으로 이곳에서 벌어질 만남에 대한 기대치의 눈금도 첫인상에 따라 달라질 수 있다.

도서관의 첫인상은 얼마나 적극적으로 도서관을 이용할지에도 영향

을 미친다. 이런 분위기라면 다른 가족이나 친구들까지 함께 와서 머물러야겠다며 여러 가지 활동이나 서비스에 관심을 가질 수도 있고, 그저 필요한 자료를 검색해서 빌려가는 곳으로만 이용할 수도 있다.

아이들은 낯선 공간에 두려움을 곧잘 느낀다. 입구 통로가 어둡거나, 난방 온도는 높은데 환기는 잘 되지 않아 실내공기가 답답하거나, 무엇보다 결정적으로(!) 들어서면서 마주친 사람의 표정이 편안하지 않으면 울음을 터뜨리는 아이도 있다. 아이의 이런 반응을 보고 나면 다시 아이를 데리고 도서관을 이용하는 건 포기할 수도 있다.

들어서면서부터 존중받고 환대받는다고 느끼면 도서관에 기대와 신뢰를 갖게 되고, 길고 나지막한 여운으로 '뭔가 하고 싶다'는 동기가 싹트는 것 같았다. 그럴 수 있는 '멋진' 공간을 만들고 싶었다. 마을에서 가장 머물고 싶은 공간이 되면 좋겠다고 생각했다. 이곳에 머무는 것만으로 존중받는다는 느낌을 받는 도서관, 그래서 소소한 일상이 '문화적'으로 바뀌는 공간이 되길 바랐다. 그런 시간을 누리면서 자존감에 불이 켜지고 하루하루의 삶을 살아낼 힘이 충전될 거라고 기대했다.

먼저 커다란 창을 달기로 했다. 커다란 창은 꼬박 8년을 지하에서 보낸 느티나무 사람들에겐 판타지였다. 비가 오는지 눈이 오는지 알 수 없는 지하 공간에서 8년을 보냈는데 유리창으로 햇빛이 쏟아져 들어올 것을 생각하면, 눈이 내리고 벚꽃이 날리고 빗방울이 맺히는 창가에서 책을 읽어주는 장면을 상상하면, 그 창밖으로 날아오를 수 있을 것 같았다.

그동안 사용하던 서가의 크기를 하나하나 계산해서 서가 세울 부분만 빼고는 천장까지 창으로 만들었다. 어느 쪽 천장을 높게 배치할 것인가가 문제였다. 1, 2층을 복층 구조로 연결되도록 만들 계획이었기 때문에 1층 카운터에서 2층이 올려다보이도록 배치해야 공간운영의 부담이 덜할 터였다. 그런데 입구 쪽 천장을 높게 만들면 자칫 들어서는 사람들에게 위압적인 느낌을 주지 않을까 걱정이 됐다. 고민 끝에 입구의 로비는 천장을 낮게 해서 안정감을 주고 안쪽으로 들어가면서 천장이 탁 트인 공간이 열리도록 했다.

현관 출입문은 도서관 같은 공공건물에서 잘 쓰지 않는 미닫이문으로 만들었다. 관공서가 아니라 이웃집에 마실 온 것 같은 편안한 느낌이 들도록 하기 위해서였다. 자연스러운 느낌을 더하려고 목재로 테두리와 격자를 댄 유리문을 만들어 끼웠다. 자동 유리문도 아니고 문짝 짜기도 어려운 격자무늬 유리문을 스르륵 열고 닫기 편하게 만들 심산에 위아래 홈을 파고 무게를 따져 균형을 맞추느라 훨씬 손이 많이 가는 공정을 거쳤다. 시공사에서는 대체 웬 고집인지 모르겠다면서도, 처음 들어서는 사람들에겐 느낌이 썩 다를 것 같다며 철없는 건축주의 까탈을 받아주었다.

커다란 유리를 창틀에 끼우고 나서는 밖으로 나가 도서관과 공원 사이로 난 길을 수없이 오르내렸다. 지나가는 사람들이 창을 통해 들여다볼 도서관 풍경을 이리저리 그려보았다. 저 커다란 창으로 햇살이 들이비치고, 빗소리가 들리고, 소복하게 흰 눈이 쌓일 때 책에 파묻혀 있다가 고개를 들어 그 풍경을 만난다면 그 순간 얼마나 흐뭇한 일상의 휴식을 누릴 수 있을까. 어둑해질 무렵 이 길을 걷다가 문득 환하게 불을 밝힌 도서관에 눈길이 끌려 서가에 둘러싸여 책을 읽는 사람, 빌려갈 책을

한아름 안고 계단을 오르내리는 사람들을 보게 된다면! 생각만 해도 쿵쿵 가슴이 뛰었다.

그렇게 커다란 창에 마음을 빼앗겨 한 가지 놓친 게 있었다. 쏟아져 들어오는 빛을 막아줄 커튼! 새 건물에서 문을 여는 집들이 잔치를 하던 날, 그동안 애쓴 사람들을 영상으로 보며 맘껏 박수라도 보내고 싶은 마음에 높다란 벽에 흰 천을 걸어서 집 짓고 이사한 과정을 담은 동영상을 빔프로젝터로 쏘아 함께 볼 생각이었다. 하지만 그날까지도 커튼이나 블라인드를 달지 못해서 결국 햇살 때문에 동영상은 보지 못했다. 많이 아쉬웠지만, 책 한 권 들고 창가 자리에 앉으면 그런 아쉬움은 아무렇지도 않게 잊혔다.

사계절 공원 풍경이 내다보이는 창가 옆면에는 잿빛 벽돌로 높다란 벽을 쌓아올렸다. 사방이 책으로 빽빽하니 한 군데쯤은 깊고 넉넉한 사유를 닮은 여백을 두고 싶었다. 수심이 깊은 호수의 표면처럼, 가만히 바라보고 있으면 그곳에 어떤 그림이든 그려볼 수 있는 무한 상상의 공간으로 만들고 싶었다. 벽돌을 고르는 데 여러 날이 걸렸다. 갖가지 색의 책 표지를 잘 살리도록 무채색을 쓰려고 했는데, 검정색은 너무 강하고 어두웠다. 회색도 농도와 채도에 따라 조금씩 느낌이 달랐다. 벽돌을 만든 재료의 질감도 다른 분위기를 빚어냈다. 여러 종류의 벽돌 샘플을 가져다가 쌓아놓고 멀찌감치 서서 하나씩 대보며 긴긴 토론을 벌인 끝에 지금의 잿빛 벽돌을 골랐다. 벽돌은 마치 연미복처럼 뒤쪽에 긴 날개가 달려 있어서 모르타르를 쓸 필요 없이 켜켜이 쌓아올리고 피스로 고정시키는 형태였다. 그 덕에 멀리서 바라보면 가로세로 줄도 거의 눈에 띠지 않는, '밋밋한' 혹은 '담담한' 표정의 잿빛 벽이 만들어졌다.

높은 벽에는 시간이 흐르면서 늘어나는 책을 꽂을 수 있도록 해마다 한두 칸씩 서가를 쌓아올리기로 했다. 햇살이 비치는 높은 서가로 둘러싸인 서재의 분위기를 구현하려고 한 것이다. 튼튼해 뵈는 목재 사다리 하나를 길게 세우고 싶었지만, 생각보다 비용이 많이 들고 위험하다고 걱정하는 사람도 많아서 아직까지 시도하지 못하고 있다. 그림책 작가 이억배 선생의 작품으로 만든 "도서관은 커다란 책"이라는 포스터만 벽에 붙여놓았다.

언제 꼭 한 번 느티나무도서관에 들러보시길. 서가 곳곳에 크고 작은 동물들이 걸터앉아 책에 푹 빠져 있는 그 그림 속 장면과 똑같은 풍경을 만날 수 있을 테니.

자료와 사람의 동선

도서관 설계를 시작할 때 기본으로 갖춰야 할 조건이 하중이라면 가장 중요하고 세심하게 공을 들여야 할 것은 영역을 나누는 일이다. 도서관에서 언제 어떤 일들이 벌어질지 상상하고 상상하고 또 상상하면서 마지막으로는 실제 그 장면을 눈앞에 보듯이 시뮬레이션 해봐야 한다. 도서관의 공공성을 구현하려면 공간에서도 다양성을 '무한대로' 담아낼 수 있어야 하는데, 그 첫걸음이 공간배치이기 때문이다.

각 공간마다 동선을 고려해서 필요한 공간들을 배치해야 한다. 특히 도서관에서는 사람의 동선만이 아니라 책, 자료의 동선도 함께 고려해야 한다. 자료의 동선은 영역별로 하중을 결정하는 데도 중요하다. 공간

마다 어떤 자료를 배치하고 누가 어떤 활동을 하게 될지에 따라서 가구, 장비, 집기의 자리를 정하고 냉난방, 전기, 통신선 등의 설비도 배치한다. 시간대에 따라서, 혹은 요일이나 계절에 따라서 달라지는 요인들 또한 따져봐야 한다. 자료와 활동이 늘어나는 데 따른 변화는 좀더 긴 주기로 반영해서 꽤 규모 있게 공간분할을 조정할 필요가 있는데, 장기적으로 그런 변화까지 감안해서 가구나 배선을 옮길 수 있게 만들려고 했다.

우리는 어떻게 하면 묵독의 공간, 낭독의 공간, 토론의 공간을 모두 만들고 각각이 서로 침해하지 않으면서도 전체가 연결되도록 배치할지, 끝없이 궁리했다. 각 공간의 경계에서 살짝 한 발만 옮기면 모드전환이 될 수 있는 깍두기 공간도 만들어보고 싶었다. 예를 들면 그냥 푹 주저앉아 책을 읽다가 갈까, 아니면 잠깐 걸터앉아 아이에게 책 한 권만 읽어주고 나머지는 빌려갈까, 혹은 독서모임에서 한바탕 이야기꽃을 피우고 난 책을 다시 들고 서서 인상 깊었던 구절을 한 번 더 읽을까 할 수 있는, 그런 모드전환의 공간.

먼저 층별로 큰 틀의 영역을 나눴다. 도서관에서 중심 공간이라고 할 수 있는 1층과 2층은 완전히 층을 구분하지 않고 계단으로 연결하기로 했다. 구석구석 꽂혀 있는 책의 주제나 종류에 따라 열람석과 인테리어 분위기가 조금씩 달라지지만 벽이나 기둥 없이 전체가 하나의 커다란 열람실이 되도록 계획한 것이다. 상가 지하에 있던 시절을 생각하면 여덟 배쯤 공간이 넓어지는 것이지만, 다른 공공도서관들과 비교하면 작은 규모라서 될 수 있으면 기둥이나 벽이 자리를 차지하지 않게 하려고 했다. 천장은 높으면서도 기둥이나 벽을 세우지 않고 안정성을 확보하려면 꼼꼼하게 하중을 따져 영역마다 구조 계산을 해야 했다.

1층은 문학과 그림책, 2층은 인문, 사회, 과학, 예술, 참고자료로 나누어 탁자와 열람석도 그에 맞게 배치했다. 얼핏 보면 1층은 도서관이라기보다 서점 분위기가 나도록 해서 많은 책들이 눈에 확 들어오게 만들려고 했다. 2층은 들어서면서부터 저절로 목소리를 살짝 낮추게 되는 서재 느낌이 들도록 해서 차분하게 책꽂이의 책들을 살펴보면서 조용하게 독서에 빠져들 수 있는 분위기로 만들려고 했다.

1층은 문학과 그림책만 꽂기로 했으니, 눈치 보지 않고 책을 읽어줄 수 있고 두런두런 이야기 나누는 소리가 들려도 크게 불편하지 않은 분위기에서 편안한 자세로 책에 푹 빠져들 수 있도록 책상 대신 소파와 평상만 두기로 했다. 한쪽 공간은 바닥을 온돌로 해서 아이들이 신을 벗고 들어가 기어 다니거나 뒹굴며 책을 읽거나 부모가 어린 아기를 품에 안고 책을 읽어줄 수 있는 공간으로 만들었다. 마음 편히 책을 읽어줄 수 있도록 온돌방 앞쪽엔 나지막한 칸막이를 세웠고, 소파나 평상은 방향을 서로 어긋나게 해서 가능한 한 소음이 방해가 되지 않도록 했다.

2층은 책을 보면서 공책을 펴놓고 글을 쓰거나 노트북을 이용할 수 있도록 탁자와 의자를 배치했다. 창가에는 늘어선 책꽂이 사이에 싸여 푹 파묻힐 수 있는 자리를 만들고 서너 명이 함께 과제를 하거나 자료를 살펴보며 이야기를 나눌 수 있는 탁자도 마련해두었다.

맨 처음 설계에서는 2층을 북카페로 계획했었다. 독서모임도 하고 스터디도 할 수 있는, 책을 매개로 소통하고 토론하는 공간으로 만들려는 생각이었다. 하지만 면적이 커졌다고는 해도 막상 책꽂이들을 실제 크

기로 배치해보고 공간분할하면서 꽂을 수 있는 책의 분량을 가늠해보니, 늘어날 책을 꽂을 공간이 얼마 못 가 모자랄 것 같았다. 예상은 그대로 들어맞았다. 건물을 짓고 6년밖에 안 되었는데 어느새 책꽂이와 열람석이 모자라는 걸 보면, 지금처럼 지하에 북카페를 두는 것으로 설계를 변경한 것이 얼마나 다행인지 모른다.

공간배치는 도서관서비스와 직접 연관된다. 직원들 업무분장도 층별 자료와 열람석의 배치에 맞추었다. 문학이 있는 1층은 1팀, 인문사회과학이 있는 2층은 2팀, 새 책을 정리하는 사무실 겸 서고는 지원팀이 맡는 방식으로 조직을 짰다. 층마다 자료를 골라 주문하는 과정부터 책을 빌려주고 정보를 제공하고 주제별 전시와 행사를 여는 것까지 팀별로 맡았다. 자료를 구입하고 정리하면서 파악한 내용을 이용자들에게 제공하고, 거꾸로 이용자와 만나면서 파악한 요구와 필요는 다시 책을 선택하고 서비스를 기획하는 데 반영되도록 한 것이다.

3층은 사무실과 출판 편집까지 고려한 연구공간으로 꾸몄다. 초기에는 직원 수가 많지 않고 연구활동을 전담할 팀도 아직 없었기 때문에, 우선 남는 공간은 이제 갓 만들어졌거나 설립을 준비하고 있는 지역 시민단체들의 사무실로 할애했다. 몇 년 동안 지역의 환경단체, 생협, 장애인자립센터, 야학, 용인시작은도서관협의회 등이 돌아가며 한 지붕 아래 둥지를 틀었다.

천국에 갔다 온 이야기

한없이 머물며 책에 푹 빠져들고 싶은 공간으로는 다락방이 단연코

압권이었다. 상가 지하에 있던 도서관에서도 만화책만 따로 모아둔 코너가 있었지만, 공간이 구분되어 있지 않아 아쉬웠다. 만화책은 여러 권의 시리즈로 구성된 작품이 워낙 많아서 다른 책들과 함께 꽂아두는 건 적합하지 않다. 만일 4인 가족 한 식구가 작품 한 질을 왕창 빌려가면 책꽂이 한 칸이 텅 비어버리고, 다른 책들을 조금씩 옮겨서 꽂았다가는 빌려간 책이 반납되었을 때 꽂을 자리가 없어진다.

만화 읽는 공간을 따로 두려는 게 책꽂이 때문만은 아니었다. 시리즈를 한꺼번에 이어서 읽으려면 편안하게 몰입할 수 있는 자리가 있는 게 좋고 책을 보다가 저도 모르게 킥킥 웃음이 나올 수도 있기 때문에, 벽으로 구분된 방은 아니더라도 공간을 구획할 장치를 두려고 했다. 긴 시간 방해받지 않고 편안하게 앉아 있을 수 있도록 탁자와 의자 대신 앉은뱅이 탁자를 놓고 벽에 기대거나 뒹굴 수 있게 온돌바닥으로 만들기로 했다.

열람실은 탁 트인 느낌이 들도록 천장을 높게 설계했지만, 어린아이들에게 책을 읽어주는 자리와 만화방은 부분적으로 천장을 낮게 해서 아늑한 분위기가 느껴지도록 만들기로 했다. 한 층의 높이가 넉넉해서 그 공간들을 위아래로 배치해 복층구조처럼 만들 수 있었다. 건축법 규정에 따르면 '다락'에 해당하는데, 다락은 그 층의 바닥면부터 위층의 바닥면까지 높이가 1.5미터, 경사가 있는 지붕일 때는 1.8미터를 넘지 않아야 한다. 층고 기준에 맞지 않으면 각각을 하나의 층으로 따져서 전체 바닥 면적에 더해지기 때문에 건물 용적률 기준을 넘어설 수 있다. 용적률 기준에는 맞더라도, 처음 집을 지을 때가 아니라 리모델링을 하면서 다락이 아닌 복층을 만들려면 '증축' 허가를 받아야 한다. 이미 용적률을 꽉 채워서 바닥 설계를 했기 때문에, 만화방은 다락으로 만들기로 했다. 그러면서 아래쪽에 생기는 낮은 공간은 어린아이들이 어울리는 '꾸러기 방'으로 만들었다.

여러 사항을 따져본다고 했지만 통풍과 조명에는 아쉬움이 남았다. 천장이 낮아 아이들 손이 닿을 수 있는 높이에 조명등을 설치해놓고는 내내 마음에 걸렸다. 전등은 천장 안쪽으로 쏙 들어간 매립등을 썼지만 아이들이 뛰다가 유리로 만든 덮개에 머리가 부딪히거나 물건을 던져 깨질 수도 있어서 아크릴 소재로 교체했고, 통풍은 회전식 선풍기를 달아서 보완했지만 여전히 아쉬운 부분이다. 어디서든 다락을 만든다면 조명과 환기, 그리고 스프링클러 같은 소방장치를 반드시 꼼꼼하게 따져보시길!

바깥 도로에서 느티나무도서관 건물을 바라보면 중간쯤에 가로로 긴 창문이 하나 보이는데 바로 그곳이 만화만 꽂혀 있는 다락방이다. 다른 창들은 모두 같은 크기, 같은 간격으로 배치했는데 만화방 한 군데만은 안쪽에 앉아 있는 사람들이 보일 만한 높이에 옆으로 길게 창을 냈다. 층고 기준에 맞추느라 천장이 낮아져서 벽에 세로로 창을 낼 만한 여유도 없었지만, 그보다는 바깥에서 안쪽 풍경이 잘 들여다보이게 할 셈이었다. 책 읽는 즐거움에 빠진 사람들의 표정이 가장 생생하게 느껴질 공간이라면 만화방 아니겠는가!

2009년 4월 11일 아침, 박재동 한국예술종합학교 애니메이션학과 교수가 아이처럼 들뜬 목소리로 전화를 걸어왔다. 〈한겨레신문〉의 그림판

가구 배치는 물론 보는 위치에 따른 전망까지 고려해 창의 크기와 위치를 정했다. 창마다 다른 표정의 도서관 풍경을 보고 들어와 머물고 싶어지도록. 밖에서 보면 계단에 걸터앉아 책에 빠져든 사람, 책을 들고 오르내리는 사람들이 보이고 건너편 공원까지 눈에 들어온다.

만화책만 있는 다락방. 아이들? 사실은 어른들에게 더 인기가 좋다. 밖에서도 책 읽는 즐거움에 빠진 사람들이 보이도록 가로로 길게 창을 냈다.

에 느티나무 풍경을 실었으니 어서 보라는 이야기였다. 박 교수는 느티나무도서관재단이 2008년부터 달마다 열고 있는 '도서관 장서개발을 돕는 주제별 책 강좌'에 강사로 다녀간 참이었다. 전화를 끊고 신문을 펼쳐보니 정말 낯익은 만화방의 풍경이 실려 있었다. 제목은 '천국에 갔다 온 이야기'였다.

천국이라…. 무엇이 이런 낱말을 떠올리게 만들었던 걸까? 박 교수는 아빠와 뒹굴며 책을 보는 아이들을 보고 갈 곳 없는 아이들이 떠올라 눈물이 핑 돌았다고 썼다. 이 자리에서 희망을 봤다는 그의 글을 보면서 이런 공간이 곳곳에 생겨나길 바라는 마음을 그림에 담았다는 걸 알 수

ⓒ박재동

있었다. 도서관이 여전히 '운동'이 되어야 하는 이유를 다시 확인하는 것
같았다.

"어떻게 이 풍경을 그리지 않을 수 있단 말인가!"

박 교수가 쓴 글의 마지막 구절은 이런 울림으로 남았다.

'어떻게 이런 풍경을 꿈꾸지 않을 수 있단 말인가!'

돌이켜보면 정말 그랬다. 어느덧 15년째, 도서관은 우리를 꿈꾸지 않
을 수 없게 만들었다.

지역 커뮤니티로 통하는 문

지역 단체들이 도서관에 사무공간을 갖게 되자 도서관서비스에도 도움이 되었다. 도서관은 지역사회의 정보센터로도 중요한 몫을 하는데 정보자료를 수집하려면 일상적으로 교류하는 네트워크를 갖춰야 한다. 공문을 보내거나 전화통화로 자료를 요청할 수도 있지만 적어도 초기엔 직접 사람을 만나 서로에 대해 알고 협력의 동기를 갖게 되기까지 시간이 필요하다. 한 공간에서 만나 서로의 활동을 좀더 깊이 알 수 있으니 좋은 기회였다.

단체의 활동가들이 도서관 이용자가 된 것은 그 자체로 의미가 있을 뿐 아니라, 단체들의 활동에 도서관서비스를 연계하는 기회를 늘리게 만들고 지역에서 도서관을 홍보하는 효과도 있었다. 각 단체들이 활동하는 주제로 도서관 지하 강당에서 강연회나 세미나를 열고 그때마다 관련 자료들을 전시하면 이용자들이 지역의 정보와 소식을 자연스레 접할 수 있었다. 그런 기회를 계기로 단체의 회원이 되거나 활동가가 되는 경우 또한 많았다.

도서관 건물을 지으면서 놓치고 있던 부분을 보완하는 데도 도움이 되었다. 특히 장애인자립센터가 사무실을 사용한 덕에 장애인 이용자들에게 불편한 점이 없는지 제대로 점검하는 기회를 가질 수 있었다. 어디에도 문턱이 없게 설계를 한다고 했지만, 미처 생각하지 못했던 문턱이 생기기도 했다. 0.5센티미터만 턱이 있어도 낡은 휠체어를 탄 사람에게는 장애물이 되었다. 처음에 도서관 외관만 생각하고 입구 바닥에 제주석을 깔고 돌 틈을 흙과 잔디로 메웠는데 한차례 장마를 지내고 나니 흙이 패여 턱이 생기고 말았다. 궁리 끝에 결국 '비싸고 아까운' 제주석을 들어내고 평평하게 시멘트로 덮어버렸다. 휠체어 생각만 하고 벌인 일이었는데 어느 날 쌍둥이 유모차를 밀고 온 이용자가 환한 얼굴로 들어서며 고맙다고, 유모차가 쑥 단숨에 들어왔다며 반기는 걸 보면서 제주석에 남아 있던 미련까지 싹 씻겼다.

원래 입구에 '제주석'을 깔았으나 장마를 지내고 나니 틈새의 흙이 쓸려 나가면서 1센티미터 가까이 턱이 생겼다. 휠체어나 유모차를 생각해 결국 시멘트로 덮어버렸다.

센터 활동가들은 지하에 강당이 있어 행사를 편하게 치를 수 있어 얼마나 좋은지 모르겠다고 했다. 장애인용이라는 표지가 붙은 화장실 말고 진짜 장애인들이 이용할 수 있는 화장실이 있는 건물을 찾아보기 힘든데, 엘리베이터에다 다용도 화장실까지 있으니 휠체어 수십 대가 한꺼번에 와도 문제가 없다고 좋아했다. 고맙고 반가운 이야기였다. 사실 설계를 하면서 17인승 엘리베이터를 설치해달라고 했을 때 건축사는 이렇게 작은(코딱지만 하다는 표현을 써서 살짝 서운했던) 건물에 무슨 소리냐고 펄쩍 뛰었다. 면적은 주어져 있는데 요구사항은 갈수록 늘어나니 설계를 하는 처지에서는 한 뼘의 공간도 아쉽다는 걸 모르지 않았다. 그러면서도 국내에 시판되고 있는 전동휠체어 제일 큰 것과 책을 실어 옮기는 북트럭의 폭을 계산해보니 그만한 엘리베이터가 있어야겠더라고 고집을 피웠다.

실랑이 끝에 결국 15인승 엘리베이터를 설치하게 되었다. 그것도 고집을 꺾어서는 아니었고, 엘리베이터는 최소한 석 달쯤 먼저 예약해야 한다는 걸 미처 알지 못해 신청 시기를 놓치는 바람에 하는 수 없이 택한 차선책이었다. 다행히 업체마다 엘리베이터의 가로세로 폭이 다른데 설계사가 추천한 업체 제품은 휠체어도 북트럭도 문제없이 이용할 수 있는 규격이었다.

엘리베이터에 거울을 다는 것으로 다시 한나절 실랑이를 벌였다. 큰 휠체어는 엘리베이터 안에서 회전하기가 어렵기 때문에, 혼자서 운전을 하려면 뒤를 볼 수 있도록 거울이 필요하다. 그런데 책꽂이며 북트럭도 자주 실어 옮길 테고 아이들도 많이 이용할 곳이라 거울이나 유리를 설

치하면 위험하지 않을까 마음이 쓰였다. 늘 해결사 역할을 톡톡히 해준 설계사는 이번 역시 거울은 아니지만 거울처럼 비치는 스테인리스 계열 소재를 찾아 멋지게 마무리해주었다.

우리가 도서관을 지으면서 배운 것은 도서관을 운영할 사람의 역할이 설계 단계부터 시작된다는 사실이다. 좀더 욕심을 내자면, 도서관 건립계획을 세우고 부지를 선정할 때부터라고 말하고 싶다. 박물관, 학교, 병원, 식당…, 사실은 서비스가 있는 건물이라면 다 마찬가지겠지만 도서관은 공간구조가 자료의 종류와 양, 서비스에 곧바로 영향을 미친다. 도서관에서 어떤 서비스가 어떤 순서와 방식으로 이뤄질지 알 수 없는 건축사가 대체 무슨 수로 설계를 한단 말인가. 그런데 아직 한국 도서관계에서는 건축과 인테리어는 물론 가구배치와 집기, 장비까지 모두 세팅된 뒤에 사람이 배치되는 게 현실이다. 도서관 '건립'과 '운영'이 예산에서 따로 취급되고 담당부서마저 다르기 때문이다. 도서관 문을 열기 전에 직원 정원을 확보하려고 하면 '사무실도 없고 책도 없는데 뭐한다고 인력을 벌써 배치하느냐?'는 게 의회나 정책결정부서의 반응이라고 한다. 심지어 사무용 PC에 정수기까지 모두 갖춘 뒤 개관식 날에야 관장과 사서에게 열쇠를 넘겨주는 경우도 있다. 행정의 경직성이 빚어내는 비효율의 대표적인 예다.

꼭 필요한 그림자 공간들

자칭 도서관쟁이로 살다 보니 어딜 가든 도서관이 먼저 눈에 들어온다. 가보고 싶은 도서관을 사전에 자료를 조사해서 찾아가보기도 하지

만, 다른 목적으로 여행을 가더라도 습관처럼 도서관을 찾아 들러보게
된다.

도서관을 방문할 때면 출입문 손잡이도 이리저리 만져보고 구석구석
공간배치와 서가, 책등에 붙은 라벨과 표제지에 찍힌 장서인까지 살펴
본다. 그러면서 빠뜨리지 않고 들여다보는 곳이 서고와 화장실이다. 아
무래도 도서관 살림을 사는 처지다 보니 겉으로 보이는 디자인보다 기
능적인 면에 눈길이 간다. 새로 사들인 책을 어디서 어떻게 정리하는지,
오래된 책이나 보존해야 할 자료를 어떻게 보관하는지, 긴 시간 머무는
사람들이 불편하지 않도록 어떻게 서비스를 하는지 살피게 된다. 운 좋
게 반짝이는 아이디어를 만날 때도 있다. 신기하게도 서고와 화장실을
보면 그 도서관이 어떤 생각으로 어떻게 운영되는지, 일하는 사람들은
얼마나 되고 이용자들은 도서관에 어떤 태도일지 얼추 짐작이 가고, 그
짐작이 대체로 맞았다.

몇 차례 일본의 도서관들을 방문하면서 부러웠던 점은 보이는 공간
만큼 보이지 않는 공간이 크게 자리 잡고 있다는 것이었다. 모든 자료를
열람실에 꽂아두는 것이 아니라, 열람실만큼 널찍한 서고에 나눠서 보
관하고 있었다. 서고에는 다른 도서관들과 상호대차 서비스를 위해 꽂
아둔 복본들과 상호대차 배송을 나갈 책들이 꼬리표를 달고 박스에 담
긴 채 작업대 위에 가지런히 놓여 있었다. 마치 비밀통로 끝에 도서관
하나가 더 있는 것 같았다. 한국의 도서관들도 그 많은 칸막이 책상들을
들어내고 이런 공간에 면적을 할애할 수 있으면 얼마나 좋을까. 아쉽고
부러웠다.

그때부터 느티나무도서관이 지하를 벗어나는 것만큼 서고를 갖게 되기를 간절히 바랐다. 새 책이 들어오면 책꽂이에 꽂힐 때까지 열네 번쯤 손이 가는데 그동안 놔둘 공간이 없어서 사서가 앉은 자리엔 늘 탑처럼 책이 쌓이곤 했다. 책이 늘어나면서 상가 지하의 안쪽 구석에 썰렁한 빈 공간으로 있던 보일러실에 바닥을 깔고 천장까지 책꽂이를 짜 넣어 간이 서고를 만들어두긴 했지만, 워낙 좁은 공간이라 금세 절반은 창고가 되고 말았다. 책을 한 권 찾으려면 온갖 잡동사니를 거둬내느라 진땀을 흘려야 했다.

그렇게 오랫동안 바라던 서고가 생기다니! 마침내 도서관에 들어온 책들이 열람실 서가에 장서로 선보일 때까지 준비 과정을 거치며 머물 공간이 만들어진 것이다. 서고에는 오래되었지만 보존할 이유가 있는 자료들, 연구자나 도서관에서 일하는 사람들이 아니면 거의 찾지 않는 전문자료들도 보관한다. 이 자료들은 열람실 카운터에서 이용자가 찾으면 사서가 가져다주는 방식으로 서비스한다.

서고는 처음 몇 해 동안은 사무실을 겸하고 있었다. 출입문에는 "작전 본부"라고 써 붙였지만 책도 보관하고 있었기 때문에, 완전히 닫힌 공간이 아니라 누구나 들어가서 자료를 찾거나 궁금한 걸 물어볼 수 있도록 문을 열어놓았다. 보이지 않는 공간이 있어야 한다고 읊어대면서도 경계를 넘나드는 일이 많았던 셈이다. 배려도 넘치지 않아야 한다고 늘 생각하면서도 우리는 종종, 아니 꽤 자주 그렇게 넘치곤 했다. 일하는 사람이 늘고 온갖 사무기기가 늘고 쌓아둘 자료와 문서가 늘어나면서 닫힌 공간이 필요하다는 직원들의 요구가 높아졌다. 사실 직원들이 집중해서 처리해야 할 사무도 많았고, 잠시 기대어 앉아 쉬거나 편하게 이야기 나눌 공간도 필요했다.

도서관에 오면 친한 사서를 찾아 얼굴 도장을 찍으려고 하는 단골이용자(주로 아이들)가 아쉬워할 게 맘에 걸렸지만, 불편한 결정을 해야 했다. 적어도 어떻게 하는 것이 진짜 이용자서비스에 도움이 될까 생각했을 때 답이 긍정이라면 망설일 일이 아니었다.

지하 서고 구석에는 날개를 편 것처럼 긴 복도를 냈다. 복도라고는 하지만 통로 역할보다는 조용히 앉아 자료를 정리하는 작업실로 계획했다. 안쪽 벽에는 서가를 줄지어 세우고 맞은편 마당과 맞닿은 벽에는 최대한 많은 창을 냈다. 창가에는 작업용 탁자를 길게 늘어두었다. 서가를 세운 벽에는 페인트도 벽지도 쓰지 않고 밋밋한 시멘트 블록을 쌓아 올렸는데, 외국영화에 등장할 법한 오래된 성의 서고를 떠올리게 하는 담담한 느낌에 홀딱 반하고 말았다. 블록을 쌓던 날 건축사와 현장소장에게 압권이라고 감탄하며 박수를 보냈다. 우리 사서들이 그 자리에 앉아 책을 정리하면 밤을 새워도 행복할 것 같았다.

창밖에는 북카페 마당이 있고, 마당 건너로 북카페와 이어진 전시실과 강당이 보인다. 마당에 앉아 책을 보던 사람들, 미끄럼틀을 타고 놀던 아이들이 고개를 돌리면 그 창을 통해 복도에 늘어선 책꽂이가 보이도록 만들었다.

복도에서 마당 쪽으로 낸 창은 통풍에도 큰 몫을 했다. 밀폐된 공간은 아니지만 그래도 지하실이라 습기가 걱정이었다. 처음엔 팡팡 돌아가는 대용량 제습기 가격이 얼마나 하는지 자료를 뒤지고, 어디에 벽을 뚫어

2만 권쯤 자료를 보관할 수 있는 서고의 모빌랙과 마당을 향해 창을 낸 복도. 찢어진 책을 한장 한장 붙이고 꿰매던 자원활동가들의 수천 시간의 수고가 고스란히 남아 있다.

환풍기를 달까 하는 데만 매달렸다. 습기를 막는 데 가장 중요한 건 통풍이고 통풍에 가장 좋은 방법은 자연환기라는 것, 벽을 뚫을 게 아니라 벽에 보온이 될 소재를 덧대어 실내 온도가 너무 낮아지지 않게 해야 한다는 것은, 시행착오를 거듭하면서 알게 된 비법이었다. 건물 하나를 관리하는 일만으로 세상살이를 다 배울 수 있을 것 같았다.

건물을 짓고 관리하는 과정은 그곳에 찾아와 머무를 사람들과, 그리고 건물과 대화하는 시간이었다.

기능적인 환대와 배려

도서관에 머무는 동안 아주 문화적인 공간에서 귀한 대접을 받고 있다는 느낌이 들게 만들고 싶었다. 건축과 인테리어 관련 자료를 뒤지고 이곳저곳 눈동냥을 한 끝에, 천장 역시 노출양식을 사용하기로 결정했다. 흔히 건물을 세울 때는 골조를 세우고 배관, 설비 작업을 마치면 복잡한 관들이 보이지 않도록 패널을 대고 벽지나 페인트로 마감을 한 뒤 전등, 냉난방장치, 소방기구 등을 단다. 그런데 노출 천장은 속이 훤히 들여다보인다. 전기, 난방 등 여러 배관이 얼기설기 지나고 그 사이사이로 전등을 길게 늘어뜨린 줄도 보인다.

모던한 느낌, 자연스러운 느낌을 내려고 했지만 너무 휑한 느낌이 들지는 않도록 철제 메시를 덧달기로 했다. 메시는 철제 각파이프로 테두리를 만들고 철사를 그물망처럼 격자로 엮어서 만들었다. 철사의 굵기, 격자무늬를 엮는 간격에 따라 느낌이 달라지기 때문에 샘플을 만드는 데만 며칠이 걸렸다. 철사 굵기와 격자 간격을 각기 다르게 한 샘플

을 실제 눈높이에서 천장까지 거리만큼 떨어뜨려놓고 적당한 걸 골랐다. 철사가 너무 굵으면 육중한 느낌이 들고 격자 간격이 촘촘하면 답답한 느낌이 들었다. 너무 가느다란 철사를 쓴 철망은 값싸고 가벼운 느낌이 들었다. 그런 느낌을 이론적인 수치로 증명할 수는 없었다. 하나하나 눈으로 보면서 느껴지는 직관을 믿을 수밖에. 설계를 맡은 건축사와 현장의 시공 담당자, 제작업체 대표와 함께 나란히 서서 하나하나 눈으로 확인하며 하나의 샘플을 고르는 데는 시간이 적지 않게 걸렸다. 벽돌이나 타일을 고르는 과정도 마찬가지였다. 시공사 대표는 아예 타일 전시장에 함께 가서 고르는 게 좋을 것 같다며 멀리 서울의 전시장까지 가이드 역할을 맡아 나서기까지 했다.

계단을 만들 때는 기울기, 한 단의 높이, 발바닥이 닿는 면의 깊이를 하나하나 따져서 여러 차례 수정을 거쳤다. 계단을 오르내릴 때 잡을 핸드레일은 2단으로 요청했다. 어린아이나 몸이 불편한 사람들을 우선 배려했지만 어른들이 오르내리기에도 불편하지 않도록 하기 위해서였다. 처음엔 2단으로 설치해달라고 요청만 하면 당연히 다양한 요소들을 감안한 기준이 있을 것이라고 생각했다. 하지만 현실은 달랐다. 상세한 치수를 얼마로 할지 다시 질문이 돌아왔다. 결국 아이들까지 실험 샘플로 동원해서 여기저기 계단을 오르내리는 시뮬레이션을 거친 뒤에야 핸드레일의 높이, 굵기, 벽면에서의 거리까지 모두 결정할 수 있었다.

그렇게 번거로운 과정을 마다하지 않고 기꺼이 함께해준 설계업체와 시공사 담당자들에게는 고마움을 넘어 미안한 마음이 컸다. 그러면서도 섬세하다 못해 깐깐한 과정을 고집한 이유는 공간의 표정 때문만은 아니었다. 다양한 사람들이 안전하고 편리하게 이용하도록 하려면 그동안 도서관을 운영하면서 얻은 경험이 오롯이 설계에 반영되어야 했다. 당신을 환대하고 배려한다고 말하지 않아도 문득 배려받고 있다는 감동을 느끼려면 눈에 보이는 디자인만이 아니라 구석구석 가구, 설비, 집기들까지 '기능적으로' 불편함이 없어야 했다.

공간구성이나 가구배치만이 아니라, 도서관에 머무는 동안 필요할 수 있는 자잘한 비품들도 구석구석 비치했다. 담요, 방석, 기저귀, 상비약, 아기를 업을 수 있는 포대기, 책을 고르는 동안 아기를 앉혀놓을 보행

기, 천장이 배꼽보다도 낮은 구석방에서 아이들이 갖고 놀 나무블록, 탑
블레이드처럼 바퀴 달린 신발을 신고 온 아이(때때로 어른도)들이 갈아 신
을 실내화….

공간을 꾸미는 것만으로 도서관 이용자들의 '표현되지 않은' 요구까
지 꽤 담아낼 수 있다는 가능성을 확인한 건 큰 소득이었다. 공간은 말
없이 말을 걸 수 있는, 더할 나위 없이 좋은 채널이었다.

굉장한 만남과 소통과
어울림의 공간

얼마 안 있으면 도서관에 다니며 자란 아이들이 코끼리마당에서 결혼식도 올릴 것 같다. … 사랑하는 이와 나란히 서서, 책꽂이들 사이로 들이비치는 햇살이 담쟁이를 키운 시간과 신랑신부의 장난꾸러기 시절을 오롯이 기억하는 책들이 지켜보는 가운데, 언젠가 책을 읽어주었던 이웃들의 축복을 받으며 생의 또다른 장을 시작하는 풍경…. 그런 날들을 지내고 나면 도서관의 표정은 또 어떻게 바뀌고 어떤 판타지들이 쌓여갈까.

―본문에서

도서관의 길목, 전이공간

어떻게 하면 도서관으로 성큼! 들어서게 해줄 전이공간을 만들 수 있을까. 도서관이라고 하면 낯설고 딱딱하게 여기는 사람들이 많은데, 조금이라도 쉽고 편안하게 들어설 수 있는 통로를 두고 싶었다. 들어서면서 이곳이 뭘 하는 곳인지 직관적으로 느낄 수 있고 이곳에서 제공하는 서비스에 대한 기본 정보도 얻을 수 있는, 오페라에서 서곡overture 같은 역할을 하는 공간이 있으면 좋겠다고 바랐다. 오랜 고민 끝에 찾은 답이 선큰가든이었다. 설계를 맡은 건축사에게 두고두고 고맙게 여기는 공간이 바로 이곳이다. '선큰sunken'이란 지붕 없이 야외공간으로 꾸민 지하의 정원을 말한다.

선큰은 경계의 미학이 아주 잘 살아나는 곳이다. 안도 아니고 바깥도 아닌 동시에, 바깥이면서 안이기도 한 공간. 하늘이 보이고 바람이 불고 바닥에 꽂히는 빗줄기도 맘껏 볼 수 있으니 틀림없이 실내공간은 아니지만, 지하로 움푹 들어간 자체가 바깥공간으로부터 차단시키는 효과를 가져와 독립된 공간으로 느껴진다. 그러면서도 울타리가 있는 것은 아니다. 답답하게 갇힌 느낌이 아니라 아늑하게 둘러싸인 상태에서 그 공간 안의 활동에 몰입할 수 있게 해준다. 게다가 천장이 있어야 할 높이에서부터 지상으로 탁 트인 공간이 이어지니 같은 면적이라도 한결 넓고 넉넉한 공간이 열린다. 만일 지상에서 같은 면적으로 울타리를 쳐서 만들었다면 훨씬 좁고 답답하게 느껴질 것이다. 마을잔치를 열면 누구라도 들어와 어울릴 수 있도록 열려 있으니 말 그대로 '동네마당' 같은 공간이다. 그에 걸맞게 우리는 그곳을 '마당'이라고 부르기로 했다. 3층의 옥외공간과 구분지어 각각 윗마당, 아랫마당이라고 이름을 붙였다.

상가 지하에 둥지를 틀었던 예전 도서관에서도 지하의 도서관 입구로 내려가는 어둡고 휑한 계단에 벽화로 장식을 하고 아이들을 단숨에 도

서관으로 이끌어주길 바라며 미끄럼틀을 달았었다. 벽화에 담긴 그림책 주인공들과 미끄럼틀은 도서관에 한 번도 가본 적이 없거나 도서관이라고 하면 답답하고 따분한 곳으로 여기던 아이들이 한번 들어와보고 싶게 만드는 몫을 훌륭하게 해냈다. 그러면서 많은 이용자들에게 느티나무의 상징처럼 의미를 갖게 되었다. 새로 집을 지어 도서관이 이사를 간다는 이야기를 들었을 때 동네 아이들이 하나같이 궁금해한 것 역시 미끄럼틀의 안부였다.

"이 미끄럼틀도 같이 가져가는 거죠?"

그래서 선큰의 입구에도 미끄럼틀을 달았다. 처음엔 원래 8년 동안 달려 있던 미끄럼틀을 그대로 옮겨놓을 생각이었지만, 마당 폭과 계단 높이가 예전 도서관의 계단실보다 훨씬 넓고 높아서 크기가 맞지 않았다. 새로 만든 미끄럼틀은 넉넉한 크기의 원통형이라 어른들까지 즐겨 타고 내려온다.

뜰 가장자리에는 화단을 두어 미끄럼틀이 있는 계단 맞은편 벽에 3층 건물 꼭대기까지 가로세로로 와이어를 엮어서 담쟁이와 붉은인동의 덩굴이 타고 오를 수 있게 만들었다. 그런 벽을 '커튼월'이라 부른다고 한다. 초록잎이 무성해지면 커튼을 드리운 것 같은 벽이 생길 거라는 의미일까? 남북으로 마주보는 나머지 두 벽에는 책이 있는 풍경이 들여다보이도록 창을 냈다. 전이공간답게, 완전히 도서관 안에 들어간 것은 아니지만 틀림없이 도서관에 있는, 경계의 효과를 살린 것이다.

선큰의 한쪽 벽은 서고에 날개처럼 달린 긴 복도와 맞닿아 있어서, 복도 안쪽 벽에 세워둔 서가에 책이 꽂혀 있는 풍경이 들여다보인다. 창은

상가 지하 문고 시절의 입구. 지하로 통하는 휑한 계단을 필리파 피어스의 《한밤중 톰의 정원에서》(시공주니어, 1999)에 나오는 정원으로 들어가는 통로처럼 만들려고 벽화와 미끄럼틀로 꾸몄다.

세로로 길게 만들었다. 책꽂이가 좀더 효과적으로 보이게 하기 위한 것이기도 했고, 책을 보관하는 서고의 통풍 효과를 높이기 위해서이기도 했다. 습기를 막는 데는 자연환기가 중요한데 창을 서로 마주보게 내는 것이 가장 좋고 가로로 넓은 것보다는 세로로 긴 창이 환기 효과가 낫다.

강당 겸 북카페에 앉아 있으면 마당이 내다보이고 마당에 있으면 한쪽으로는 책으로 둘러싸인 강당이, 다른 한쪽으로는 책꽂이가 늘어선 서고가 들여다보인다. 어디에서든 책과 책을 펼쳐든 사람들이 보이기 때문에 언제라도 책이 읽고 싶어질 수 있고, 그런 순간 곧바로 안으로 들어와 책을 빌릴 수 있기를 기대한 것이다.

강당 겸 전시실 겸 북카페

지하에는 전시실과 강당과 북카페를 겸하는 제3열람실과 서고가 있다. '가장 향기로운 제3열람실'이라는 이름으로 짐작할 수 있겠지만 독서문화를 바꾸는 곳, 좀더 있는 그대로 말하면 '온갖 바람을 담은' 공간으로 기획되었다. 잡지가 사방 벽을 둘러싼 열람실이 있으면 좋겠다는 생각을 했고, 철마다 주제별 전시회가 열리고 지역의 온갖 정보를 만날 수 있는 공간에서 커피와 빵 굽는 냄새와 책이 기막힌 조합을 이루도록 만들고 싶었다.

여러 세대가 같은 공간에 머무르며 서로 바라보는 것만으로 의미를 가질 것이라고 기대해, 어린이실과 어른실을 따로 구분하지 않고 누구든 불편하지 않게 함께 이용할 수 있는 공간으로 기획했다. 각자 자유롭게 책을 읽고 서로의 모습에 담긴 삶을 읽으며 한 세대에서 다음 세대로 지혜가 흐르고 성찰과 상상력을 불러일으키는 소통이 이뤄지길 바랐다.

상가 지하 시절에는 매주 슬라이드를 이용해 책을 읽어주는 이야기극장 시간이나 강연회, 작가초청행사, 낭독회 같은 모꼬지를 하려면 가장 큰 일거리가 실내구조변경이었다. 실내구조변경이라고 해서 말처럼 거창한 것은 아니었다. 참가자들이 둘러앉을 수 있도록 책꽂이들을 죄다 벽 쪽으로 밀어붙였다가 모꼬지가 끝나면 다시 제자리로 옮기는 일을 반복했다. 평소에도 독서회 두세 모둠이 시간이 겹치는 날이면 이리저리 서가와 가구들을 옮겨야 했다. 지금 느티나무도서관 책꽂이에는 거의 바퀴가 달려 있는데 그때부터 시작된 노하우이자 전통이다. '공간마술'이다 '이사놀이'다 이름을 붙여가며 늘 참가자들 손까지 보탰기 때문에 가구를 옮기는 일이 크게 부담스럽진 않았지만, 무엇보다 책을 보러 오는 이용자들이 큰 불편을 감수해야 했다. 그림책 슬라이드를 켜느라고 불을 끌 때면 입구에 손전등을 들고 서 있다가 책을 빌려갈 사람들을 안내하곤 했지만 꼭 필요한 책이 옮겨놓은 책꽂이에 꽂혀 있을 수도 있고, 모처럼 마음먹고 책을 읽으러 왔다가 부산한 분위기를 보고 발길을 돌린 사람은 왜 없었겠는가.

해마다 도서관학교를 열 때는 스무 명쯤 앉을 수 있게 탁자와 의자를 강의실 대형으로 모아놓으려니 아예 도서관 문을 닫는 목요일에 강의를 여는 수밖에 없었다. 멀리서 온 참가자들은 정작 '느티나무의 일상'을 볼 수 없어 몹시 아쉬워했다. 그런데 마당까지 딸린 강당이 생겼으니, 먹지 않아도 배가 부를 지경이었다.

"죄송합니다. 오늘은 이 자리에서 독서회 연합모임이 있습니다."

"죄송합니다. 마을학교가 열리고 있습니다. 함께하실 분은….."

이렇게 양해를 구하는 안내문을 써 붙이는 것으로 하루를 시작하던 데서 벗어나게 되었다. 책을 보러온 이용자들에게 불편을 끼치지 않고 강연이든 낭독회든 공동체 영화상영이든 다 할 수 있게 되었다. 심지어 가까운 고등학교 학생들이 무대배경을 설치해서 뮤지컬 공연을 올리기까지 했다.

그래도 워낙 용도가 다양하니 동시에 다른 목적으로 이용하는 사람들 동선이 충돌하지 않도록 공간을 융통성 있게 나눠쓸 방법을 찾았다. 20명 안팎이 참가하는 세미나나 워크숍을 진행할 때는 벽을 세워서 빔프로젝터와 음향시설이 설치된 강당 앞쪽만 사용하고, 100명 안팎이 모이는 심포지엄이나 문화행사를 열 때는 벽을 터서 지하 전체 공간을 행사장으로 쓸 수 있게 만들기로 했다. 여러 방법을 검토한 결과, 강당 중간에 무빙월moving-wall이라고 부르는 이동식 벽을 설치하기로 했다. 공간에 맞게 주문제작방식으로 제공하는 업체가 있었다. 조작법도 간단해서 3분이면 병풍처럼 접고 펼 수 있었다. 고정장치를 돌리면 천장과 바닥에 밀착되도록 아래쪽에 고무재질로 발이 달려 있어서 벽을 닫으면 영화도 상영할 수 있을 만큼 방음이 되었다.

전시공간 역시 좀더 제대로 만들고 싶었다. 사방 벽에 돌아가며 액자를 걸 수 있는 픽처레일을 달고, 재활용 골판지로 만든 전시대를 장만했다. 골판지를 조립해서 원하는 크기의 책꽂이 형태로 만들어 사용하는 전시대였는데, 개관기념 전시 '꿈꾸는 손'을 기획한 '점점' 팀원들이 발품을 팔아준 덕에 작품들과 썩 잘 어울리는 전시대를 찾아낼 수 있었

마음을 사로잡는 책들…

북카페에서 번 돈은 모두
도서관 전기요금과 냉난방비로 쓰입니다.

다. 전시공간이 생겼다고 거창한 이벤트를 하려는 생각은 아니었다. 문고 시절에도 책 읽어주는 방 한편을 늘 작은전시회로 꾸몄던 것처럼 일상적인 전시를 통해 묻혀 있던 책들을 새롭게 만날 기회를 만들고, 책과 문화가 어우러진 북카페의 분위기가 자연스레 사람들 발길을 이끌어주길 기대했다.

벽 마감재도 오래 고민했다. 건축사가 추천해준 몇 가지 소재 가운데 표면이 거친 스플릿블록이 눈에 들었다. 조용하게 몰입해야 하는 강연이나 낭독회를 열려면 방음효과가 있는 마감재를 쓰는 게 좋을 것 같아 망설였다. 바닥에 경사를 둘지 평평하게 할지 논의할 때도 공간의 용도가 결정 기준이었다. 공연장이 아니라 주로 강연이나 낭독회 같은 행사가 열릴 것이고 평소에는 열람실을 확장한 개념으로 마당까지 연결한 북카페로 이용할 것이기 때문에 망설일 것 없이 평평한 바닥으로 선택했다.

그런데 벽은 시각적인 공간의 이미지에 큰 영향을 미칠 거라 좀더 고민이 되었다. 결국 실내외 공간을 터서 전체가 동네마당 같은 느낌이 들도록 하는 데 무게를 두고 마당 벽과 똑같은 블록을 쓰기로 했다. 시공을 해놓고 나니 보기에도 갤러리 분위기가 난다며 좋아했다. 하지만 또 얼마 지나지 않아 문제가 드러났다. 계속 비가 내려 준공 일정이 예정일보다 조금 늦춰지면서 이사를 마치기 전에 도서관학교가 시작되었다. 곳곳에 장비와 이삿짐들이 남아 있는 곳에서 행사를 연다는 것이 참가자들에게 경우가 아닌 것 같아 걱정을 했지만 마무리 작업이 한창인 도서관을 둘러보는 것도 도움이 될 수 있겠다는 생각에 일정대로 진행하기로 했다.

설계를 맡았던 건축사까지 강사로 초청해서 강좌를 시작했는데, 음향 문제가 불거졌다. 앰프와 믹서를 아무리 조절해도 거친 블록 표면에서 소리가 난반사를 일으켜 뒤쪽에서는 윙윙거리기만 하고 내용을 제대로 알아들을 수가 없었다. 낭패였다. 다행히 수소문 끝에 가볍고 두툼한 흡음재를 찾아냈다. 노출 천장에 매달린 철망마다 흡음재를 잘라서 얹는 것으로 그리 어렵지 않게 땜질 시공을 마쳤다. 한바탕 소동을 피운 끝에 간신히 음향 문제가 해결되었다. 지나고 보니 오히려 무리해서 도서관 학교를 진행했던 것이 다소 요란했지만 시설 마무리 점검을 제대로 마치게 해준 셈이었다.

다양성을 공간에 담는 일은 그렇게 깐깐하고 세심하게 챙겨도 끝없이 놓치는 일이 생기고, 새롭게 배우면서 가야 하는 과정이었다.

커뮤니티 & 커뮤니케이션의 마당

강당과 마당은 전체를 터서 동네마당처럼 쓸 수 있는 열린 공간으로 만들려고 했다. 실내 벽에 마당과 똑같은 거친 재질의 외장용 블록을 사용한 것도 그 때문이었다.

강당과 마당이 맞닿은 벽은 접이식 유리문을 설치해서 행사가 있을 때는 실내외 공간이 하나로 연결되도록 마당과 강당을 터서 넉넉한 동네마당처럼 쓸 계획이었다. 하지만 접이식 유리문의 설치비용이 너무 비쌌다. 언젠가! 큰돈을 기부할 사람이 나타나면 다시 도모하기로 하고 고정된 유리벽에 앞뒤로 문만 두 개 달아서 마당과 강당을 드나들 수 있게 만들었다. 접이식 유리문이 살짝 아쉽긴 했지만, 동네마당 같은 넓은 공간이 생겼다는 건 자다가도 벌떡 일어날 만큼 꿈같은 일이었다. 하고 싶었던 일들을 마음껏 할 수 있게 된 것이다.

아랫마당은 사람들이 어울리는 커뮤니티공간으로 큰 몫을 했다. 바로 옆 강당과 연결하여 종종 근사한 파티장으로 변신하기도 한다. 첫 번째 잔치는 집을 지은 이듬해 봄, 청소년동아리 '비행클럽'의 첫 모임이었다. 비행클럽은 두 가지 의미가 담긴 이름이다. 하나는 flying club, 말 그대로 비행기를 타고 여행을 떠나보자는 뜻으로 지은 이름이었다. 2004년 봄, 서귀포기적의도서관 개관 준비를 맡아 열두 번이나 비행기를 타고 제주도를 오가면서 하늘에서 내려다본 세상을 아이들에게도 보여주고 싶다는 생각에 우리 언제든 꼭 한번 비행기를 타고 날아보자는 약속을 했다가 만들어진 이름이었다. 그런데 듣는 사람마다 비행청소년들 모임이라고 여겨서 살짝 난감했는데 웬걸, 아이들은 저희에게 잘 어울린다면서 맘에 들어했다. 그래서 그냥 '범생 아닌 아이들의 모임'으로 씩씩하게 가자며 이름을 그대로 쓰기로 했다.

비행클럽 초기 멤버들은 도서관이 처음 문을 열었을 때 원주민 마을에 살던 아이들이었다. 도서관의 단골 이용자로 자라면서 그중 몇몇은 학교와 집을 나와 떠돌기도 했고, 주유소나 편의점에서 시간제 아르바이트로 일하기도 했다. 친구나 일자리를 찾아 안산, 수원, 인천을 비롯해 멀리 떠난 아이들도 있어서 한자리에 모이는 게 갈수록 어려웠다. 그 아이들이 모처럼 모이는 자리니 한껏 환대받는 느낌이 들도록 공들여 준비했다. 마당의 탁자마다 하얀 식탁보를 씌우고 작은 꽃 화분과 촛불

하나씩 올려놓고 아이들 이름을 하나하나 적어 종이명패도 만들어놓았다. 공개하긴 좀 뭣하지만, 마당으로 내려오는 계단참엔 뚜껑 달린 예쁜 재떨이와 향초로 정갈하게 장식한 흡연석도 마련해두었다.

히말라야 촐라체에서 벌인 사투를 담아 《끈》(열림원, 2005)이라는 책을 펴낸 박정헌 씨를 이야기손님으로 초대했다. 잔뜩 부푼 비행클럽 창립 멤버들이 멀리 사는 친구들까지 초대해서 자리를 메웠다. 화단의 등에 불을 켜고 탁자마다 촛불을 밝히고 더없이 다채로운 이력과 환경을 가진 이들이 둘러앉은 가운데, 생사를 넘나들며 손가락 발가락을 잃고도 어느새 또 히말라야를 비행으로 횡단하겠다는 꿈을 시도하고 있는 영원한 알피니스트의 이야기가 펼쳐졌다. 살아가면서 용기나 자신에 대한 믿음이 필요한 순간이 오면 혹시 아이들이 그날의 풍경을 떠올리지 않을까. 책을 한 번 펼쳐들거나 뭔가를 배울 엄두를 내기까지 장애물이 참으로 많았던 청년들에게도 아랫마당은 도서관의 전이공간으로서 톡톡히 제 몫을 했다.

한일교류심포지엄을 열었을 때는 아랫마당이 교류회장으로 변신했다. 100여 명이 참석한 심포지엄을 마치고 마당으로 난 창의 블라인드를 걷어올렸을 때, 참가자들은 한꺼번에 탄성을 내뱉었다. 창밖으로 내다보이는 마당에 자원활동가들과 청소년동아리 회원들이 온종일 분주하게 장만한 잔칫상이 걸게 차려져 있었다. 온종일 주제발표와 토론으로 두 나라 도서관계의 고민과 도전을 치열하게 이야기하던 사람들이 봄날 저물녘 도서관 뜰에서 다과를 나누며 좀더 넉넉하게 우정을 쌓을 수 있었다.

해마다 도서관에서 하룻밤 지내는 행사가 열리면 마당에 스크린을 끌고 나가 함께 영화를 보기도 하고 평소에 잘 쓰지 않던 조명등을 켜서 은은한 빛을 머금은 대나무 아래에서 밤늦도록 책 읽기에 빠져들기도 한다. 3층에 데크로 설치된 윗마당은 좀더 분리된 느낌이고, 바로 옆 공원 풍경이 배경처럼 내려다보여서 늦은 밤 속닥거리며 낭독회를 하기에 맞춤하다.

위아래 마당에서 도서관이 기획한 행사만 열리는 것은 아니다. 빔프로젝터와 음향장치, 피아노까지 갖춰져 있어서 지역의 환경단체, 장애인단체, 생협, 공동육아어린이집 등 다양한 주체들이 이곳에 와서 행사를 연다. 지역에 사는 생산자들이 재배한 농산물로 로컬푸드 장터를 열기도 하고 인권이나 환경을 주제로 한 독립영화를 상영하기도 한다. 입양기관에서 기증받은 아기용품 바자회를 열기도 했다. 지역의 여러 단체가 한자리에 모이는 연대행사도 열린다.

가장 향기로운 제3열람실

올 들어 아랫마당에 '코끼리마당'이라는 새 이름을 붙였다. 도서관 이용자 가운데 '도조' 작가로 활동하던 사람이 기증해준 코끼리상을 마당의 자작나무 옆에 세우면서 생긴 이름이다. 코끼리상은 기증자의 박사 논문 주제기도 했지만, 배 속의 아이가 태어나길 기다리며 혼신의 힘을 쏟아넣은 작품이라고 했다. 작품 제목도 근사했다. 〈세상의 기둥〉. 전체 높이는 어른 키보다 크지만 도자기라 가마 크기에 맞추느라고 30센티미터가량 높이로 따로따로 빚고 구워서 쌓아올린 작품이다. 코끼리의 표정이 깊어서 사색의 공간인 도서관에 썩 잘 어울렸다. 철학적인 이미지의 코끼리를 마주보고 서 있다가 문득 팬지의 어원이 '팡세pensée'라는 게 떠올라서 그해 봄에는 팬지 모종을 잔뜩 사다가 도서관 앞 화단에 돌아가며 심기도 했다.

주말이면 커피 향기, 와플 굽는 향기, 책의 향기가 어우러진 마당의 북카페는 빈자리를 찾기가 어렵다. 차 한 잔을 놓고 책에 빠져든 중년의 주부, 노트북에 시선을 고정한 청년, 미끄럼틀에만 매달리는 아이를 번쩍 안아다 그림책을 읽어주는 아저씨, 유모차에 잠든 아기를 돌보며 잡지를 읽는 아기 엄마, 책은 펼쳐두기만 한 채 심각한 고민거리를 나누기도 하고 자지러지게 웃으며 수다를 떨기도 하는 청소년들, 그렇게 세대도 학력도 직업도 가지각색인 사람들이 열람실이자 카페이자 사랑방인 이곳에서 하루하루 다른 표정의 풍경을 그려낸다.

얼마 안 있으면 도서관에 다니며 자란 아이들이 코끼리마당에서 결혼식도 올릴 것 같다. 설계할 당시 건축사에게 아랫마당은 결혼식장으로도 쓸 계획이라고 당부를 하고, 건물이 완성되고 처음 이삿짐을 옮기던

날 아이들에게 그 이야기를 꺼냈다. 까르르 웃음을 터뜨리며 난 이쪽으로 걸어 들어갈래, 한번 연습해볼까? 아니다, 신랑은 미끄럼틀 타고 내려오면 짱이겠다…, 신나게 수다를 떨던 아이들 웃음

가운데 이동식 벽(무빙월)을 병풍처럼 접고 펴서 평소엔 북카페로, 때로는 행사가 열리는 강당으로.

이 햇살 좋은 날 마당에 서면 벚꽃 잎처럼 나풀거리며 내려앉는다. 언젠
가 정말 그 아이들이 사랑하는 이와 나란히 서서, 책꽂이들 사이로 들이
비치는 햇살이 담쟁이를 키운 시간과 신랑신부의 장난꾸러기 시절을 오
롯이 기억하는 책들이 지켜보는 가운데, 언젠가 책을 읽어주었던 이웃들
의 축복을 받으며 생의 또다른 장을 시작하는 풍경…. 그런 날들을 지내
고 나면 도서관의 표정은 또 어떻게 바뀌고 어떤 판타지들이 쌓여갈까.

　'도서관은 살아 있는 유기체'라는 말을 입에 달고 지냈으면서도, 이제
야 어렴풋이 그 뜻을 몸으로 알 것 같다. 인도의 마드라스대학교도서관
관장이었던 세계적인 도서관사상가 랑가나탄은 《도서관학 5법칙》(한국
도서관협회, 2005)을 통해 공공도서관의 철학과 가치를 어떻게 구현해야
할지를 아주 구체적으로 보여주었다. 5법칙의 다섯 번째가 바로 '도서관
은 살아 있는 유기체'라는 선언이다. 하루하루 다른 표정을 짓는 마당에
설 때면, 자그마치 80년 전에 이런 도서관의 풍경을 상상했을 게 틀림없
는 그의 탁월한 통찰력에 새삼 감탄과 존경을 보내지 않을 수 없다.

하우스워밍

마감 작업을 하느라 늘어놓은 연장과 상자째 부려놓은 책들이 마구 쌓여 있는 틈에서 몇 번인가, 손에 책을 들고 기대앉아 짧은 휴식을 보내는 현장소장님을 발견하던 순간들, … 도서관의 하우스워밍으로 그만한 풍경이 또 있을까.

— 본문에서

애벌이사

다섯 달에 걸친 공사와 두 달에 걸친 이사는 한바탕 축제였다. 지나온 8년을 '복기'하는 시간이었고, 다음 단계의 밑그림을 그리는 시간이기도 했다. 도서관을 운영하는 사람들만이 아니었다. 여름내 땀 흘려 집을 지은 사람들과 이용자들에게도 도서관을 좀더 이해하는 계기가 되었다. 흰머리가 한 줌이나 늘고 파스를 훈장처럼 붙이고 다녔지만, 몸과 머리가 그 고단함을 잊을 만큼 시간이 지난 뒤에도 설렘과 벅찬 호흡의 기억은 고스란히 남았다.

공사가 막바지에 접어들고는 하늘을 살피는 것으로 하루를 시작했다. 그해 여름엔 유난히 비가 많아 장마가 끝난 뒤에도 50일쯤 비가 쏟아졌다. 공사 현장에서는 공정별 일정표를 몇 번이나 수정하면서 손발이 묶인 채 애를 태워야 했다. 그 여름이 영원히 끝나지 않을 것처럼 지루한 날들이 이어지는 동안에도 상가 지하의 해묵은 도서관에서는 잠깐 다리를 뻗고 앉을 틈도 없을 만큼 일거리가 산더미처럼 쌓였다. 몇 달 문을 닫고 이사 준비를 하면 좋겠지만, 도서관은 지독하리만큼 일상성의 원리에 따라 움직이는 곳이다. 휴관일수를 최대한 줄이기 위해 공사를 마칠 때까지 아무 일도 없는 것처럼 이용자를 맞이하고 활동을 이어갔다.

덩치가 여덟 배나 큰 집으로 옮겨가는 일은 새로 도서관 하나를 세우는 것보다 더 어려운 것 같았다. 책 더미에 파묻혀 한권 한권 분류를 점검하면서 새 집의 어디에 어떻게 서가를 배치할지 그림을 그리고 또 고쳐 그렸다. 그동안 공간 때문에 할 수 없었던 장애인서비스와 2년째 준비해온 다문화서비스까지 틀을 갖춰 시작하려면 준비할 일들이 만만치 않았다. 안 그래도 좁은 지하 공간에서 당장 책을 쌓아둘 공간이 없는데도 새로 문을 열 도서관이 휑하지 않도록 꾸준히 새 책을 사들이고 필요한 책을 기증받는 캠페인도 이어갔다. 그동안 좁은 공간에서 낭독회나 강좌 같은 행사를 열 때면 서가와 탁자를 이리저리 옮기느라 우리 모두 '이사놀이'에 이골이 났지만, 새로 집을 지어 도서관을 통째로 옮기는 일은 이사놀이라고 하기엔 너무 어마어마했다.

한쪽으로는 원래 갖고 있던 1만 5000권의 책을 하나하나 점검해서 싸고, 다른 한쪽으로는 새로 사들인 책들을 분류하고 등록해서 모두 날라와 다시 제자리에 꽂아야 했다. 7년 반 동안 살림살이는 또 얼마나 늘어났는지, 짐을 '꺼내는' 게 아니라 지하를 '파내는' 것 같았다. 책과 살림살이는 밀가루 반죽처럼 점점 부풀어올랐다. 모두 제자리에 들어 있을 때는 그 정도로 많은 줄 몰랐는데 끄집어내서 상자에 담으니 상자 쌓아놓을 자리가 모자랐다. 짐을 절반도 싸기 전에 도서관이 화물 컨테이너처럼 옴짝달싹할 틈도 없이 꽉 차버렸다.

'애벌이사'를 하기로 했다. 승용차에 실을 수 있는 짐들은 현장에 갈 때마다 조금씩 미리 옮기고, 가구들은 비워지는 대로 작은 트럭에 몇 차례 나눠서 옮겨갔다. 짐을 싸고 옮기는 것도 일이었지만, 마무리 공사가 한창인 현장에서 그 짐을 온전하게 보관하는 것도 일거리였다. 비닐을 씌우고 천을 덮어도 날마다 뽀얗게 쌓이는 먼지와 시멘트가루를 닦아내느라 손에서 걸레를 놓을 새가 없었다. 그래도 지치지 않고 지속할 수 있었던 힘은 사람이었다. 도서관 자원활동가와 독서회원들, 평소 무심해 보였던 이용자들과 여러나라책읽기 프로그램에 자원활동을 하던 이주노동자들까지 찾아와 손을 보탰다. 600박스가 넘는 책과 살림살이를 옮기는 한 달 동안 한바탕 잔치가 벌어진 것 같았다. 책을 나누며 지내온 시간만큼 쌓인 믿음의 두께를 확인할 수 있었다.

애벌이사를 하길 참 잘했다는 생각이 드는 특별한 순간도 있었다. 마감 작업을 하느라 늘어놓은 연장과 상자째 부려놓은 책들이 마구 쌓여 있는 틈에서 몇 번인가, 손에 책을 들고 기대앉아 짧은 휴식을 보내는

현장소장님을 발견하던 순간들. 도서관협회에서 해마다 독서의 달 포스터로 제작해서 배포하던 "책 읽는 사람이 아름답다"에 실린 어느 모델보다 멋져 보였다. 도서관의 하우스워밍housewarming으로 그만한 풍경이 또 있을까.

공사아저씨와 점등식

"간장님, 큰일 났어요. 공사아저씨 집이 없어졌어요!"

공사기간 동안 현장사무실로 쓰던 컨테이너를 철거하던 날, 학교를 마치고 도서관을 찾은 아이들은 마치 도서관 천장에 고릴라가 매달린 걸 발견하기라도 한 것처럼(존 버닝햄의 그림책 《지각대장 존》[비룡소, 1999]의 마지막 장면) 설레발을 쳐댔다.

"응, 이제 우리 도서관 다 지었으니까 공사아저씨는 또다른 집 지으러 이사 가신대."

믿지 못하겠다는 표정의 아이들을 데리고 현장소장님께 인사하러 가자고 나서려는데 마침 주인공이 나타났다.

"관장님, 선물이요!"

뭐가 들었는지 현장소장이 '손에 들지 않고 품에 안고' 들어선 불룩한 검은 비닐봉지는 얼핏 보기에도 묵직해 보였다. 열어보니 100원짜리 동전과 1,000원짜리 지폐들이 가득했다. 그대로 할 말을 잊었다. 그날 철거한 컨테이너 사무실 입구에 놓여 있던 커피자동판매기에 붙어 있던 안내문이 스치듯 떠올랐다.

"이 자판기에 모이는 동전은 여러분이 짓고 있는 느티나무도서관에 후원금으로 전달됩니다."

유난히 장마가 길었던 여름, 뙤약볕을 피해 잠시 일손을 놓고 사무실에 들어온 사람들에게 현장소장은 커피 한 잔이라도 그냥 마시지 말자고 잔소리를 해댔다. 공사가 막바지를 향해가면서 현장회의가 많아졌는데 비좁은 컨테이너 사무실에서 회의를 할 때면 소장은 몇 번이나 의자에서 일어나야 했다. 배달 온 자재를 받거나 작업지시를 할 때도 있지만 대부분은 자판기 동전을 대기 위해서였다. 그날그날 인력사무소에서 소개를 받고 온 인부들이 컨테이너 안의 자판기를 이용하려다 주머니를 뒤질라치면 소장은 어느새 서랍을 열어 언제나 그득하게 채워져 있던 동전을 꺼내 건넸다.

마음씀씀이가 그런 사람이 땀과 먼지로 범벅이 된 사람들에게 자판기 커피 한 잔쯤 대접할 마음이 없었을 리 없다. 그런데도 굳이 지금 짓고 있는 건물이 도서관이라고, 보통 도서관도 아니고 후원으로 운영되는 사립도서관이라는 말을 입에 달고 지냈다. 땅을 사고 건물을 짓는 이 돈이 쉽게 모은 돈이 아니라는 이야기를 그저 하루이틀 용역사무실을 통해 일자리를 찾아온 사람들에게까지 애써 건네려고 하다니….

여름내 가장자리가 다 해지도록 도면을 들고 다

공사 현장 컨테이너를 철거하던 날 현장소장이 안고 온 검은 비닐봉지.

니면서 갓난아기부터 어르신, 장애인, 누구나 편하게 이용할 수 있도록 안전하고 튼튼하게 지어야 한다고 잔소리를 해댄 것이 무색할 지경이었다. 갖고 있던 가구들을 어떻게 재배치할지, 튼튼하게 달아두었던 그네를 새 집의 어느 위치에 어떻게 달지, 예전 도서관과 신축 현장을 수없이 오가며 깐깐하고 꼼꼼하게 살폈다. 그러는 사이에 현장소장도 느티나무도서관의 친구가 된 모양이었다.

단지 갑과 을의 계약관계로 그칠 수 있는 사람들을 움직인 것이 무엇인지는 알 수 없다. 다만 궁금하고 마음이 쓰여 한 번씩 현장을 들여다보러 오는 이용자들, 방해된다고 눈치를 줘도 아랑곳없이 거들겠다며 설레발치는 아이들을 보면서, 당신들이 짓고 있는 도서관에서 앞으로 그려질 풍경을 떠올리며 가슴이 뛰지 않았을까, 짐작할 뿐.

현장소장만이 아니었다. 전기, 창호, 설비, 페인트, 조경…. 함께 집을 지은 사람들 모두가 같은 마음이었다. 전기공사를 맡은 책임자는 천장도 벽도 노출공법으로 짓고 있으니 전선이 밖으로 드러나지 않게 하려고 애를 썼다. 좁은 슬라브를 타고 작업을 하느라 시간이 두 배 가까이 들어서 번번이 야간작업을 해야 했다. 그러면서도 도서관 문을 연 뒤에 관리나 이용에 문제가 생길까봐 일일이 배선이나 장비에 대해 설명까지 해주었다.

마침내 전기를 연결하던 날, 현장소장과 전기책임자가 잠시 외출을 하겠다고 했다. 평소처럼 필요한 자재를 구하러 가는 길이려니 했다. 얼마 지나지 않아 돌아온 두 사람의 양손에는 치킨과 맥주가 그득하게 들려 있었다. 전기기사의 한마디.

"이렇게 전기가 들어오는 날엔 원래 점등식을 해야 하는 거예요."

두 사람은 자원활동가와 아이들을 불러 모았다. 종이박스를 깔고 잔 칫상이 벌어진 그날 저녁, 온통 공사먼지로 뽀얀 도서관이 환하게 불을 켠 크리스마스트리처럼 보였다.

그 벅찬 마음을 고스란히 담아 새로 문을 여는 날 집들이 행사에서 감사패를 전달했다. 전문기획사에 주문해 번듯하게 만든 감사패가 아니었다. 아크릴 액자를 사다가 고마운 마음을 담은 글을 출력해서 끼워넣어 만들었다.

느티나무도서관을 새로 짓고 이사한 지난 몇 달은
우리 모두에게 한바탕 신나는 잔치였습니다.
큰돈을 내주신 분이나
건물을 지어주신 분이나
이삿짐을 꾸리고 옮겨주신 분들 모두
즐겁고 행복한 마음으로 함께했습니다.

마음과 열정을 담아 지어주신 이 도서관에
수많은 사람들이 찾아와 어울리며
넓은 세상을 만나고 꿈을 키워갈 것입니다.

당신의 땀과 수고를 오래오래 기억하겠습니다.
새 도서관을 보는 이들의 감탄과 축하,

느티나무 식구들의 고마운 마음,
모두 모아 감사패를 드립니다.

무대랄 것도 없이 열람실 한쪽에 마이크만 세워놓고 도서관 구석구
석에 있던 사람들이 선 채로 앉은 채로 집들이가 시작되었다. 오프닝 연
주를 맡아준 건 여름내 현장에서 땀을 흘리던 시공사 대표. 이제 당신들
몫은 다 했다고 마음으로만 축하하겠다는 사람들을 붙잡고, 집들이까지
책임을 져야 건축이 마무리되는 것 아니냐고 졸라대서 결국 무대를 마
련했다. 대패와 망치 대신 기타와 마이크를 들고 사람들 앞에 선 '공사아
저씨'들의 이야기는 어떤 축사보다 든든한 응원이 되어주었다.

"도서관이 학생들 시험공부 하는 곳인 줄만 알았는데 이번에 공사를
하면서 보니까 아니더라구요. 도서관이 진짜, 이렇게 할 수 있는 게 많
은 줄 몰랐습니다."

"제가 관상을 좀 볼 줄 압니다. 여기 오는 사람들은 하나같이 얼굴이
환해서 느티나무도서관은 복이 많은 거 같아요. 앞으로 좋은 일 많을 겁
니다."

"딱 봐도 말썽꾸러기인 아이들도 오고 처음엔 도서관에 참 별별 사람
이 다 온다 했는데 그새 저도 정이 들었나봅니다. 며칠 안 보이면 궁금
해요. 하하. 옷차림이나 말하는 거나 겉보기엔 한심해 보이던 애들도 뭐
라도 거들려고 하고, 꼬맹이들이나 아주머니들이나 다들 도서관이 있어
서 진짜 좋은가 보더라고요. 요즘 같은 세상에 희망을 본 거 같아서 맘
이 참 좋았습니다."

그 뒤로도 몇 차례 공사를 맡았던 사람들이 찾아왔다. 30년 가까이 톱밥을 먹었는데 아빠가 지은 집을 보여주는 건 처음이라며, 땀에 전 작업복 대신 말끔하게 다린 셔츠에 넥타이를 매고 아내와 아들딸과 함께 들어서는 모습을 만날 때면, 반가움을 넘어서 마치 경건한 의식을 치르는 것 같았다. 당신 삶에서 유일한 자랑거리가 딸이라던 전기기사는 지난해, 그러니까 집을 짓고 6년이 지난 뒤에도 도서관에 찾아와 느티나무에서 감사패를 받아서 이젠 아빠도 딸에게 자랑할 보물이 생겼다며 뿌듯해해서 우리에게 또 한 번 큰 힘을 주기도 했다.

딸에게 보여주고 싶은 집

건축의 마무리는 조경이다. 마지막 장식은 동네아이들과 함께하기로 했다. 선비들이 늘 함께했던 대나무도 심고, 껍질을 벗겨 편지지로 썼다던 자작나무도 심고, 세월을 도서관의 표정으로 그려낼 담쟁이도 심었다. 담벼락 아래에는 아이들 손을 빌려 야생화를 심기로 했다. 조경을 맡은 업체의 젊은 일꾼 두 사람이 흔쾌히 나서주었다. 갖가지 야생화 모종과 모종삽 서른 개쯤을 마련해서 아이들을 불러모아 꽃 이름이랑 심는 법을 가르쳐주면서 집짓기의 마지막을 장식했다. 아이들의 기운이 닿아서인지 보기엔 아무렇게나 꽂은 것 같던 모종들이 잘 자라서 이듬해 봄, 환하게 사람들을 맞이해주었다.

멀리 일본에서 응원하며 축하 선물로 보내온 나무도 심어졌다. 도서관 뒷문 옆에 나란히 선 앵두나무와 봄마다 도서관 길목을 환하게 꾸며주는 조팝나무는 번역가로 활동하던 재일교포2세 변기자 선생의 축하 선물이었다. 《강아지똥》(권정생·정승각, 길벗어린이, 1996), 《몽실 언니》(권정생·이철수, 창비, 1984), 《비가 오는 날에》(이혜리·정병규, 보림, 2001)…, 일본에 소개된 한국 그림책과 동화 작품들 대부분이 선생의 손을 거쳐 발행되었다.

한국의 하늘을 그렇게도 다시 보고 싶어하던 변기자 선생은 해마다 "올해는 꼭 느티나무 가보자" 약속만 하다가, 끝내 2012년 세상을 떠나고 말았다. 부고를 전해 받고는 고인의 작품들을 일본어판과 한국어판

아이들이 평화로운 세상에서 살기를 염원하던 재일교포 번역가 고故 변기자 선생 추모전.

고 변기자 선생이 보내준 집들이 축하금으로 앵두나무 두 그루와 조팝나무를 심었다.

으로 모두 구해서 도서관 입구 전시대에 나란히 전시했다. 동화를 통해 두 나라 사이에 난 상처를 딛고 평화를 배울 수 있기를 바라던 선생의 뜻을 알리고 싶었다. 내년 봄에도 조팝이 환하게 꽃을 피우면, 누군가 그 전시대에 놓여 있던 선생의 사진을 떠올리며 책을 찾지 않을까….

설계와 감리를 맡았던 건축사는 외동딸을 데려와 건물 구석구석을 보여주면서 집 짓는 내내 딸아이에게 보여줄 생각을 하며 일했다는 이야기를 그제야 털어놓았다. 평생 건축사로 일해왔지만 당신이 지은 집을 딸에게 보여주는 건 처음이라며, 이번 프로젝트는 정말 잊지 못할 거라고 했다. 포대기로 아기를 업은 건축주에게 PT를 해본 것도 처음이었고, 겨우 300평 남짓한 3층짜리 도서관 하나가 수십 층짜리 빌딩보다 더 공을 들여야 할 줄도 미처 몰랐다고.

새 도서관은 그렇게 많은 사람들의 마음이 차곡차곡 쌓여 지어졌다. 튼튼하고 안전하고 편리하게 지어주시라고, 누구나 편안하게 머물 수 있어야 하는 도서관이라고 노래를 불러댔는데, 언제부턴가 시공을 맡은 사람들이 그 노래를 이어서 불러댔다. 4월에 첫 삽을 떠서 땅을 파고 집을 짓고 이사를 해서 새로 문을 여느라 숨 가쁘게 보낸 2007년 한 해는 그렇게 우리가 알지 못하는 사이에, 도서관의 가치를 어떻게 구현할지 몸으로 배우며 근육으로 단련하는 시간이었다.

꿈꾸는 손

느티나무도서관에서 행사를 치를 때 꼭 지키는 원칙이 있다. 기념식이나 공간만 둘러보고 돌아가지 않도록, 이용자들이 찾아와 편안하게 책을 읽을 수 있도록 문을 열고 도서관으로 서비스를 하는 것이다. 그 원칙은 느티나무의 새 집을 지었을 때는 물론, 몇 년 뒤 성북구의 구립 도서관들을 위탁받아 개관할 때도 마찬가지였다.

행사에 초대한 손님들만이 아니라 동네에서 도서관을 기다렸을 이용 자들도 맞이해야 했다. 책꽂이를 채우고 안내문을 써 붙이고 회원가입 신청서부터 화장실 휴지통까지 100가지도 넘는 비품들을 챙기면서 기 념행사 준비까지, 눈코 뜰 새 없이 바쁜 날들이 이어졌다.

그 틈에 전시회를 기획했다. 지하에 자리 잡은 북카페 겸 강당은 집을 짓고 7년이 지난 지금은 주말이나 방학이면 발 디딜 틈 없는 '제3열람실' 이 되었지만, 준공 당시에는 꽤 넉넉한 전시실이었다. 거친 블록으로 마 감한 잿빛 벽과 흰 철망을 매단 노출 천장 덕에, 강당에 들어서는 사람 마다 분위기 있는 갤러리 같은 느낌이라고 했다. 근사한 전시실이 생겼 는데, 다시 문 열 준비로 아무리 바빠도 그냥 두기엔 너무 아까웠다.

어떤 전시를 할까. 새 도서관 건물에서 열리는 첫 전시회인 만큼 이 공간이 어떤 곳인지 말을 건네는 기회로 삼고 싶었다. 여덟 배나 공간이 넓어졌으니 공공성도 그만큼 크고 넉넉하게 구현하고 싶다는 바람 또한 담고 싶었다. 길게 고민할 것 없었다. 도서관이 어떤 공간이 되려고 하 는지 자연스레 전달될 수 있는 전시 기획이 이미 오래전부터 숙성되고 있었다. 마감 작업이 한창인 건물 한쪽에서 일사천리로 전시회 준비가 진행되었다.

시각장애아들의 미술작품을 전시하기로 했다. 제목은 '꿈꾸는 손', 시 각장애인예술협회 '우리들의 눈'에서 맡아주었다. 이 전시회로 인연을

맺은 멤버들이 나중에 '점점'이라는 모임을 꾸려 2년 뒤 느티나무와 함께 점자촉각낱말카드 만드는 일을 함께 진행하기도 했다.

'우리들의 눈' 멤버들은 그림책 만드는 일에 꾸준히 힘을 쏟고 있었다. 특히 여러 해 동안 점자촉각그림책을 만드느라 온갖 우여곡절을 겪은 끝에, 마침 느티나무도서관이 새 건물에서 다시 문을 열 무렵 그 책의 정식 발간을 앞두고 있었다. 점자촉각그림책이란 그림을 도드라지게 엠보싱 처리를 하거나 오려내고, 텍스트도 점자와 묵자를 함께 실어서 손가락 끝으로 만지고 눈으로도 읽을 수 있게 만든 책이다. 도서출판 창비에서 '시장이 지극히 제한된' 점자촉각그림책을 '책 읽는 손가락 시리즈'

로 발간하기 시작해 지금까지 세 권을 펴냈다. 세 권 모두 '우리들의 눈' 소속이었던 '점점'의 멤버들이 작가로 참여했다.

시리즈 둘째 권인 송혜승 작가의 《나무를 만져 보세요》(창비, 2008)의 몇 페이지를 커다랗게 시트지로 출력해 북카페 유리창을 장식했다. 송혜승 작가는 2년 뒤 점자촉각낱말카드 작업에서도 큰 몫을 해주었고, 다시 2년 뒤 성북구립도서관 위탁을 받아 리모델링 작업을 할 때는 직접 현장을 찾아와서 본업인 인테리어디자이너 실력을 발휘해준 느티나무의 친구다.

큐레이터에 디자이너까지, '우리들의 눈' 식구들의 열정과 솜씨로 전시실은 멋지게 첫선을 보였다. 마당에서 강당으로 들어오는 입구의 전실과 강당 양옆의 노출콘크리트 벽면에는 작품 설명을 점자로 옮겨서 출력한 시트지를 하나하나 붙였는데, 그 자체로 근사한 퍼포먼스였다. 2007년 11월 16일 밤, 새로 지은 도서관은 그렇게 집들이 전날 밤까지 많은 사람의 수고와 기대와 응원이 켜켜이 쌓여 넉넉한 온기를 품고 활짝 문을 열었다.

03

도서관계의
매력적인
압력단체로

우리에겐 오히려 실패가 더 소중했다. 실패는 마치 앞서 간 이들이 누군가 발견
하기를 바라며 남겨둔 '암호' 같은 것으로 여겨졌다. 그 암호를 풀어내려고 매달
렸던 건 이미 그들의 꿈에 우리가 매료되었다는 증거였다.

사립과 공립,
아주 작은 차이

국가와의 관계 속에서 발전을 거듭해온 도서관은 그러나 개인들에 의해 지식과 정보의 창고로 활용되기보다는 개인의 공부방과 자습실로 이용되는 결과를 초래하고 있다. 정책 목표를 통해서는 개인의 삶의 질과 창의력 있는 개인의 육성이 제시되지만, 실제로는 사사로운 목적에 집착하고 의사소통과 관심의 영역을 개인의 세계 너머로 확대하지 못하는 사사로운 존재들이 양산되는 결과가 나타나고 있다.
―김세훈, 《문화공간의 사회학: 국가, 공공영역 그리고 도서관》, 한국학술정보(주), 2009, 244쪽

유연하고 섬세하고 즐거운 공공성

도서관은 우리에게 끊임없이 공공성에 대한 영감을 주었다. 수동적으로 주어지는 밋밋한 공공성이 아니라 소통과 참여로 함께 실천해가는

공공성, 그래서 유연하고 섬세하고 즐거운 공공성을 상상했다. 거기서 도서관운동의 이유와 사립도서관의 가능성을 만났다. 공립과 사립의 아주 작은(?) 차이. 사립도서관으로 남기를 고집한다고 해서 울타리를 치려는 것은 아니었다. 다만 우리가 상상하는 공공성과 지적 자유가 좀더 적극적으로 구현되도록 자극도 되고 힘도 되는 '매력적인 압력단체'가 되고 싶었다.

쉽지 않은 선택이었다. 사립도서관은 대부분 재원의 한계 때문에 직원들의 보수는 공립에 비해 훨씬 적으면서 업무 양과 강도는 오히려 높다. 역동성, 소통, 섬세함 같은 말의 이면에는 길고 잦은 회의, 서비스의 일관성을 유지하기 위한 조직체계와 팀워크, 꼼꼼하고 성실한 기록, 다양한 요구와 의견을 제때 파악해 대응하는 순발력까지, 참으로 많은 덕목이 요구된다. 하고 싶은 일은 늘 넘쳐나고 눈높이는 높아서 목표와 현실의 역량 사이에 자꾸 틈이 벌어졌다. 그 틈을 좁힐 수 있게 때로는 조금 앞서서 동기를 불러일으키는 추진력도 필요하고, 때로는 모두 내려놓고 숨을 고르며 힘을 다지는 절제력도 필요했다.

그렇게 만만치 않은 선택을 이야기하면서 '아주 작은' 차이라고 말하는 것은, 우리가 도서관에서 발견한 잠재력과 가능성이 어느 도서관에서나 실현되기를 바라기 때문이다. 그 밑바탕에는 공·사립을 구분하기 전에 공공도서관 자체가 지닌 가치와 사회적 역할에 대한 신뢰가 있다.

도서관의 잠재력은 '책의 힘'과 '책 읽는 사람들의 힘'에 뿌리를 두고 있었다. 그 힘이 발현되도록 공공성과 지적 자유를 보장하면서 정보와 배움과 소통의 커뮤니티 공간을 만들어가는 것이 도서관의 역할이라는 걸 하루하루 사람과 책이 만나는 일상을 통해 확인했다. 그리고 지식과 정보의 평등한 공유라는 이념으로 시민사회의 형성과 함께해온 공공도서관의 역사를 책을 통해 배웠다. 그러면서 못내 궁금해졌다. 공공도서관의 철학과 원리는 그토록 눈부신데 왜 도서관 현장에서는 그것을 체감할 수 없는 것일까?

사립문고에서 공공도서관으로

도서관 본연의 철학과 원리를 어떻게 현장에 담아낼까 고민하면서 우리는 그동안 경험으로 확인한 공립과 사립의 '차이'에서 실마리를 찾기로 했다. 아직까지 한국 사회에서 정치와 행정의 영향력 아래 있는 도서관들은 오롯이 도서관의 정신에만 기반을 두고 운영될 만큼 독립성을 보장받지 못하고 있다고 판단했기 때문이다. 실마리를 찾으려면 먼저 차이를 분명하게 인식해야 했다. 무엇이 다르고 왜 다른지, 그 다름이 얼마나 큰 차이로 증폭될 수 있는지.

사립은 상대적으로 평가에서 자유롭다. 그래서 주어진 기간 동안 성과를 내는 데 매달리지 않고 우직하게 일상성을 지켜나갈 수 있다. 의무나 통제가 아니라 자발적 동기에 따라 움직이기 때문에 역동적이고 활기가 넘친다. 자격요건이나 규율도 비교적 느슨해서 나이, 거주지, 학력, 어떤 차별도 없이 다양성을 더 폭넓게 보장할 수 있다. 실제로 느티나무도서관 회원 가운데는 주소지가 제주도인 사람, 심지어 외국에 거주하는 사람도 있고 중학교를 중퇴한 청소년들도 있다. 다양성의 보장은 도서관의 기본가치인 공공성과 지적 자유를 실현하는 조건이다.

우리는 일상성과 자발성과 다양성이 어우러져 상상력을 빚어내기를, 공공성에 숨결을 불어넣기를 바랐다. 먼저 '시범적인 사례'를 만들기로 했다. 공립도서관에서 제도의 틀에 묶여 시도하기 힘든 일들을 실험해 보자는 것이었다. 틀에서 벗어나는 시도가 어려운 한 가지 이유는 결과를 장담할 수 없기 때문이다. 만일 사립도서관에서 시도한 일들이 의미 있고 가능한 사례가 된다면, 공립도서관들에서도 차츰 변화를 시도할 수 있는 여건이 만들어지지 않을까 기대했다.

둘째로, 우리는 '경계'에서 할 수 있는 몫을 하기로 했다. 사립도서관은 도서관계 안에서 보면 아웃사이더고 밖에서 보면 인사이더라고 할 수 있는 묘한 위치에 있다. 불안정하고 때론 불리할 수 있지만, 안과 밖을 모두 이해하고 이쪽저쪽으로 넘나들기도 하면서 접점을 만들 수 있는 조건이다. 느티나무도서관은 출발점이 도서관계가 아니었던 만큼, 도서관 관련 단체 외에도 교육, 문화, 인권 등 다양한 시민사회 영역과 네트워크를 갖고 있었다. 도서관에 대한 사회적 인식과 관심을 높이는 것이 도서관운동의 큰 과제라고 한다면, 도서관의 '사회적 접점'을 넓히는 데 기여하는 것은 중요한 목표였다.

'민간'에 대한 시민들의 태도에서도 가능성을 보았다. 같은 공공도서관이라도 민간에서 운영하는 곳이라고 하면 이용자들은 좀더 너그럽고 열린 태도로 기대와 신뢰를 보여주었다. 상대적으로 소통과 협력의 가능성을 높이는 효과를 기대할 수 있는 지점이었다. 결정적인 과제는 가능한 한 차이의 폭이 적은 지점에서 자극과 영향을 주고받는 화학작용이 일어나도록 하는 것이었다. 그래야 차이가 증폭되는 대신 전체 도서

관의 변화와 발전으로 이어질 수 있을 테니까. 물론 그런 화학작용이 저절로 혹은 단숨에 일어날 거라고 생각하진 않았다. 도서관의 현실은 틀림없이 화학적인 변화가 필요해 보이지만, 변화의 조건이 만들어지려면 먼저 물리적인 결합이 이뤄져야 하지 않을까 생각했다. 그리고 그것이 공립과 사립의 차이가 '최소한인 지점'을 찾는 한 가지 방법이 될 거라고 기대했다.

진취적인 실험의 장을 만들고, 도서관계 안과 밖을 잇는 사회적 접점을 넓혀보자는 비전을 실천해나가기 위해 구체적인 목표를 세웠다. 첫 번째 목표는 공공도서관이 되는 것으로 정했다. 책도 사람도 사립문고로는 포화상태를 넘어서버려 물리적인 규모를 늘려야 하는 현실적인 요구도 있었고, 다른 도서관들과 영향을 주고받으려면 더이상 도서관계의 '아웃사이더'로 머물 수 없겠다는 판단도 있었다.

느티나무도서관은 짧은 시간에 참으로 많은 관심과 응원을 받았다. 하지만 이른바 '주류' 도서관계에서 보면 여전히 몇 사람의 '헌신으로' 근근이 꾸려가는 사립문고일뿐이었다. 애쓰는 것은 인정하고 박수를 보내지만 도서관의 정책과 서비스에 반영할 사례로 받아들여지진 않았다. 사례 발표를 하면 '문고니까 그런 일들이 가능하지 공공도서관은 다르다'는 이야기를 듣곤 했다. 방탄벽에 둘러싸인 느낌이었다. 벽을 넘어 말을 걸 수 있으려면 같은 언어로 소통할 수 있도록 주파수를 맞춰야 했다.

공공도서관이 되려면 먼저 공간이 필요했다. 도서관법이 명시한 면적과 시설 기준을 갖추는 데는 돈도 시간도 품도 어마어마하게 들었다. 마침내 공공도서관으로 다시 문을 연 것은 건물을 짓기로 계획을 세운 때부터 꼬박 3년 만의 일이었다. 땅을 사고 건물을 짓는 데만 약 32억 원이 들었다. 공공도서관이 된다는 건 새로운 시작과 다름없었다. 공간은 여덟 배로 커지고 자료도 두 배가 넘게 늘어났다. 공간 외에도 장서, 인력, 서비스 등 도서관의 모든 요소를 법에 명시된 기준으로 채워나가려면 살림살이가 몇 배로 늘어나야 했다. 8년 동안 가꿔온 자유롭고 편안하면서 활기 넘치는 도서관의 '아우라'를 새로운 공간에 맞게 살려내는 것도 큰 숙제였다. 사립문고가 공공도서관으로 발돋움하는 과정에서 중요하게 결정해야 할 문제가 또 하나 있었다. '어린이도서관'으로 지속할 것인지 여부.

어린이도서관 붐, 성과와 과제

느티나무가 어린이도서관으로 첫걸음을 뗀 것은 두고두고 생각해도 다행스러운 일이었다. 장서도 인력도 공간도 아주 작은 규모였던 초기에 아동서비스에 집중할 수 있었던 것은 현실적으로 좋은 조건이었다. 뿐만 아니라, 도서관운동의 가능성을 좀더 빨리 분명하게 확인하는 데도 어린이도서관이라는 여건은 크게 도움이 되었다.

2000년대 한국 사회에서 어린이도서관은 참으로 큰 뜻을 가졌다. 무엇보다 전체적으로 발전이 더딘 도서관계에서 그나마 맨 뒷전으로 밀려났던 어린이서비스가 비로소 제대로 다뤄지게 되었다는 점이다. 당시 서울시립어린이도서관 한 곳을 빼면, 어린이열람실을 제대로 갖춘 공립도서관은 없었다. 나아가 어린이도서관은 도서관운동의 새로운 출발점이 되었다. 무엇보다 도서관의 이미지를 바꿔놓았다. 도서관을 발전시키려면 먼저 도서관에 대한 인식이 바뀌어야 하는데, 어린이도서관은 도서관이 숨죽이고 공부하는 수험생용 독서실이 아니라는 걸 효과적으로 보여주었다. 젖먹이들도 기어다닐 수 있는 온돌마루가 깔려 있고, 책꽂이들 옆에 그네도 있고 다락방도 있는 풍경은 도서관이라는 이름에 덧씌워졌던 장막을 확 걷어내는 것 같았다.

10년 전까지만 해도 도서관이라고 하면 독서실을 떠올리던 사람들에게, 도서관이 얼마나 역동적인 공간이 될 수 있는지를 어린이도서관만큼 강력하게 보여줄 수 있는 대안은 없었을 것이다. 특히 지난 10여 년 동안 자녀들의 성장기를 보낸 부모 세대는 대부분 도서관을 제대로 체험해볼 기회가 없었던 사람들이었다. 시험공부를 하려고, 좀더 정확히 말하자면 시험공부를 해야 하는 시기에 자리를 맡기 위해 줄을 서본 것 외에는 도서관으로 떠올릴 기억이 별로 없다. 그런데 아이와 함께 도서관을 찾아와 책을 읽어주며 누리는 즐거움은 그들을 도서관의 주이용자이자 지지자로 만들기에 충분했다.

'일반열람실' 없는 공공도서관이 마침내 등장할 수 있었던 데도 어린이도서관이라는 명분이 영향력을 발휘했다. 대부분 공공도서관에는 책꽂이 없이 책상만 늘어선 일반열람실이 설치되어 있는데도 좌석에 대한 민원이 끊이지 않았다. 그만큼 도서관을 수험생 공부방으로 여기는 사람이 많았다. 그런 현실에서 '어린이도서관'이라는 간판을 달지 않았다면, 일반열람실 없는 공공도서관을 시도하기는 어려웠을 것이다.

어린이도서관에 사회적 관심이 집중된 데는 아동출판이 활성화된 것도 한몫을 했다. 1990년대 출판계의 관심은 아동서에 집중되었다. 판에 박힌 전집류와는 차별화된 단행본들이 쏟아져 나왔고, 그 책들은 하나둘씩 생겨나는 어린이도서관을 한결 매력적인 공간으로 채울 수 있게 했다. 이 시기에 학부모가 된 386세대가 아이들 책의 실제 구매자이자 독자가 된 것도 영향을 미쳤다. 평균 학력이 높고 1980년대의 민주화운동을 경험하면서 청년기를 보낸 386세대는 치열한 사회의식과 탈권위적 태도로 정치적 의사표현이나 시민사회에 적극적으로 참여했다. 단군 이래 최고의 경제적 풍요를 누린 세대, 연공서열의 마지막 세대로 불리는 한편, 교복 자율화와 사교육 금지조치를 겪으며 성장한 세대답게 육아, 교육, 환경 등 생활 속에서 부딪히는 사회문제에 스스로 대안을 만드는 시도가 줄을 이었다. 그 흐름의 주인공들에게 새로운 이미지의 도서관들은 대안을 실천해나갈 힘을 북돋우는 공간으로 더할 나위 없는 가능성을 보여주었을 것이다.

한편 제도교육에서는 2000년부터 단계적으로 제7차 교육과정이 실시되었다. '자기주도적 학습능력'을 키우기 위한 재량활동의 비중이 높아지고 대학입시에 논술까지 도입되면서 독서가 중요한 학습과업이 되었다. 무력해지는 공교육에 대한 회의와 사교육에 대한 반감, 특히 독서마저 입시도구가 되어버리는 현실에 적극적으로 저항하며 각 지역에서 아파트단지 관리동이나 폐파출소 같은 유휴 공공시설에 문고를 만드는 움직임이 이어졌다. 어린이도서연구회, 생협, 공동육아조합, 대안학교, 지역 여성회 같은 단체들은 활동이 10년을 넘어서면서 좀더 지역에 뿌리내리기 위한 다음 단계를 전망하며 도서관을 만들 계획을 검토하는 곳이 많았다. 1970~80년대 빈민운동의 한 축으로 이뤄진 방과후공부방도 침체기를 거쳐 지역아동센터라는 이름으로 다시 자리를 잡으면서 센터 내에 문고 운영을 병행하는 사례들이 생겨났다.

느티나무도서관 사례는 곳곳에 공사립 어린이도서관이 세워지도록 만드는 자극제가 되었다. 새로 세워지는 어린이도서관들에서 느티나무도서관의 사례를 참고하는 예가 많아졌다. 느티나무도서관이 건물을 지어 규모가 커지더라도 어린이도서관으로 유지하기를 바라는 목소리도 높았다. 당연히 그럴 거라고 믿어, 도서관 이름에서 어린이를 떼어냈다는 소식을 듣고는 서운해하기까지 한 사람들도 있었다.

지난 10년 동안 작은도서관 또는 어린이도서관 붐이라고 할 만큼 곳곳에서 다양한 주체들이 도서관을 세웠다. 도서관 건립 과정이 지역사회 전체의 축제마당으로 이어지기도 했고, 지자체들 사이에서 도서관 만들기 경쟁이 벌어지기도 했다. 특히 2003년 초에 시작된 '기적의도서관 설립운동'은 10년 동안 10개의 어린이도서관을 건립하며 전국적으로 어린이도서관 설립에 불을 붙였다. 기적의도서관 설립을 주도한 '책읽는사회만들기 국민운동'은 2001년 시민의 책 읽기와 지식 접근권 확보를 위한 시민운동을 선언하면서 '도서관 콘텐츠 확충과 책읽는사회만들기 국민운동'이라는 이름으로 출범했다. MBC와 함께 〈느낌표〉라는 프로그램의 "책책책 책을 읽읍시다!" 코너에서 선정된 책의 판매수익금으로 어린이 전용도서관을 세우는 기적의도서관사업을 추진하면서 재단법인 '책읽는사회'를 설립했다. 이후 어린이도서관에 대한 관심과 요구가 빠르게 퍼져나가, 전국 여러 지자체에서 어린이서비스를 특화한 공공도서관을 세우기 시작했다.

지자체와 정부에서 어린이도서관 또는 작은도서관이라는 이름으로 공사립문고를 만들고 지원하는 움직임도 이어졌다. 2001년부터 부천시에서 '푸른부천만들기21 실천협의회'를 중심으로 펼친 '동네마다 작은도서관만들기운동'은 공립문고를 지역의 독서, 문화, 복지 관련 단체에 위탁하는 형태로 민관이 협력하여 지역의 도서관 네트워크를 만드는 대표적인 사례가 되었다. 이를 모델로 정부에서도 문화관광부 도서관발전 종합계획 등을 통해 작은도서관의 진흥에 관한 지원계획을 내놓았다.

2006년은 주목할 만한 해다. 국립중앙도서관 내에 '작은도서관진흥팀'이 설치되어 작은도서관이 공식적인 정책 대상으로 부각되었고, 국립어린이청소년도서관이 문을 열어 전국 곳곳에서 어린이청소년서비스를 수행하는 도서관들의 메타도서관 몫을 할 센터가 생겼다. 새롭게 도서관법이 개정되면서 어린이도서관과 작은도서관이라는 명칭이 법에도 실리게 되었다.

여기서 용어를 좀 정리해봐야 할 것 같다. 작은도서관과 어린이도서관은 거의 같은 대상을 가리킨다고 볼 수 있다. 지금까지 이어지고 있는 작은도서관 현상의 출발은 어린이도서관이었다. 2006년을 기점으로 전국의 많은 어린이도서관들이 작은도서관 또는 어린이작은도서관으로 이름을 바꾸기 시작했다. 앞서 말한 작은도서관진흥팀 구성과 도서관법 개정으로 작은도서관에 대한 지원 근거가 마련된 것이 큰 영향을 미쳤을 것이다.

어린이도서관과 작은도서관은 큰 반향을 불러일으킨 만큼 도서관계의 '뜨거운 감자'기도 했다. 도서관에 대한 관심과 기대가 높아지는 데 따라 도서관의 정체성이나 역할에 대해 서로 다른 요구가 충돌하는 상황이 빚어졌다. 도서관에 대한 인식을 바꾸고 도서관을 이용하게 되는 계기가 만들어졌다면, 다음은 구체적인 서비스를 통해 도서관의 역할과 기능에 대해 폭넓은 이해와 기대를 불러일으키는 것이 과제였다. 그사이에도 사회·문화적 환경은 숨 가쁘게 변화했다. 도서관계에서는 늘어나는 도서관의 운영과 지속가능성의 문제, 민관 거버넌스governance에서 책임과 독립성의 문제 등을 놓고 고민이 끊이지 않았다.

현실적인 문제들도 드러났다. 첫째, 당장 공간을 만드는 데 매달리느라 미처 운영인력과 예산을 확보하지는 못한 것이 문제였다. 거의 전적으로 자원활동에만 기대어 도서관을 운영하는 형태로는 질 높은 서비스로 지역에 뿌리내리기 어렵고, 시간이 지나면서 존립 자체를 어렵게 만들 수 있다. 오롯이 민간의 힘으로 꾸려온 사립문고들도 활동이 3년, 5년을 넘기면서 큰 몫을 감당했던 사람들이 활동을 꾸준히 이어가기 어려운 경우가 생겨났다. 상근 실무자에 대한 요구가 갈수록 절실하지만, 어디서도 사람을 지원받는 것은 거의 불가능한 게 현실이다.

둘째, 아이러니하게도 평생학습사회를 맞아 자기주도적 학습능력과 창의성이 강조되면서 책 읽기가 중요한 과제로 떠오르는가 싶더니 그것마저 입시도구가 되어버리는 양상이 나타났다. 도서관들까지 '이용자들의 요구'라는 이유로 독서논술지도의 열풍에 흔들릴 가능성을 보였다. 민간의 작은 문고들은 책값과 운영비를 마련하기 위해 프로그램을 병행하는 것이 일반적이었는데, 한정된 인력으로 제한된 공간에서 어디에 무게중심을 둘지 고민과 갈등을 불러일으키기도 했다. 예산을 가진 공립 어린이도서관에서는 이용자들의 요구라는 명분으로 영어, 논술부터 취미까지 온갖 프로그램에 매달려 정작 자료를 모으고 제공하는 일은 뒷전으로 밀려났다. 책 읽기나 글쓰기를 지도하는 영리업체들이 도서관에서 프로그램을 진행하는 사례도 적지 않았다. 지자체나 공익재단의 공모사업 또한 정작 절실한 운영비를 지원하기보다는 기간과 대상이 정해진 프로그램을 실행할 것을 요구했다.

도서관이 '책만 읽는 곳이 아니'라는 말은 도서관에 대한 기대가 높아지는 걸 보여주는 반가운 이야기다. 하지만 당장 이용이 활성화되었다는 성과를 보여주는 것이 도서관 본연의 역할을 놓아버리는 명분이 될 수는 없다. 도서관이 과연 문화센터나 학원 같은 '독서시장'과 경쟁해서 이길 수 있을지 여부는 뒤로 하고라도, 그 자체가 도서관의 존재 이유를 부정해버리는 셈이기 때문이다.

짧은 시간 동안 엄청난 에너지를 뿜어낸 어린이도서관과 작은도서관 운동이 한차례 유행처럼 지나가버리지 않기를 바란다. 시간이 지나고 거품이 걷힌 뒤에도 살아남기를, 그리고 오히려 더 선명하게 가치를 보여주기를 바란다. 그러려면 민간의 역동적이고 자발적인 참여가 공공성을 담보한 도서관서비스로 지속될 수 있는 길을 찾아야 한다. 지자체의 인력지원이나 보조, 민간의 기부와 자원활동을 이끌어낼 수 있는 제도와 시스템을 만들고, 도서관으로서 서비스의 효과를 키워나갈 네트워크의 모델을 만들어내는 노력이 필요할 것이다.

아이들과 함께 어른들도 자란다

느티나무도서관은 어린이도서관으로 문을 열었지만, 아이들만을 대상으로 삼은 것은 아니었다. 아이들을 위해서라도 돌보고 가르치고 양육하는 어른들이 도서관의 적극적인 이용자가 되길 바랐다. 몇 년 만에 눈에 띄는 효과가 나타났다. 아이들과 함께 어른들도 자랐다. 처음에는 육아와 교육 관련 책에 매달리던 사람들이 가족, 여성학, 먹을거리, 환경, 문화, 역사 같은 다양한 분야로 관심의 폭을 넓혀갔다. 2000년 초 처음 문을 열 때 어른들이 볼 책은 달랑 6단짜리 책꽂이 하나가 전부였다.

'부모서가'라는 이름표를 달고 주로 교육, 육아, 어린이문학과 문화에 관련된 책들을 꽂아놓고 시작했지만, 몇 년 만에 전체 장서의 절반이 넘게 늘어났다. 우리는 마침내 도서관 이름에서 '어린이'를 떼어내기로 했다. 하나의 '유기체'인 도서관이 자기 생명력을 갖고 자라면서 자연스럽게 생긴 요구였고, 공공성을 확대하려는 결정이기도 했다.

도서관과 함께 아이들도 자랐다. 7년이라는 시간은 아이들에겐 한 세대였다. 도서관 개관 무렵 초등학교에 갓 입학했던 아이들이 청소년이 되었고 당시 청소년이던 아이들은 청년이 되었다. 도서관에서 살다시피 하던 아이들이 차츰 도서관에 머무는 것조차 불편해지는 것 같다고 했다. 오랜만에 길에서 만난 아이에게 왜 도서관에 뜸하냐고 물으면, 우리가 어린애인가요, 하면서 멋쩍어했다. 아이들만 오는 곳이 아니라는 말은 정작 아이들에겐 설득력이 없었다. 그럴 만도 했다. 하루가 다르게 자라는 아이들에게 도서관은 편하게 다리를 뻗고 앉아 있을 공간도 없었고, 점점 커지는 프라이버시에 대한 요구를 보장하기도 어려웠다. 아이들 마음에 쏙 들도록 근사한 열람실이 있는 도서관을 지을 수 있으면 얼마나 좋을까, 하는 바람이 간절했다. 도서관에서 자란 아이들이 진학을 하고 사회에 발을 내딛으면서도 꾸준히 도서관에 올 수 있도록 해야겠다는 생각은 느티나무도서관의 상징 같았던 어린이도서관이라는 이름에 대한 아쉬움을 씻어내기에 충분했다. 더이상 어린이도서관은 아니라고 해도 여전히 아이들이 자라는 마을에 자리 잡고 있는 느티나무도서관에서 어린이청소년서비스는 가장 비중 있는 서비스가 될 것이었다. 다만 도서관의 잠재이용자로 남아 있던 좀더 다양한 연령층의 사람들에게로 폭을 넓히기로 했을 따름이다.

　도서관 선진국들에서도 어린이를 위한 서비스는 공공도서관에서 중요한 비중을 차지한다. 어린 시절 도서관을 누릴 수 있다는 것은 그 자체로 가치 있는 일일 뿐 아니라, 도서관의 '미래이용자'들이 자라는 것이기도 하다. IFLA 공공도서관서비스 가이드라인 역시 "공공도서관은 해당 지역사회에 있는 모든 집단의 요구에 부응하도록 노력해야 하지만, 특히 어린이와 청소년들의 요구를 충족시켜야 할 책임을 갖는다"고 강조한다. "조기에 창작물과 지식에 대한 흥분으로 영감을 받게 되면, 평생 동안 이와 같은 중요한 인간 발전 요인의 혜택을 받아 자신을 풍요롭게 하고 지역사회에 공헌하게 될 것"이라는 게 그 이유다.

　'어린이'라는 수식어를 떼어낼 수 있었던 또 한 가지 이유는 아이들이 꼭 '아이들을 위한' 환경을 원하는 건 아니라는 사실을 알게 되었기 때문이다. 모든 조건이 아이들에게 유익할 것으로 '예상되는' 기준에 맞춰 세팅된 환경이 과연 아이들에게 유익하기만 할까? 적어도 아이들이 즐겁고 행복해할까? 날마다 도서관에서 만나는 아이들은 우리에게 끊임없이 물음표를 떠올리게 했다. 어쩌면 그런 노력이 오히려 아이들을 '대상화'할 수 있고, 그 결과 아이들을 수동적으로, 나아가 방어적으로 만들 수 있다는 걸 깨달았다. 아이들에게 맘껏 꿈을 꾸라고 격려하고 지원하기보다, 어른들 스스로 책 읽는 즐거움에 빠지고 어울려 배우고 소통하고 꿈을 꾸며 살아가는 풍경을 보는 것이 아이들에게 더 자유롭고 풍요로운 환경이 되지 않을까 싶었다.

　'아이들을 위한' 환경을 만들려고 시작한 도서관에서 우리는 마침내

'아이들과 함께!'라는 다음 단계의 길을 선택했다. 아이들에게 필요한 건 어쩌면 어른들이 언제나 자신을 돌봐줄 거라는 믿음보다 나이 40, 50이 넘어서도 배우고 성장하고 꿈꾸며 살아가는 어른들을 바라보면서 얻는 '자신의 미래에 대한 믿음'이 아닐까.

재정과 기부

"…그는 이렇게 써놓았습니다. '우리가 동전을 잃어버린다 해도 가난해지는 않을 것이다. 우리는 언제나 더 많이 벌 수 있기 때문이다. 하지만 우리의 큰 도서관에 있는 지식과 지혜를 잃어버린다면, 우리는 세상에서 가장 가난한 사람이 될 것이다. 착각하지 말라. 도서관이 우리의 가장 중요한 건물이다.'" 잿빛 산제비는 책을 덮고 나서 시장과 위원들을 쳐다보았습니다. "이 그리스의 정치가는 유명한 지도자가 되었죠. 그는 언제나 다른 사람보다 더 많은 표를 얻었어요." "표!" 시장이 소리쳤습니다. … "도서관에 돈을 쓰는 쪽이 항상 선거에서 이겼습니다."

—게리 헐, 《마을에서 가장 소중한 곳》, 새터, 2000, 77~78쪽

한여름에도 살얼음 위를 걷듯

민간에서 도서관을 운영한다는 것이 어떤 일인지 잘 아는 지인들은

나를 만나면 먼저 묻는 안부가 살림살이 걱정이다. "책 살 돈은 있느냐"로 시작해 "직원들 월급은 제대로 주느냐, 시설 유지하는 것도 만만치 않을 텐데"까지. 그럴 때면 혼잣말처럼, 농담처럼, 이야기하곤 한다.

"여유로우려면 여유가 있어야 한다지요. 하하."

다산 정약용 선생의 또다른 호인 여유당與猶堂을 빗댄 일종의 언어유희다.

여유당은 다산이 노자 《도덕경》의 글귀를 따서 당신의 생가 사랑채에 붙인 당호다. 500여 권의 저서를 모아서 펴낸 전서의 제목도 '여유당전서與猶堂全書'로 지었다. 다산이 여유라는 이름을 떠올리게 한 《도덕경》의 구절은 "여혜약동섭천 유혜약외사린與兮若冬涉川 猶兮若畏四隣"이다. 뜻을 풀면 '여與함이여, 겨울 시내를 건너듯 신중하고, 유猶함이여, 사방의 이웃을 두려워하듯 경계하라'는 의미다. 18세기 후반, 긴 당쟁으로 정치에서 소외되었던 남인 출신 실학자에다 이른 나이부터 천주교 서학을 접하면서 긴 유배생활을 겪어야 했던 다산의 순탄치 않았던 생의 단면을 엿볼 수 있는 이름이다. '성급하게 서두르지 않고 넉넉하다 혹은 너그럽다'는 뜻의 여유餘裕와 소리는 같지만 다른 말이다. 그런데 나는 어쩐지 이 두 낱말에 서로 의미가 통하는 맥락이 있는 것 같았다. 여유餘裕롭기 어려운 여건에서 여유로우려면 여與와 유猶를 가져야 하지 않을까.

도서관과 운동, 두 개의 낱말은 모두 한여름에도 살얼음 위를 걷는 것 같은 긴장과 책임을 안고 가야 한다는 선택을 요구한다. 적어도 재정 면에서는 벗어날 대안이 없다. 그런 낱말이 두 개나 겹친 길을 가기로 한 이상, 긴장과 책임은 마땅하고 당연한 몫으로 받아들여야 했다. 어쩌면 여유를 가져야 한다는 말은, 한여름에도 살얼음 위를 걷듯이 해야 할 처지지만 '운동'에 필요한 상상력과 도전을 이어갈 수 있도록 늘 담담함과 우직함을 잃지 말라고 스스로에게 건네는 이야기였을지도 모른다.

사립 공공도서관이 된다는 것은 현실적인 과제를 떠안는 선택이었다. 늘어난 살림살이를 꾸려가려면, 그동안 달마다 큰돈을 후원해온 이사진과 고액 기부자들이 다시 두세 배로 후원을 늘릴 약속을 해주어야 했다. 흔히 도서관을 네 글자로 하면 '밑 빠진 독', 다섯 글자로 하면 '돈 먹는 하마'라고 한다. 모든 서비스가 무료이니 당 회계연도에 현금으로 환산할 수 있는 수입은 발생하지 않는데, 인건비와 책값에 시설관리까지 운영비용은 끝없이 들어간다.

눈에 띄는 성과가 금세 보이는 것도 아니다. 책과 사람이 만나면서 삶을 뒤집어도 수십 번 뒤집을 수 있을 만한 일들이 벌어지고 있지만, 그걸 통계수치로 증명할 방법은 없다. 수익성이나 효율성과는 거리가 멀어도 한참 멀다. 재정 부담은 도서관의 운명적 조건이라고 할 수밖에 없다. 그래서 도서관을 사회주의적 시설이라고 말한다. 공립과 사립, 가를 것도 없다. 정부나 지자체 예산에서도 도서관은 번번이 우선순위에서 밀려난다.

도서관 이름 앞에 '사립'이라는 수식어까지 달면, 더 말할 나위 없다. 한여름에도 살얼음 위를 걷는 것처럼 살림살이의 부담과 긴장을 안고 가야 한다. 그러면서도 '운동'을 해나가려면 부담과 긴장이 걸림돌이 되지 않아야 한다. 어쨌든 공공성을 담보하는 도서관을 사립으로 운영한다는 것은 그렇게 무모해보일 수 있는, 적어도 '상식적으로 보이진 않는' 선택이었다. 느티나무는 그 비상식적인 일을 15년째 이어가고 있다. 살아남은 것만으로도 우리 스스로 기적처럼 여기곤 한다.

언젠가 느티나무도서관으로 견학을 온 사람들에게 도서관 소개를 하고 있는데 한 사람이 물었다.

"사립 공공도서관을 영어로 옮기면 'private public library'라고 해야 하나요?"

private과 public, 얼핏 보면 충돌하는 개념인데 그걸 어떻게 하나의 도서관 운영체계에 담아낼 수 있느냐는 질문이었다. 한마디로 답하기가 쉽지 않았다.

"예, 민간에서 만든 사설 조직이면서 공공성을 구현하는 도서관이니까, 맞습니다. 바로 그 점이 느티나무가 있는 이유라고 말할 수도 있지요."

관에서 만들지 않고 민간에서 만든 조직이면서 사적이지 않은, 그러니까 좁은 의미에서 사적이지 않고 공공의 성격을 지닌 조직을 한마디로 표현할 단어를 아직 찾지 못했다. 그래서 우리는 늘 NGO(Non Governmental Organization, 비정부조직)이자 NPO(Non Profit Organization, 비영리조직)인 제3섹터에 속한다는 설명을 길게 덧붙인다. 민간에서 만들고 운영하는 사립 조직이 모두 영리를 목적으로 하는 2섹터에 속하는 것은 아니다. 공익을 목적으로 하는 공공서비스를 제공한다고 해서 모두 1섹터인 정부 영역에 속하는 것도 아니다.

제3섹터가 출현하게 된 배경은 이렇다. '보이지 않는 손'의 힘만으로는 효율적인 자원배분에 한계를 나타내자 결국 제2섹터인 시장의 실패가 발생했다. 이를 해결하기 위해 제1섹터인 정부가 개입했지만 관료제의 경직성이나 근시안적인 규제, 부적절한 정치적 힘의 행사로 다시 '정부의 실패'가 초래됐다. 제3섹터는 바로 이런 현실에서 비롯되었다. 다양성이 갈수록 확대되는 사회에서 사람이 살아가는 데 필요한 많은 일들 가운데 시장의 힘으로도 국가의 힘으로도 효과적으로 수행하기 어려운 부분을 담당할 대안의 가능성이라고 할 수 있다.

한국 사회 역시 제3섹터에 대한 이해와 관심이 늘어나고 있지만 유독 도서관에 대해서는 공공재원, 즉 세금으로 운영되어야 한다는 원칙에 감히 이의를 제기하지 못하는 분위기가 있다. 어쩌면 그런 점도 공공도서관의 발전을 더디게 만드는 요인인지 모른다. 공공서비스가 빠지기 쉬운 함정이다. 공공성은 누구도 부정할 수 없는 정당성을 갖지만 한계도 있다. 가장 큰 문제는 획일화다. 서비스의 질이 하향평준화되기 쉽다는 것이다. 우리는 그 한계에 정면으로 도전(!)하기로 했다. 도서관이 밑빠진 독이라면 사립도서관은 자발적으로 밑 빠진 독에 물 붓기를 선택한 셈이다. 그럼 어떻게 해야 할까? 답은 간단했다. 기꺼이 함께 물을 길어올 사람을 늘리는 것. 우리는 우물도 만들고 두레박도 만들고, 또 가문 날이면 어디든 가서 펌프도 구해오자고 생각했다.

재단법인 설립

재단법인을 세운 건 도서관을 열고 3년 반 만이었다. 2003년 초부터 법인 설립을 준비해서 그해 9월 법인설립허가를 받고 다시 한 달 뒤 비영리공익법인으로 등기를 마쳤다. 10년, 100년 뒤에도 도서관이 자리를 지키려면 제대로 된 운영주체를 만들어야 한다는 것이 큰 숙제였는데 비로소 첫걸음을 내디딘 셈이었다.

　재단법인은 출연한 '재산'에 법인격을 부여하기 때문에, 설립허가를 받으려면 재원 마련이 관건이었다. 도서관으로 사용하고 있던 상가 지하의 부동산을 비롯해 가구, 집기까지 모두 기본재산에 포함시키고 현금으로 1억을 더 출연하여 법인허가를 신청했다. 기본재산 3억 3000만 원. 전국에서 가장 작은 재단이었을 것이다. 무모해 보일 만한 도전이었지만, 규모는 작아도 실제로 활발하게 고유의 사업을 펼치는 재단들이 생겨나는 계기가 되길 바랐다.

　마침내 법인이 생겼다는 걸 실감하게 해준 건 고지서였다. 그동안에는 부동산 서류, 은행계좌, 전화번호까지 실명이 필요한 곳에는 모두 내 개인 명의를 쓸 수밖에 없었다. 그런데 이제 '공식적인' 법인명을 쓸 수 있게 되다니, 짐작했던 것보다 훨씬 뿌듯하고 설레었다. 기관마다 연락하고 찾아가서 명의를 바꾸는 것이 무척 번거로웠을 텐데 힘든 줄 몰랐다. 누군가 보증인이 되어 도서관이 갖춰야 할 공공성에 도장을 찍어준 것 같았다.

　살림살이를 궁금해하는 사람들에게 재단에서 도서관을 운영한다고 설명하면 그제야 이해가 된다며 예산 걱정은 없겠다는 반응이 돌아온다. 아마도 재벌기업이나 지자체에서 출연한 자산규모 100억 단위의 재단을 떠올리기 때문일 것이다. 하지만 재단법인을 만들었다고 저절로 살림살이가 안정되는 건 아니다. 출연 재산이 100억 원쯤 된다면 그 운용수익으로 운영비를 댈 수 있겠지만, 기본재산이라고는 도서관으로 사용하고 있는 자그마한 상가 지하 공간에 초기 출연금 1억 원이 전부니

꿈도 꾸지 못할 일이었다. 해마다 사용할 운영비를 실시간으로 마련해야 했다.

법인설립으로 재정 안정이 보장되기는커녕 오히려 회계나 조직관리 등 사무를 담당할 상근직원이 필요해져 운영비 부담은 더 커졌다. 지원은 없어도 법인을 유지하려면 주무관청의 감독을 받아야 한다. 해마다 사업과 예산에 대한 계획서와 보고서를 제출해야 했다. 1999년 사립문고를 준비하던 때부터 꼬박꼬박 수입과 지출내역을 기록하고 증빙자

이사회. 재단의 비전을 함께 그려왔을 뿐 아니라 살림살이의 큰 몫을 지고 있는 사람들.

료를 모아두었지만, '금전출납부' 수준이었다. 법인 회계처리를 위해서는 그 내역을 분개하여 재무제표로 작성하고 감사를 거쳐야 했다. 그렇다고 인원을 늘리는 것은 어려우니, 두배 세배로 바빠지고 몇 가지 일을 동시에 해치우는 멀티태스킹에도 익숙해지는 수밖에. 공인회계사로 일하는 재단 감사의 도움을 받아 몇 달 동안 비영리회계에 대한 직원스터디를 진행하기도 했다.

공공도서관으로 등록하면서 도비와 시비로 자료구입비나 야간연장개관 보조금을 지원받게 됐지만, 전체 예산의 5퍼센트에도 못 미쳤다. 그나마 재정상태에 따라 금액이 달라지고 언제 중단될지도 알 수 없었다(실제로 자료구입비 보조금은 몇 년 만에 절반으로 줄었다가 완전히 중단되었다). 공모사업에 응모할 자격요건도 갖추게 되어 가끔 지자체나 단체의 공모사업에 지원할 때도 있지만, 대부분의 공모사업이 단기 프로젝트 대상이었다. 비영리조직 예산에서 재원 마련이 가장 힘든 항목은 인건비인데 인건비는 지원받을 수 있는 항목이 아니었다. 아직은 가능성이 보이지 않지만 혹시 지자체나 정부의 지원을 받는다 하더라도, 최소한 자체

북카페에 전시해둔 전기요금고지서와 북카페 '전기요금' 간판.

재원과 지원금이 균형을 이뤄야 독립성을 보장하면서 협력을 이어갈 수 있을 것이다. 그러기 위해서는 여전히 어마어마한 예산을 함께 감당해 갈 후원자들이 있어야 한다. 하고 싶은 일을 맘껏 할 수 있도록 독립성을 확보한다는 건 그렇게, 적지 않은 대가를 치러야 하는 일이었다.

재단법인 등록을 하면서 공익성을 갖는 지정기부금단체의 조건을 갖추긴 했지만, 건물을 짓고 공공도서관으로 등록한 2007년 이후로는 연간 총예산이 4~5억에 달하는 규모가 되었으니, 그만한 돈을 '개미' 후원으로 마련하는 것 역시 꿈같은 일이었다. 적지 않은 금액을 꾸준히 기부할 사람들이 필요했다. 그래서 재단 설립 초기의 이사회는 '후원이사회'로 꾸렸다. 도서관 운영과 재단사업을 도맡아야 했던 나를 제외하고는 이사진 전원을 기업 CEO로 구성했다.

예산의 3분의 1이라도 이자수입으로 충당하려면 법인재산이 50억은 돼야 한다. 따로 수익사업까지 할 수는 없는 상태에서 그만한 기금을 마련하는 데는 시간이 얼마나 걸릴지 장담할 수 없다. 그래도 멈출 수 없는 일. 지금처럼 이사회에서 부담하는 정기후원금으로 인건비와 일상적인 도서관운영비를 충당하면서 해마다 조금씩이라도 목돈을 출연해서 기금을 늘려가는 형태를 앞으로 꽤 오랫동안 유지할 수밖에 없을 것 같다.

공공성, 기부의 동기인가 걸림돌인가?

도서관은 매력적인 기부대상이 아니다. 도서관에 기부를 한다고? 소아암 환자나 기아 난민을 돕는 것도 아닌데? 기부를 제안하면 맨 먼저 돌아오는 반응이다. 그것은 도서관의 사회적 가치에 대한 질문이기도 했다.

모든 것이 시장논리로 설명되는 사회에서 '이용료'가 아닌 기부금을 낼 동기를 가지려면 왜 도서관이 필요한지 공감할 수 있는 답이 필요했다. 도서관을 제대로 체험해볼 기회도 없었던 현실에서 정보복지, 문화복지에 대한 사회적 인식은 뿌리내리기 힘들었다.

도서관 문을 연 초기에는 기부에 대해 큰 기대가 없었다. 도서관이 자리를 잡느라 모금에 눈을 돌릴 여유조차 없었지만, 기부에 동의를 구하는 것은 또다른 몫의 일거리였다. 얼마나 애를 써야 할지 엄두가 나지 않았다. 10여 년이 지난 지금은 사립으로 운영되는 도서관이 많아졌지만, 당시만 해도 민간에서 도서관을 운영한다는 것은 너무 낯선 이야기였다. 그래도 도서관 운영의 속사정을 알고는 후원하겠다고 찾아오는 사람들이 있었다. 하지만 그 사람들이 관심을 보인 것은 '도서관'보다는 소외된 아이들에 얽힌 '미담'이었다. 1997년 말 IMF 외환위기 여파가 여전히 기세를 부리는 가운데 마구잡이로 진행된 난개발의 그늘에서, 소위 원주민마을로 불리던 동네에서는 팍팍한 삶을 견디지 못해 알코올 의존이 되거나 아이들을 버리고 집을 나가는 부모가 적지 않았다. 도서관은 전보다 더 어려운 환경에 놓인 아이들에게 책과 이웃을 만나는 놀이터고 배움터고 삶터가 되었다.

기회가 생길 때마다 느티나무도서관은 복지관이 아니라 도서관이라고, 통합에 대한 생각과 공공성의 의미를 길게 이야기했다. 하지만 연말이면 쌀이나 내복을 산더미처럼 들고 찾아오는 단체들이 줄을 이으면서도 책값을 기부해줄 수 있느냐고 제안하면 하나같이 난색을 표했다.

"도서관에 기부라니? 그런 건 나라에서 해야 할 일 아닌가?"

모든 것이 시장논리로 설명되는 사회에서, 수익이나 효율성과는 거리가 멀고 그렇다고 자선도 아닌 일에 동의와 참여를 이끌어내는 건 쉽지 않았다. 공공성은 도서관에 기부가 이뤄져야 할 명분인 동시에 기부를 막는 벽이 되기도 했다.

도서관계에서도 기부에 긍정적인 분위기는 아니다. 오히려 경계한다. 가장 큰 이유는 기부가 활성화될 경우 정부나 지자체의 도서관 지원예산이 줄어드는 명분이 될 수 있다고 보기 때문이다. 그런 걱정을 할 법도 하다. 실제로 최근 몇 년 동안 작은도서관 붐이 일어나면서, 제대로 예산은 세우지 않고 도서관 숫자만 늘리는 '정책'을 내놓는 사례가 드물지 않았다. 시설과 인력과 장서를 제대로 갖춘 도서관을 건립하는 건 4년 임기 내에 쉽지 않은 일이다. 책 기증 캠페인을 벌여 수집된 책으로 서가를 채우고, 인력은 충원하지 않은 채 '재능기부'라는 이름으로 자원활동가들을 동원해 도서관을 '뚝딱' 만든다. '주민들이 자치적으로' 운영한다는 명분까지 덧씌워진다. 실상을 들여다보면 '자원활동'이라고 이름 붙이기는 했지만 교통비나 식비로 '실비'를 지급해서 자원활동의 본래 취지도 흐리면서 '값싸고 불안정한' 일자리를 만들어버리는 예가 많다. 간혹 희망적인 정책을 내놓는 지자체도 눈에 띄지만 사업이 궤도에 들어설 만하면 또 선거를 치르고 지자체장이 교체되는 상황에서 도무지 정책이라는 것을 제대로 세우는 것이 가능할까 하는 생각이 든다.

안타까운 현실을 모르지 않지만, 그것이 도서관에서 기부를 배제하는 이유라면 뒤집어 생각해볼 필요가 있다. 재정재원이 정말 안정적인가? 안정적이라는 말이 갖는 한계도 있지 않을까? 공공도서관 운영자금을 조세수입을 기반으로 한 재정에만 의존할 때 도서관 발전이 어디까지 가능할까?

공공재원은 특성상 예산액을 함부로 늘릴 수 없다. 안정적이라는 말은 탄력적이지 못하다는 뜻이기도 하다. 특히 지금처럼 정보서비스 환경이 빠르게 변화하는 흐름 속에서 도서관서비스에 대한 요구를 반영하고 고유의 역할을 찾아가려면 다양한 시도와 변화가 이뤄져야 하지만 그에 필요한 예산을 확보하는 것은 지자체장의 특별한 의지가 없는 한 거의 불가능해 보인다. 더 심각한 문제는 경제 흐름에 따라 오히려 예산 상황도 불안정해질 수 있다는 점이다. 공공도서관의 선진국으로 꼽히는 영국이나 미국에서도 경제가 악화되면 가장 먼저 도서관이 예산삭감 대상이 되고 심지어 폐관 위기에 처하는 걸 보았다. 지자체장이 바뀌면서 정책기조가 달라지면 순식간에 도서관 예산이 줄어들 수 있다는 것도 경험했다. 도서관은 당장 죽고 사는 데 관련된 서비스가 아니라는 이유로 어디서나 예산을 가장 먼저 삭감할 수 있는 대상으로 꼽힌다.

도서관에서 기부가 활성화된다면 사회적으로 도서관의 지지기반이 만들어지는 것이라고 볼 수 있다. 기부금 자체로 부족한 재원을 보충하고 경제 여건이나 정책 변화에 따른 재원조달의 불안정성을 보완할 수 있을 뿐 아니라, 도서관이 폐관 위기에 처하거나 도서관 예산이 줄어들 때 후원자들이 도서관의 지지자로 영향력을 가질 수 있다.

스가야 아키코의 《미래를 만드는 도서관》(지식여행, 2004)으로 소개된 뉴욕공공도서관은 도서관이 시민들의 삶과 하나의 도시 전체에 얼마나 큰 역할을 할 수 있는지를 구체적으로 보여준다. 규모로나 서비스로나 세계에서 손꼽히는 뉴욕공공도서관은 NPO가 운영하고 있고 재원의 절반이 기부금으로 조달된다. 펀드레이징fundraising을 담당하는 부서가 따로 있고 다양한 모금활동을 활발하게 펼치고 있다. 가장 문턱이 낮은 도서관으로 평가받는 밑바탕에는 도서관을 이용하면서 꿈을 이룬 사람들의 기부와 도서관에 대한 시민들의 자긍심과 지지가 있었다.

도서관에 기부까지 할 만큼 도서관의 필요성을 공감하는 사람들이 생기고 사회적으로 도서관에 대한 담론이 형성된다면, 도서관문화가 발전할 수 있는 토대를 든든하게 만드는 일이 아니겠는가. 물론 기금모금을 할 수 있는 조직과 인력충원이 전제되어야 기대할 수 있는 일일 것이다. 실제로 기부가 이뤄지기 위한 제도와 환경도 만들어져야 한다. 아직은 설사 기부를 할 마음이 생기더라도 의지가 꺾일 만큼 기부절차가 복잡하다. 반면에 세제혜택과 같은 보상체계는 턱없이 부족하다.

도서관에서 기부를 바라는 또 하나의 이유는 기부에 대한 인식이 변화하길 바라기 때문이다. 아직까지 기부는 곧 자선으로 연결되는 것이 현실이다. 바로 그런 이유에서 도서관의 기부가 중요하다. 도서관처럼 자선이 아니라 스스로 참여하고 함께 누리는 공공성의 영역에 기부가 이뤄진다면 복지의식과 기부문화가 한 단계 다른 차원으로 발전할 것이라고 생각한다. 소외계층을 '위한' 자선이나 시혜를 넘어, 함께 참여하고 혜택도 함께 누리는 기부문화를 기대하는 것이다. 도서관에 다니면서 자란 소위 어려운 환경의 청년들이 느티나무에 대해 이야기할 때 빠뜨리지 않는 말이 있다.

"도서관에서는 부끄럽지 않을 수 있어서 좋았어요. 어쩐지 내가 '괜찮은 사람'이 된 것 같은 느낌이었어요."

아이들의 이야기는 도서관에서 정말 소중하게 여겨야 할 가치의 우선순위를 정하고 지켜가는 데 힘이 되었다. 그러고 보면 우리는 많은 것을 아이들에게 배웠다. 자존감을 오롯이 살려야 가슴이 뛰고 동기유발이 될 수 있다는 것, 그러기 위해서는 사람이 사람에게 뭔가 '해줄 수 있는' 것을 찾기보다는 서로 존중하고 함께 기여하면서 그 혜택을 함께 누릴 수 있는 환경을 만드는 것이 길이라는 사실도.

기부문화의 변화에 대한 기대

도서관이 '밑 빠진 독'이 되어야 할 이유를 공감하는 잠재기부자들이 많아지려면, 도서관의 가치를 직접 체험하고 도서관의 공공성을 자신의 문제로 인식할 기회가 필요했다. 우리는 '그다지 매력적이진 않지만 무료라서' 이용하는 도서관이 아니라, 마을에서 가장 머물고 싶은 곳, 도서관이 있어서 이 마을에 살고 싶어지는 도서관을 만들어보자고 했다.

새로 살 책을 고를 때는 '비싼 책 먼저' 산다는 원칙을 세웠다. 개인이 사기 힘든 자료를 도서관에서 볼 수 있게 하기 위해서였다. 아직 번역되어 출판되지 않은 이름난 외국 작가의 그림책 원서도 사서 꽂아두고, 값이 비쌀 뿐 아니라 '깨지기도 쉬운' CD나 DVD까지 대출했다. 개관 무렵부터 신도시 개발바람이 불어 삭막한 아파트 숲으로 변해가는 동네에서, 사람들은 눈길을 끄는 책들이 가득 꽂혀 있고 편안하게 책에 빠져들 수 있는 도서관을 사막의 오아시스처럼 반겼다.

느티나무도서관에서만 볼 수 있는 책이 있어서 온다는 사람, 애써 고르지 않고 어떤 책을 봐도 믿을 수 있어서 좋다는 사람, 아이들이 놀이 터보다 도서관을 더 좋아해서 온가족 도서관 나들이가 주말행사가 됐다는 사람들이 늘어났다. 순조롭기만 했던 건 아니다. 서비스의 질이 높아지면 더 높은 서비스를 바라는 요구도 생기기 마련이다. 기꺼이 돈을 낼 테니 이용대상을 제한해서 좀더 수준 높은 프로그램들을 만들어달라고 요구하는 사람들도 있었다. 정부지원 없이 민간의 힘만으로 언제까지 이렇게 무료로 유지할 수 있겠느냐, 어느 정도 수혜자들이 부담을 하는 건 마땅하지 않느냐는 논리 역시 끝없이 발목을 잡았다.

이용자의 요구와 도서관의 철학, 끝내 지켜야 할 것과 바꿀 수 있는 것 사이에서 균형을 잡는 것은 어려운 일이었다. 거기에 힘이 된 것은 마찬가지로 사람이었다. 책하고는 거리가 멀 것 같던 아이들이 꾸준히 도서관을 찾아왔고, 아이 키우는 데만 매달려 책 읽기나 배움은 아이들 몫으로만 여겼던 사람들이 스스로 책을 펼치며 다시 꿈을 찾기 시작했다. 학교도 그만두고 문제아로 낙인찍힌 아이, 부모가 없거나 있어도 돌보지 못하는 아이, 특목고에 다니는 우등생, 서로 다른 세상에서 태어난 것처럼 다른 환경의 아이들이 스스럼없이 어울렸다. 도서관이 아니면 이제 어디서도 보기 힘든 풍경이다. 우리는 하루하루 그 풍경들 속에서 도서관이 공공성의 보루가 되어야 할 이유를 확인할 수 있었다. 그리고 도서관이 왜 모든 사람에게 활짝 열려 있어야 하는지 끝없이 말을 건넸다. 사람이 입으로만 말을 거는 것은 아니다. 간판이나 건물의 겉모습만으로도 말을 걸 때가 있다. 우리는 들어서는 길목부터 도서관 구석구석의 공기까지 공공성에 대한 바람이 전달되게 만들려고 했다.

　새로 건물을 짓고 옮겨온 이듬해, 바람이 제법 쌀쌀해지던 초겨울이었다. 도서관 문을 닫고 청소를 하고 있는데 누가 문을 두드렸다. 늦은 시간에 급히 필요한 책을 빌리려는 줄 알고 문을 열었다. 40대쯤으로 보이는 낯선 사람이 무슨 일이시냐고 물을 틈도 없이 "죄송합니다, 실례합니다, 잠깐만요"를 반복하며 주섬주섬 주머니를 뒤져 동전 하나까지 죄다 꺼내더니 후원금이라며 내밀었다.

　회식을 마치고 집에 가는 길이었는데 환하게 불 켜진 창으로 책꽂이들이 보이더라, 대체 뭐 하는 곳인가 둘러보니 벽에 걸린 커다란 간판이 눈에 들어왔다, 끝까지 다 읽어보고 나니 그냥 이렇게라도 하고 싶었다,

늦은 시간에 미안하다, 수고하라고 몇 번이나 고개를 꾸벅거리며 돌아갔다. 술이 얼큰하게 취해 휘청거리는 뒷모습을 멍하니 바라보다가 한참 만에야 정신이 들었다. 이런, 추운데 따뜻한 물이라도 한 잔 대접할걸. 너무 갑작스레 일어난 상황이라 고맙다는 인사조차 할 틈이 없었다.

한글을 몰라도 도서관인 줄 알아볼 수 있어야 한다며 700자나 되는 긴 간판을 만들어 달았는데 그런 작은 시도가 기부의 동기가 될 수 있다니. 우리는 그런 순간들을 통해 모금에서도 도서관의 가치를 공감하는 사람들이 늘어나도록 끊임없이 말을 걸면서 우리가 배운 가치와 원칙을 꾸준히 실천해가는 것이 가장 중요하다는 걸 배웠다. 지금 당장 내가 도서관을 이용하진 못하더라도 언제든 누릴 수 있다는 기대와 믿음은 수동적인 이용자들 혹은 도서관에 아무 관심도 없던 사람들까지 잠재기부자로 만들었다.

경쟁과 이기주의만 남아 모두를 소외시키고 자신도 소외당하는 팍팍한 현실이라지만, 그만큼 많은 사람들에게 공공성에 대한 바람은 간절했다.

도서관학교

먼저 눈길이 가닿는 건 대체로 눈부신 시도나 성과보다 그 뒤에 남은 한계나 과제였다. 스스로 혹은 외부에서 실패했다고 평가한 일일지라도 그 일을 시도한 이들의 꿈은 결코 초라하지 않았다. 그리고 한 걸음 뒤에서 따라가는 우리에겐 오히려 실패가 더 소중했다. 실패는 마치 앞서 간 이들이 누군가 발견하기를 바라며 남겨 둔 '암호' 같은 것으로 여겨졌다. 그 암호를 풀어내려고 매달렸던 건 이미 그들의 꿈에 우리가 매료되었다는 증거였다.

―본문에서

도서관을 도서관답게 만드는 건 사람!

재단법인 설립은 도서관 운영의 지속가능성과 공공성을 다지는 동시에, 도서관 '운영'에서 도서관 '운동'으로 한 걸음 내딛는다는 의미를 가졌다. 재단의 첫 번째 목적사업으로 시도한 일은 '도서관학교'였다. 언제나 사람이 중요하다는 생각 때문이었다. 어떤 분야든 미래를 전망하며 발전하려면 먼저 주체가 될 사람들이 자리를 잡고 역량을 다질 기반을 마련해야 한다. 도서관이 변화하고 발전하기 위해서도 도서관을 도서관답게 만들어갈 사람들이 필요할 것이었다. 우리는 도서관으로 꿈을 꾸는 사람들이 꾸준히 만나고 함께 역량을 키워갈 장을 만들고 싶었다.

당장 눈앞에 놓인 요구도 있었다. 도서관을 만들고 운영하면서, 누가 답을 좀 주면 좋겠다 싶은 문제들이 점점 많아졌다. 그런데 배울 곳이 없었다. 전국 대학의 도서관학과나 문헌정보학과에 개설된 과목을 모두 살펴봤다. 하지만 대학과 현장이 상호작용하는 연결점을 찾기 어려웠다. 문헌정보학 외의 다양한 분야와 교류하는 움직임도 찾아보기 어려웠다. 게다가 당시 느티나무도서관은 어린이도서관으로서 배우고 싶은 게 많았는데 아직 문헌정보학계에서 어린이서비스는 주목받는 연구주제가 아니었다. 그래서 도서관학교는 주제와 대상을 아동서비스에 초점을 두고 사회학, 문화기획, 출판, 건축디자인 등 다양한 분야를 아우르는 내용으로 기획 방향을 잡았다.

아이러니하게 들릴 수 있지만, 도서관을 만들려는 사람들을 '말리기 위해서도' 도서관학교가 필요했다. 도서관 설립을 무조건 반대했다는 뜻은 아니다. 그럴 리가! 다만 서둘러 가속페달부터 밟는 사람들을 보면서 제동장치가 있으면 좋겠다고 생각했다.

느티나무가 알려지면서 많은 사람들이 도서관을 만들기 위해 찾아왔다. 개인, 지역단체, 교회, 지자체, 정당, 아파트 입주자모임까지, 도서관을 만들려는 주체는 다양했다. 도서관을 만든다니, 세상에서 제일 반가운 이야기였지만 박수 치며 응원만 할 수는 없었다. 그저 책이 좋고 아이들이 좋아서, 혹은 은퇴 후 해볼 만한 일 같아서 도서관을 만들겠다는 소박한 생각을 가진 사람들도 있었고, 도서관을 만들어놓기만 하면 저절로 굴러갈 것이라고 믿는 사람들도 있었다. 어떤 사람들은 도서관을 도깨비방망이처럼 여겨, 마을에 도서관 하나 생기면 무엇이든 할 수 있을 것으로 기대했다.

방문자들은 대체로 두 가지를 얻고 싶어했다. 그리 어렵지 않으니 해보라는 격려와 그동안 쌓은 노하우. 하지만 두 가지 모두 선뜻 나눌 수 있는 게 아니었다. 그동안 우리가 만나온 도서관은 절대로, '만들어놓으면 저절로 굴러가는' 곳이 아니었기 때문이다. 노하우라는 것이 효과를 나타내려면 여러 가지 사전조건이 필요하다는 사실 또한 이미 경험으로 알고 있었다. 개인 서재나 단체의 회원공간이 아니라 '도서관'을 만들 것이라면, 막연하게 '좋은 일'을 해보자는 의욕만으로 시작할 일은 아니었다. 인력과 장서와 공간에 대한 계획이 있어야 하고, 그에 걸맞은 자원과 전문역량도 갖춰야 할 것이고, 무엇보다 도서관으로 구현하고자 하는 비전과 목표가 있어야 할 것이었다.

우리는 도서관학교가 지금 하고자 하는 일이 정말 도서관을 운영하는 일이 맞는지, 도서관을 만들기 위해 무엇을 고려하고 선택해야 할지, 멈춰서 생각해보는 기회가 되기를 바랐다.

도서관학, '거의 모든 것'에 대한 학문

현장은 책에 담긴 이론보다 훨씬 복잡하고 역동적이다. 현장에 접목할 내용을 찾는다고 해서 당장 실무에 적용할 기술을 배우려고 한 것은 아니었다. 오히려 철학과 원칙이 간절했다. 책을 무료로 제공한다는 것의 의미만 해도 갈수록 어마어마하게 느껴졌는데, 일상에서 그걸 구현하는 것은 또다른 차원의 문제였다.

어떤 책을 어떻게 고르고 분류해서 어떻게 꽂아둘지, 아이들에게 보여주고 싶은 책과 아이들이 보고 싶어하는 책 가운데 어디에 무게중심을 둘지, 신발을 벗고 바닥에 앉도록 만드는 게 좋을지 신발을 신고 이용하는 게 좋을지, 책 빌리는 회원카드를 가족단위로 발급할지 개인마다 발급할지, 어떨 때 존댓말을 쓰고 어떨 때 반말을 쓰는 게 좋을지…, 모든 것이 아이들에 대한 이해와 아이들을 둘러싼 사회환경에 대한 통찰력, 책과 문화를 바라보는 시각 등에 따라 다른 선택과 결과로 나타났다. 그때부터 한 가지 바람이 생겼다. 눈이 밝고 통찰력 있는 연구자들이 도서관 현장을 세밀하게 읽어내는 논문을 써준다면 얼마나 좋을까, 하는.

실제로 도서관에는 사람 사는 데 필요한 모든 것이 필요해 보였다. '도서관이 총류總類인 이유'를 알 것 같았다. 도서관에서 자료를 분류하는 '십진분류'에 따르면 도서관학은 '000 총류'에 속한다. 십진분류란 도서관의 책들을 찾아보기 쉽게 꽂아둘 수 있도록 주제에 따라 나누는 방법이다. 철학은 100, 종교는 200, 사회과학은 300… 역사는 900까지, 주제별로 번호를 붙인다. 총류 000은 그 아홉 가지 분류 가운데 하나에

속한다고 볼 수 없는 자료, 혹은 몇 가지 분류나 전체 분류에 해당하는 내용을 담고 있는 자료에 부여하는 분류기호다. 도서관학의 분류기호만 보더라도 도서관을 운영하는 데 얼마나 다양한 지식이 필요한지 알 수 있다.

우리는 도서관학교가 책과 이용자에 대해, 그들 사이에 이뤄지는 배움과 만남에 대해, 그 만남이 세상에 미치는 영향에 대해, 함께 배우며 길을 찾아가는 시간이 되기를 바랐다. 아이들이 어떻게 책을 만나게 할지 생각하기 위해서는 먼저 아이들을 둘러싼 환경을 잘 들여다볼 필요가 있었다. 아이들의 인권부터 사회문화적 환경, 아이들에게 맞는 공간, 가구, 서비스, 독서회 조직, 지역사회에 대한 이해, 자원활동 운영, 외국어린이도서관서비스 사례까지, 어린이도서관을 운영하는 데 필요한 내용과 그것을 문화기획의 마인드로 그려낼 수 있는 과정을 엮으려고 했다. 그러기 위해서는 문헌정보학뿐만 아니라 아동학, 사회학, 출판, 문화기획, 건축디자인 등 다양한 분야의 전문가들이 참여해야 했다. 10강으로 계획했던 정규강좌를 12강으로 늘렸다. 그러고도 책에 관한 내용은 한두 번 강의로 다룰 수 있는 이야기가 아니어서 해마다 한 가지씩 주제를 담아 따로 특별강좌를 진행하기로 했다.

기획에 참고할 자료를 찾느라 '어린이, 책, 도서관, 어린이서비스'를 주제어로 수십 개의 논문을 찾아 읽고, 관련이 있을 것 같은 국내외 강좌나 연수 프로그램도 검토해보았다. 그때 우연히 일본의 아동도서관원 양성강좌 안내문을 본 것이, 이태 뒤 일본을 방문하고 한일교류를 시작하는 계기가 되기도 했다.

도서관학교. 왼쪽 위부터 김승환 교수, 추미경 교수, 이진우 관장, 이정미 교수, 오른쪽 위부터 김유진 선생, 경기문화재단의 임재춘 팀장과 김보성 학장, 한미화 선생, 정병규 선생.

도서관을 열자마자 가장 먼저 힘을 쏟았던 독서모임에서 함께 읽어온 책들이 강좌를 기획하는 데 크게 도움이 되었다. 폴 아자르의 《책·어린이·어른》(시공주니어, 2001), 페리 노들먼의 《어린이 문학의 즐거움》(시공주니어, 2001), 마리아 니콜라예바의 《용의 아이들》(문학과지성사, 1998), 최윤정의 《책 밖의 어른 책 속의 아이》(문학과지성사, 1997), 이재복의 《판타지 동화 세계》(사계절, 2001)처럼, 아동문학과 아이들 책 읽기에 대한 통찰력 있는 사유를 담은 책들은 아이들과 책이 만나는 현장이 어떻게 그들을 맞이할 것인지 고민하는 우리에게 영감을 주었다. 그 책들 속에서 다뤄진 책들은 도서관의 서가에 채워넣은 책들을 좀더 다양한 시각으로 다시 보게 만들었다.

책을 건네기에 앞서 아이들이라는 존재, 그들과 관계 맺기에 대한 성찰의 실마리를 주는 책들도 만났다. 도로시 버틀러의 《쿠슐라와 그림책 이야기》(보림, 1998), 에다 레샨의 《손상된 아동기》(양서원, 2002), 토리 헤이든의 《한 아이》(아름드리미디어, 2008), 버지니아 M. 액슬린의 《딥스》(샘터사, 2011) 같은 책들은 우리 눈앞에 있는 아이들의 시간 속으로 한 걸음 들어설 수 있도록 문을 열어주었다. 절대 변하지 않을 것처럼 공고해 보이는 교육체제에 대한 무력감은 어쩌지 못했지만 말이다.

'…에도 불구하고'라며 말을 거는 책들도 있었다. 지금은 여러 권의 저서가 단행본으로 출간되었지만, 당시만 해도 〈녹색평론〉 같은 저널이나 윤구병의 《실험학교 이야기》(보리, 2001) 같은 책을 통해 간간이 엿볼 수 있었던 존 테일러 개토, 이반 일리히 같은 저자들의 글은 사회에 대한 폭넓은 사유와 실천적인 사례로 책 읽기와 배움에 대한 고민을 깊고 넓게 해주었다. 닐 포스트먼의 《교육의 종말》(문예출판사, 1999), 《사라지는 어린이》(분도출판사, 1987) 같은 책도 직접 도서관에 관한 책은 아니지만 도서관이 삶과 배움에, 지역에 어떤 역할을 하고 어디에 무게를 둘지 고민의 실마리를 던져주었다.

어렴풋하게나마 아이들과 우리의 삶을, 암담한 교육현실을 바꿔가는 데 도서관이 기여할 수 있겠다는 실마리를 보여주는 책들도 있었다. 《학교를 찾는 아이 아이를 찾는 사회》(또하나의문화, 2000)의 저자 조한혜정 교수를 비롯해 '또하나의문화' 동인들이 무크지 형태로 펴낸 《누르는 교육, 자라는 아이들》《새로 쓰는 청소년 이야기 1, 2》《여자로 말하기, 몸으로 글쓰기》《주부, 그 막힘과 트임》 같은 '또하나의문화' 시리즈들은 아이들의 삶과 현실교육의 대안에 대한 생각의 지평을 넓히는 데 큰 도움이 되었다. 불편한 현실의 속살을 오롯이 글로 담아내면서도 비판보다는 실현가능한 대안을 모색해가는 힘, 제도의 개혁만이 아니라 일상 속의 가치와 문화를 바꿔내려는 이들의 시도는 좀더 현실적인 가능성을 기대하게 했다.

문제는 어떻게 그런 책을 함께 읽으며 공공의 성찰과 담론의 장을 만들어갈 것인가, 하는 실천적인 방법론이었다. 그 많은 책들이 아이들에 대해, 아이들 책에 대해, 아이들이 살아가는 세상에 대해 우리에게 건네는 메시지들을 도서관에 찾아온 이들과 나눌 방법은 오롯이 도서관이 풀어야 할 과제였다.

우리는 그 실마리를 찾아가고 싶었다. 그런데 2002년 당시만 해도 도서관 어린이서비스에 직접 관련된 국내 자료를 찾기는 어려웠다. 어린이열람실이 있는 도서관도 몇 군데 없던 시절이니 당연한 일이었다. 한국도서관협회에서 펴낸 안네 플리트의 《어린이도서관》(한국도서관협회, 1981) 번역서가 유일했다. 눈이 번쩍 뜨이게 반가운 책이었지만, 절판이 될 만큼 오래된 책인데다가 1970년대 영국 상황을 다룬 내용이라 우리 현실과는 너무 거리가 멀었다. 안타깝게 자료를 찾다가 일본의 《아동서비스론》이라는 책을 만나기도 했다(어렵사리 초벌 번역을 해서 돌려 읽다가, 당장 현장에 적용해도 좋을 내용들을 보고 반가워서 한국어 번역판을 내기로 의기투합하기에 이르렀다. 그 뒤 3년 동안 '몇 부나 팔릴지 도저히 가늠할 수 없지만' 의미 있는 책이니 출간해달라고 출판사들에 거듭 제안서를 낸 끝에, 한 출판사의 도움을 얻어 기어코 호리카와 테루요가 엮은 《아동서비스론》〔알마, 2007〕이 빛을 보게 되었다).

그런 상황에서 가뭄에 단비 같은 책들이 발간되기도 했다. 역시 외국의 사례들이지만 생생한 현장의 기록을 담은 다케우치 노리요시의 《우라야스 도서관 이야기》(한울, 2002), 카렌 벤추렐라가 엮은 《도서관을 통한 지역사회 프로그램》(한울, 2002) 같은 책들이었다. 《우라야스 도서관 이야기》는 도쿄 인근의 작은 어촌 우라야스가 급격한 도시화가 진행되고 도쿄디즈니랜드까지 개장하면서 시로 승격되는 시기에 시립도서관 건립을 맡았던 도서관장의 경험담이었다. 신도시로 탈바꿈하는 지역에서 시민들의 도서관에 대한 요구가 높아지는 가운데 지역행정가들과 지역운동가를 비롯해 시민들과 더불어 도서관을 만들고 변화시켜간 지난한 과정의 기록은 도서관이 어떻게 지역의 환경과 요구를 서비스로 반영하고 시민의 삶 속에 자리 잡을 것인지, 많은 생각거리와 실마리를 던져주었다. 당장이라도 비행기를 타고 가서 저자를 만나보고 싶어질 정도였다. '가난한 사람들을 위한 12가지 도서관 활동 이야기'라는 부제를 달고 출간된《도서관을 통한 지역사회 프로그램》에는 미국 여러 도시의 공공도서관에서 빈민가 아이들이나 이주노동자, 보호시설 같은 곳에 적극적으로 다가가기 위해 고군분투한 사례를 엮은 책이었다. 도서관에서 멀리 있는 사람들을 만나기 위해 어떤 서비스와 프로그램을 시도해볼 수 있을지, 지역의 여러 기관과 어떻게 연계할지, 구체적인 고민과 시행착오를 겪은 당사자들의 경험을 담고 있었다.

그런 자료들을 단행본으로 만날 수 있었던 것은 직접 번역을 맡았던 '도서관운동연구회'(줄여서 '도운연'이라고 부르는)라는 단체 덕이었다. 도운연은 도서관 법제개선부터 도서관 협력망, 주민참여 방안까지 많은 고민과 문제의식을 담아《공공도서관 운영론》(예영커뮤니케이션, 2000)이라는 책을 직접 내기도 했다. 각자 다양한 도서관 현장에서 일하는 사람들의 모임으로, 도서관계의 다양한 이슈를 함께 연구하면서 〈시민과도서관〉이라는 계간 잡지를 펴내고 있었다. 우리 재단도 언젠가 일반 '시민'들과 함께 도서관 담론을 펼칠 잡지 하나 내는 일이 꿈같은 바람이었으니, 부럽고도 고마운 마음으로 응원을 보냈다. 하지만 이태 뒤 결국 〈시민과도서관〉은 폐간되어 지금도 당시 응원했던 만큼 큰 아쉬움으로 남아 있다.

배움과 교류, 그 달콤한 밀월

공공도서관과 도서관운동에 관한 자료들로 시야를 넓히면서 기대하지 못했던 인연들이 이어졌다. 그 가운데 빼놓을 수 없는 것이 부산대학교.

눈에 띄는 논문마다 '부산대학교'와 김정근 교수의 이름이 박혀 있었다. 대체 어떤 교수님이고, 이곳에서 어떤 일이 있었던 걸까? 궁금해졌다. 부산 지역을 중심으로 촉발되어 여러 지역으로 확산된 1970~80년대 양서협동조합과 도서원운동, 현재 작은도서관운동의 전단계라고 할 수 있는 1980~90년대 마산, 창원 지역의 마을도서관운동, 그에 앞서 1960~70년대에 걸쳐 이뤄진 마을문고운동과 그 뒤를 이은 대한도서관연구회의 활동까지, 당시 도서관의 모습을 빚어낸 수많은 사람들의 시도와 노력의 궤적을 따라가며 그 시간들이 개인적인 삶에 미친 영향까지 엿볼 수 있는 자료들이었다.

자료들을 훑어나가면서 귀동냥으로 부산대학교 문헌정보학과 '공동작업실'의 전설 같은 활동에 대해 듣게 되었고, 일부 학위논문이 단행본으로 출간되었다는 것도 알게 되었다. 이연옥의 《한국 공공도서관 운동사》(한국도서관협회, 2002), 김종성의 《한국 학교도서관 운동사》(한국도서관협회, 2000), 양재한의 《공공도서관의 성립과정과 사회적 역할》(태일사, 2000) 같은 책들을 만났을 때는 어떻게 이렇게 '손에 닿을 듯' 가까운 현실의 기록을 담은 책들이 나왔는지 놀랍고 고마워서, 아예 도서관학교의 기본텍스트로 삼아 매회 참가자들에게 소개했다. 무턱대고 부산대 문헌정보학과로 전화를 걸어 논문 제목을 대며 저자를 도서관학교 강사로 섭외하고 싶다며 찾기도 했다. 마침 결혼을 해서 가까운 성남으로 이사를 와 있던 강영아 씨와 인연은 그렇게 시작되었다. 그날 당장 도서관을 찾아와 도서관학교 기획팀에 합류하고, 당시 설립 준비 중이었던 재단사무국까지 맡아서 도서관학교를 추진하는 내내 연구교류사업을 담당했다. 3년 전 재단에서 성북구와 협약을 맺고 3개의 구립도서관을 위탁받았을 때 그 가운데 하나인 달빛마루도서관의 관장으로 개관 준비와 운영을 맡았고, 2013년 말 위탁이 종료된 뒤 아리랑정보도서관으로 자리를 옮겨 관장으로 일하고 있다. 이연옥, 김종성 교수를 비롯한 다른 연구자들도 도서관학교 강사로, 재단 자문위원으로 참여해 지혜와 우정을 나누는 행운이 잇따랐다.

온라인에서도 인연이 이어졌다. 도서관이나 어린이책에 관심 있는 사람들의 카페가 큰 도움이 되었다. '책사랑'이라는 어린이전문서점을 운영하면서 어린이책카페에서 활동하던 장광일 씨는 어느 사서 못지않게 도서관운동에 관심이 깊었다. 마산, 창원의 마을도서관운동과 낡은 복사물로만 읽었던 부산의 도서원 사례, 고려대학의 학생도서관까지 다양한 형태의 도서관을 시도한 사람들의 이야기를 들려주었다.

열린도서관Open Library, 영문 이름을 줄여 '올리브Olib'라고 부르던 사서들의 커뮤니티는 젊은 도서관인들의 열정과 고민이 뿜어나와 눈도장만 찍어도 힘이 났다. 올리브 멤버 가운데 이학건, 김정규, 조한주 사서 들은 도서관계만이 아니라 사회적으로 공공도서관의 역할에 기대를 불러일으켰던 동대문구정보화도서관에서 환상의 팀을 이뤄 사서들의 힘이 도서관을 얼마나 변화시킬 수 있는지 보여주기도 했다. 도서관 블로그와 소식지에 정보를 제공하면서 소통하려는 다양한 노력과 사서들이 꾸준히 함께 공부하는 모습은 도서관인들을 덩달아 뿌듯하게 만들었다.

그렇게 많은 인연을 엮어준 도서관학교를 진행하면서 강좌로는 채워지지 않는 공백을 매워보자며 따로 어린이서비스연구팀을 꾸렸다. 도서관학교 기획팀과 함께, 상계인표어린이도서관의 사서로 일하다가 성균관대학교 대학원에서 공부하고 있던 진혜영 사서, 느티나무도서관 제1호 사서 출신으로 산업정책연구원에 몸담고 있던 조내식 사서가 합류해서 모임을 기획했다. 연구팀에는, 민간 도서관운동이 지자체에 영향을 미친 대표적인 사례라고 할 수 있는 창원 마을도서관들이 1990년대 말부터 평생교육이라는 명분으로 주민자치센터 내 사회교육센터로 전환되던 시기에 도서관의 정체성을 지키기 위해 고군분투하던 가음정마을도서관의 정문희 사서, 평생학습원 내에서 어린이도서관의 역할을 고민하던 광명 청개구리어린이도서관의 김하야나 사서(몇 해 뒤 동작어린이도서관 관장으로 활동), 권역 도서관으로 지역도서관네트워크를 구상하고 있던 울산북구공공도서실 최진욱 사서(울산기적의도서관 사서로 활동) 들이 함께했다. 느티나무도서관이 어린이도서관으로 방향을 잡는 데 큰 영향을 미쳤던 인표어린이도서관과의 인연도 이어져서, 당시 본부에서 일하고 있던 김주낭 사서(그 뒤 초등학교 사서교사로 활동), 초기에 본부의 선임 사서로 일했던 최지혜 관장(그 뒤 부평기적의도서관 관장을 거쳐 강화도에 바람숲그림책도서관을 열어 운영 중)이 함께했다.

아쉽게도 연구팀은 굳이 이름 붙이자면 파일럿 조직으로 막을 내렸다. 모두 도서관에서 일하고 있는 사람들이라 마음과는 달리 시간을 정해 모임을 갖는 것조차 어려웠다. 각자 몸담고 있는 도서관의 형태나 여건이 다른 만큼 관심과 고민의 우선순위 역시 조금씩 달랐다. 마침 기적의도서관에 참여하는 몇 개의 위원회가 꾸려지고 일부 멤버들이 위원회에 참여하게 되면서 활동의 무게중심이 옮아간 것도 영향을 미쳤다. 하지만 멀리 떨어져 있으면서도 함께 고민과 경험을 나누느라 제각기 모니터 앞에 앉아 숱한 밤을 지새웠던 이들은 그 뒤로 다양한 현장에서 활동하면서 서로 우정과 동료로 연계할 끈이 되었다.

만나고 싶은 사람, 만나야 할 사람들이 늘어가는 설렘과 그들을 실제로 만나는 행운은 도서관학교를 이어갈 또 하나의 이유였다. 해를 거듭하면서 경기도의 협조를 얻어 서울경기지역의 공공도서관, 문고, 교육청, 일부 학교도서관에 도서관학교 안내공문을 보낼 수 있게 되었다. 전국 대학의 문헌정보학과와 느티나무도서관을 방문했던 개인과 단체들까지, 해마다 홍보할 대상이 늘어났다. 강좌가 진행될 때마다 엮이는 인연은 늘어만 갔다.

상호작용의 힘

우리는 도서관학교의 모든 과정에 상호작용을 담으려고 했다. 언제나 첫 시간은 오리엔테이션으로 참가자들이 각자 몸담고 있는 현장의 활동과 자신의 생각 혹은 고민을 자세하게 소개하는 자리를 가졌다. 강좌신청서에도 도서관에 관련된 활동 경험과 계획, 도서관학교에 신청한 동기와 강좌에 대한 기대 등을 적도록 했다. 참여조건이 왜 이리 까다롭냐는 평을 듣기도 했다. 그러면서도 참가자들의 준비물로 명함은 물론, 소속 도서관이나 단체의 홍보물 혹은 자료까지 가져와 서로 나누고, 기획팀에서 강사진과 참가자들의 명단을 작성해서 서로 교류하는 계기가 되도록 했다.

매회 또 하루는 강의 대신 모니터링 발표회로 할애했다. 도서관학교

가 진행되는 두세 달 동안 참가자 모두 개인적으로 혹은 팀을 짜서 어린
이서비스 현장을 찾아가기로 하고 모니터링한 내용을 보고서로 작성해
발표하면서 의견을 나누는 시간을 가졌다. 문화기획을 주제로 한 강의
는 아예 워크숍 형태로 진행했다. 주제강연에 이어서 각자 도서관에서
시도해볼 서비스나 활동 혹은 도서관 운영에 대한 기획안을 작성해서
발표하고 강사의 의견을 듣는 형식이었다. 시간이 흐르면서 느티나무도
서관에서 진행하는 강좌인 만큼 느티나무도서관 사례를 좀더 자세히 알
고 싶다는 요구를 반영해서, 후반에는 주제마다 강사의 강의에 이어 느
티나무도서관 담당자가 사례발표를 하고 전체 내용에 대해 토론과 부연
설명을 하는 형식으로 발전시켰다.

강사들과의 소통도 꾸준히 이어갔다. 서로 다른 활동분야에서 일해온
강사들이 한자리에 모여 국내외 어린이도서관서비스의 유형별 현황과
과제에 대해 의견을 나누면서 도서관학교 전체 과정을 어떻게 구성해나
가면 좋을지 함께 방향을 그려보았다. 상호작용은 미처 기대하지 못했
던 또다른 효과를 나타냈다. 도서관학교는 다양한 영역의 강사들에게도
도서관을 만나고 체험하는 기회가 되었다. 문화기획, 건축, 사회학, 시
민단체 등 여러 영역의 연구자와 활동가들이 도서관을 깊이 있게 알게
되면서 도서관과 연계할 수 있는 일들을 모색하게 되었다. 도서관 이야
기를 하는 자리에는 늘 도서관인들밖에 없다는 것이 안타까웠는데, 더
할 나위 없이 반가운 일이었다. 그 자체로 운동의 성과였을 뿐 아니라,
앞으로 재단이 모색할 도서관운동의 방향에 중요한 영감을 얻는 계기가
되었다.

도서관학교를 진행하는 내내 우리는 함께 공부하는 것만큼 풍성하고 효과적인 교류가 있을까, 생각했다. 배움의 과정에서 책과 강의만이 아니라 사람과 현장을 만나는 것이 얼마나 중요한지도 확인했다. 이름은 도서관'학교'였지만, 우리는 어느새 학교 방식이 아니라 도서관 방식으로 배우고 있었다. 그러고 보면 도서관학교의 성과는 5년 동안 이어진 6회의 정규강좌와 특별강좌에서 다룬 내용만이 아니었다. 서로의 생각과 경험을 나누며 함께 배우는 교류관계를 터득했고, 그것이 그 뒤 재단의 모든 협력사업에서 기본방향이 되었다.

느티나무도서관의 교류협력사업 원칙을 한마디로 말하면, 각자의 고유한 정체성과 사명을 존중하면서 도서관의 철학과 가치를 실현해가는 파트너십이다. 어느 한쪽의 일방적 지원이나 관리가 아니라 각자가 도서관의 사회적 역할을 실천하고 도서관문화를 확산하는 주체로서 서로 배우고 협력하는 수평적인 관계를 만들어가려는 것이다. 지원이 필요하고 지원할 여건이 될 때는 기꺼이 지원하고, 지원할 수 있는 여건을 만드는 데도 힘을 쏟는다. 다만 일방적인 지원이 아니라 지원하는 쪽과 받는 쪽 모두 역량을 키워갈 수 있도록 수평적·포괄적·지속적 지원을 원칙으로 삼고 있다.

획일적이지 않으니 다양성을 살릴 수 있고, 계획에 미처 담지 못한 변화에 유연할 수 있다. 하지만 '효율적' 지원은 어렵다. 때로는 형평의 문제가 제기되기도 한다. 실제로 곤혹스러운 상황을 맞닥뜨리면 갈등을 겪기도 한다. 하지만 도서관'문화'를 만들어가고 도서관을 지속가능하게 만드는 일에서 '자발성'은 다른 무엇으로 바꿀 수 없는 선택지였다. 물론 그것 역시 상호관계로 열어둔다. 시장 원리에 따르지 않기 때문에 한쪽에서 다른 쪽으로 더 많은 지원이 이뤄진다고 해도 대등할 수 있다. 사실 서로의 기여도를 금액으로 환산하는 것 자체가 불가능하다.

아름다운 마무리도 필요하다

5년이 지난 뒤, 재단의 첫 사업이었던 도서관학교를 '접기로' 결정했다. 성과 때문이기도 했고 한계 때문이기도 했다. 첫해에는 봄가을로 2회, 이듬해부터는 한 해에 한 번씩 5년 동안 모두 여섯 차례 도서관학교를 열었으니, 그쯤 되면 가만 놔두어도 돌아갈 만큼 자리를 잡을 시기였다. 하지만 지난 10년 한국의 도서관 상황은 서구의 100년, 200년을 압축해서 경험하는 것처럼 빠르게 변화했다. 기획할 당시 명색이 '학교'니까 백년대계를 세워야겠지만 일단 10년만 내다보자고 농담처럼 말하며 시작했던 도서관학교는 어느새 갈림길에 서 있었다. 그동안의 경험을 바탕으로 다음 단계를 기획할지, 그만 접고 다른 사업을 모색할지.

곳곳에서 도서관학교와 같은 제목, 같은 강사의 강좌가 열리기 시작했다. 직접 느티나무도서관으로 연락해서 기획안을 달라고 요청하는 경우도 있었다. 반갑기도 하고 아쉽기도 했다. 조그만 민간 재단에서 시도한 일인데 그 취지와 필요성에 공감대가 형성된 것이라고 볼 수 있으니, 운동으로 평가할 때 그만한 성과가 또 있을까. 하지만 자칫 '무늬만' 확산되지 않을까 걱정이 됐다. 좀더 시간을 두고 도서관학교의 취지와 목표, 성과와 시행착오까지 차근차근 공유할 수 있으면 좋겠는데, 자료를 달라거나 강사를 소개해달라는 요청은 줄을 이었지만 함께 협력사업으로 추진하자고 제안하거나 공식적으로 자료를 요청하는 곳은 없었다. 10년도 채 안 된 민간의 작은 재단이 그만한 신뢰와 인정을 기대하는 건 아무래도 무리인 것 같았다.

재단 안에서도 같은 형식의 정규강좌를 계속 이어갈 것인지 고민이 깊어졌다. 많은 시간과 노력을 들여야 하는 것은 기획하고 진행하는 우리만이 아니었다. 참가자들도 멀리서 하나같이 자리를 비우기 힘든 도서관을 놔두고 시간을 내어 강의에 참석해야 했는데, 그만큼 알차고 뿌듯한 시간이 되어야 했다. 그런데 몇 가지 어쩔 수 없는 문제들이 있었다.

참가자의 폭이 너무 넓었다. 도서관을 여러 해 운영해온 사람부터 사서 자격증을 갖고 오랫동안 일해 온 사람, 자원활동을 하면서 도서관에 관심을 갖게 된 사람, 막연하게 도서관 만들면 좋겠다는 바람을 품은 사람, 문헌정보학을 전공하는 학생…. 참가 동기가 다르고 활동 배경이 달랐다.

스펙트럼이 넓다 보니 강의의 초점을 정하기도 어렵고 수위를 조절하기도 어려웠다. 너무 어렵다, 실무 중심이다, 아는 얘기는 빼놓고 가면 좋겠다, 혹은 특정 주제를 좀더 깊이 있게 다루면 좋겠다…, 매회 설문지를 통해 파악한 강의에 대한 반응 또한 편차가 컸다. 하다못해 강의 시간을 오전으로 할지 오후로 할지도 의견이 반반이었다. 멀리서 찾아오는 사람들은 돌아갈 시간까지 고려해서 일찍 시작하길 바랐고, 가까운 수도권에서 일하고 있는 사람들은 오후 한나절만 비우면 되도록 시작 시간을 늦추길 바랐다.

매번 강의 시간을 놓고 저울질을 반복하게 만든 배경에는 느티나무도서관의 도서관학교가 사서역량 강화를 위한 교육시간으로 인정되지 않은 점도 무시할 수 없는 이유로 작용했다. 공립 공공도서관이나 학교도서관에서는 관심 있고 열의 있는 사서가 오롯이 개인적으로 휴가를 내거나 도서관 휴무일에 따로 시간을 내서 참석해야 하는 상황이었다. 그게 우리의 조건이었다. 그렇다면 무엇에 우선순위를 두고 무엇에 집중해야 할까?

솔직히 재단을 만들고 첫 사업이라 많은 시간과 에너지를 쏟아 붓기만 했지 미처 '마무리'는 생각하지 않았다. 오히려 도서관학교가 느티나무도서관의 상징이 되지 않을까 하는 기대마저 있었다. 그런데 어느새 선택할 시점에 와 있었다. 새롭게 2단계를 설계하거나 아니면 도서관학교는 아예 내려놓고 다른 사업을 시도하거나. 고민 끝에 우리는 도서관인들이 함께 경험과 고민을 나눌 수 있는 장으로 달마다 주제를 정해 월례세미나를 열고, 그 성과를 담아 좀더 폭넓은 사람들이 참가하는 심포지엄을 여는 쪽으로 방향을 잡았다. 앞서 말한 것처럼 도서관계에서 도서관학교와 비슷한 과정이 늘어나고 있다면, 이제 우리는 민간의 조건을 발휘해 좀더 대상의 폭을 확대하면 좋겠다는 바람이 있었다.

두 가지 방향을 생각했다. 하나는 그동안 정규강좌의 폭과 깊이가 갖는 한계 때문에 참가하지 않았던 도서관계 사람들이 각자 관심 있는 주제를 보고 골라서 참여할 수 있도록 하는 방향, 다른 하나는 도서관에 직접 발을 걸치고 있지 않지만 도서관의 가치와 역할을 함께 논의하여 담론을 만들어갈 수 있는 다양한 분야의 활동가, 단체, 연구자들과 함께 하는 방향. 그렇게 진행하면서 시간이 흐르면 대상을 더 넓힐 수 있을 것이라고 기대했다. 상황과 요구에 따라 좀더 유연하게 기획력을 발휘

할 수 있도록 열린 구조로 가보자는 생각이었다. 실제로 이미 우리는 이러저러하게 다양한 시도를 하고 있었다. 민간의 문고활동에 적극적으로 관심을 갖고 협력하던 파주시립도서관, 가까이에서 꾸준히 교류하고 협력하던 용인시립도서관과는 아예 문고운영자를 위한 도서관학교를 함께 기획해서 진행하기도 했고, 기적의도서관 1호 순천관이 개관한 뒤에는 기적의도서관학교에 느티나무도서관학교의 첫 번째 자료집을 자료로 제공하기도 했다.

새롭게 계획을 세우면서도 마지막까지 미련을 버리기 어려웠던 건 도서관학교라는 이름이었다. 처음 기획을 하면서 해방 후 국립도서관이 비로소 제 이름을 갖게 되기까지 부관장으로 큰 역할을 했던 박봉석 선생이 '도서관학교'라는 사서양성기관을 만들었다는 기록을 보고는 떨 듯이 반가웠다. 이름이 같다는 건 같은 바람을 가졌던 것으로 볼 수 있는 확률이 꽤 높기 때문이다.

멀리 부산에서, 창원에서, 도시락을 싸 들고 새벽기차를 타고 좁은 지하 공간의 도서관학교를 찾아오던 사람들도 눈에 밟혔다. 우리에게 얼마나 큰 응원이 되었는지 새삼 느꼈다. 다행히 도서관의 바쁜 일상은 그런 감상을 오래 허락하지 않는다. 정신 차리고 생각해보면, 그렇게까지 무리할 것 없이 가까이에서 교육도 받고 교류도 이어갈 단위를 만들기 위해 애쓰는 것이 마땅했다. 그런 생각은 이후 친구도서관사업을 추진할 때, 각 도서관이 해당 지역에서 다른 도서관들과 함께 배우고 교류하는 허브 역할을 하도록 강조하게 된 배경이다. 무엇보다 운동을 하기로 했으니 꿈꾸고 저지르는 건 당연한 몫이지만 '아름다운 마무리'도 필요하겠다는 걸 비로소 생각하게 되었다. 그러고 보면 도서관학교를 열어서 가장 많이 배운 건 느티나무도서관 사람들이었다.

월례세미나 & 장서개발강좌

정확히 말하면, 도서관학교를 완전히 접었다기보다는 정규강좌를 중단하고 그동안 특별강좌로 진행해오던 '주제별 책 강좌'로 무게중심을 옮기기로 한 것이었다. 아무리 바깥 환경이 달라지고 내부 여건이 달라져도 도서관에서 놓을 수 없는 일이 꾸준히 발간되는 책을 살피고 고르고 소개하는 일이다. 도서관학교 초기부터 책에 대한 내용은 특별강좌로 따로 떼어내서 기획했던 것도 단 몇 번의 강좌로 담을 수 없기 때문이었다. 아동문학의 역사, 일러스트레이션과 그림책의 역사, 옛이야기, 어린이책의 출판유통 현황, 어린이책의 특성과 아이들의 독서행태를 고려한 책의 분류와 배치까지 적용할 수 있도록 했다.

장서개발은 모든 도서관의 바람이자 숙제다. 도서관의 힘은 책이고, 하루하루 책은 수없이 쏟아져 나오는데 '모든 책'을 살 수 없으니 '적합한' 책을 골라야 한다. 다양한 자료를 잘 고르고 찾아보기 쉽게 분류해서 책꽂이를 풍성하게 채우는 일은 어렵다. 한 걸음 더 나아가, 출판사들이 좋은 책을 만들어낼 수 있는 환경이 되도록 적극적인 역할을 할 수도 있다. 예를 들어 어떤 출판사와 저자가 마음을 굳게 먹고 심혈을 기울여 책을 만들었는데 초판만이라도 전국 도서관에서 구입한다면 문 닫을 걱정은 접고 '팔리지 않을 게 빤하지만 필요한' 책들을 꽤 만날 수 있게 되지 않을까.

도서관인들이 책을 고르는 눈을 기를 수 있는 자리로 2003년부터 해마다 '도서관학교 특별강좌'를 진행한 데 이어, 2008년 7월부터는 강좌의 폭과 깊이를 더하여 달마다 '도서관 장서개발을 돕는 주제별 책 강좌'를 진행했다. 권장목록이나 필독목록이 갖는 가장 큰 문제는 마치 손가락 사이로 모래가 흘러내리는 것처럼 '바로 그 한 권의 책'이 될 수 있는 책을 영영 만나지 못하게 만들 수도 있다고 생각했기 때문이다. 그런 경험은 셀 수 없이 많았다. 게다가 받아드는 순간 숙제나 시험범위처럼 느껴지는 목록은 또 얼마나 많은지. 몇 학년이면 이건 읽어야 한다고 '우기면서' 무엇을 기준으로 누가 고른 것인지 밝히지도 않는 '출처 불명'의 목록이 아니라, 도서관 현장에서 각 도서관의 장서개발 정책에 근거해 출판동향과 새로 나오는 책들을 꾸준히 살피고 이용자들과 소통하면서 한겹 한겹 쌓아가는 목록들이 만들어지길 바랐다.

먼저 함께할 장서개발위원회를 구성했다. 강좌를 기획하고 실제 서평도 작성할 것을 고려해 도서관계와 출판계를 두루 아울러 위원들을 섭외했다. 책 편집자이자 작가, 느티나무의 상임자문위원으로 몇 해 전부터 책에 관한 강의를 해왔던 강창래 선생이 위원장을 맡고, 〈라이브러리&리브로〉의 서일민 편집인, 청주대 문헌정보학과의 윤정옥 교수, 여성학과 가족학을 연구해온 노영주 박사가 전문위원으로 참여한 데 이어 어린이도서연구회 여을환 사무총장이 조금 나중에 합류했다. 도서관학교에 적극적으로 참석했던 도서관들의 관장과 사서들은 실무위원으로 참여했다. 실무위원을 구성했던 이유는 수동적으로 강의를 듣기만 하는 데 그치지 않고 각자 몸담고 있는 도서관의 장서를 살피면서 구체적으로 논의할 문제들을 함께 토론하고 그 내용을 다시 현장에 반영하게 되길 기대해서였다. 전문위원들은 강좌와 워크숍 전 과정을 함께 기획했을 뿐 아니라, 각자 천착해온 주제로 직접 강의를 하거나 워크숍의 멘토 역할을 맡고, 관련 목록을 제공하기도 했다.

주제를 정하는 데도 힘을 쏟았다. 도서관에서 여전히 문턱이 되고 있는 만화에 대한 편견을 넘어보자며 반년 동안 '만화' 한 가지 주제로 연구자, 작가, 만화전문도서관 사서 등 다양한 강사를 초청해서 담론을 펼치기도 했다. 강좌 형식은 강의와 워크숍을 병행했다. 강의를 듣고 난 뒤 강사와 전문위원, 실무위원들이 그 주제와 관련해 읽을 만한 자료들을 함께 읽고 각자 도서관이 소장하고 있는 장서목록을 검토한 뒤 토론하는 자리를 가졌다. 2010년부터는 강의와 토론을 녹취하여 장서개발 강좌 자료집을 펴내기도 했다. 2012년부터는 좀더 도서관 현장의 장서에 밀도 있게 반영될 수 있도록 하려고, 워크숍 참가자를 그동안 함께해

2003년부터 해마다 '도서관학교 정규강좌'와 별도로 마련한 '책 강좌'. 초기에 강좌를 맡아주었던 김이산 화가와 아동문학평론가 이재복 선생.

장서개발워크숍. 주제별로 실제 책을 쌓아놓고 들춰보며 경험을 나누고 때론 치열한 토론도 벌인다.

온 전문위원과 실무위원들로 제한해 적극적인 토론을 거친 뒤, 그 내용을 공유하는 공개 워크숍을 여는 형태로 진행했다.

앞으로도 지난 워크숍의 성과와 사회 흐름에 따른 도서관의 필요를 고려해 장서개발을 위한 강좌와 워크숍을 기획할 것이다. 한 회, 두 회 치열한 논의를 거쳐 '이유 있는' 도서관 장서목록을 차곡차곡 쌓아가면서 그 과정에서 논의된 내용들까지 책으로 담아내 더 많은 도서관들과 공유할 계획이다. 지금도 장서개발은 진행형이고 앞으로도 그럴 것이다. 사실 돌이켜보면 장서개발은 두고두고 진행형일 수밖에 없다는 사실이 우리가 그 지난하고도 어려운 장서개발강좌를 어느새 10년 동안 이어오도록 엄두를 내게 만든 가장 큰 힘이었다.

실패에서 배우다

도서관학교를 기획하고 진행하면서 많은 사람들의 꿈과 도전, 성과와 시행착오를 만났다. 기록으로 만나고, 현재진행형의 실체로 만났다. 미처 기대도 계획도 하지 못했던 만남들은 그저 행운이었다고밖에 말할 수 없을 것 같다. 가장 큰 행운은 실패에서 배우는 기회들이었다. 수많은 자료와 사례에서 먼저 눈길이 가닿는 건 대체로 눈부신 시도나 성과보다 그 뒤에 남은 한계나 과제였다. 스스로 혹은 외부에서 실패했다고 평가한 일일지라도 그 일을 시도한 이들의 꿈은 결코 초라하지 않았다. 그리고 한 걸음 뒤에서 따라가는 우리에겐 오히려 실패가 더 소중했다. 실패는 마치 앞서 간 이들이 누군가 발견하기를 바라며 남겨둔 '암호' 같은 것으로 여겨졌다. 그 암호를 풀어내려고 매달렸던 건 이미 그들의 꿈에 우리가 매료되었다는 증거였다.

"책으로 민중이 눈뜨는 날, 이 한 조각 구리쇠는 어찌 순금에 비기리."

어느 날 이런 글이 마음에 와 박혀버리는 순간들이 있었다. 오래오래 우리를 흔들어놓았던 이 한마디는 마을문고운동을 펼친 엄대섭 선생이 운동의 기틀을 다지는 데 도움을 준 이들에게 고마움을 전하려고 부모님에게 물려받은 놋그릇을 녹여 만들었다는 공로장 메달에 새긴 글이다. 연구팀을 꾸리고 스터디모임을 가지면서 우연히 얻은 기록에서 이 한 구절을 만난 뒤 한동안 마을문고운동에 대한 자료를 찾아 헤맸다.

도서관이라는 것이 있는 줄도 몰랐던 1960년대에 전국 곳곳에 자연부락 단위로 1만 3000개에 달하는 마을문고를 만들었다는 건 상상하기 힘들 만큼 놀라운 일이었다. 더 놀라운 건 도서관계 인사들에게 물어도 마을문고의 역사에 대해 제대로 알고 있지 못하다는 사실이었다. 1999년 느티나무도서관의 개관 준비를 하면서 만난 인표어린이도서관의 활동이 도서관계에 거의 알려져 있지 않다는 사실에 놀랐던 일이 다시 떠올랐다. 2002년 초, 이인표 회장의 부고를 보고 온종일 눈물이 나서 아무 일도 하지 못했던 걸 지금도 기억한다.

이인표 회장이나 엄대섭 선생 같은 분들을 만나고 싶었던 간절함은 아마도 그들의 가슴을 뛰게 만들었을 바람이 우리의 그것과 닮았을 것이라는 기대 때문이었다. 수없이 부딪혔을 그들의 고민과 절망, 그럼에도 불구하고 다시 또 길을 찾게 만들었던 것이 무엇인지 듣는다면 늘 선택을 요구하는 갈림길에서 방향을 가늠할 실마리를 얻을 수 있을 것 같았다. 굳이 많은 이야기를 듣지 않아도 그저 지난 세월이 오롯이 담겼을 그분들의 턱과 어깨와 손을 보기만 해도 답을 얻을 것 같았다. 안타깝게도 간절하게 만나고 싶던 두 분을 모두 영영 뵙지 못했다. 마을문고운동의 산 역사이신 이용남 교수를 만나고 재단의 이사로 모시게 되면서 몇 번이나 엄 선생님 뵈러 미국에 함께 가주시라 조르곤 했는데, 그렇게 황황히 떠나실 줄 미처 몰랐다. 그 뒤로는 이용남 교수를 뵐 때마다 지난 이야기를 책으로 써주십사 졸라댔는데, 마침내 지난해 《이런 사람 있었네》(한국도서관협회, 2013)라는 책으로 출간되었다.

실패에서 배운다는 깨달음은 우리를 좀더 용감하게 만들었다. 우리 자신의 실패를 통해서 배울 거라는 건 말할 나위 없고, 어디선가 꿈을 꾸는 다른 이들에게 우리도 배움의 사례가 될 수 있을 거라는 믿음을 갖고 나니 조금은 거침없이 실패를 무릅써도 괜찮을 것 같았다.

언제나 사람이 힘이었다. 꿈을 꾸게 만드는 것도, 꿈을 이뤄가도록 힘이 된 것도 사람이었다. 때마다 마침 그때 여건이 되고 기회가 생겨 중요한 몫을 톡톡히 해주었던 자원활동가들은 물론이고, 정말 많은 사람들이 '느티나무귀신'으로 찾아와주었다. 지금까지 도서관에서 새로운 시도를 할 때 혹은 큰 어려움을 겪을 때, 어디선가 숨어 있던 것처럼 나타나 꼭 필요한 몫을 해주던 사람을 우린 느티나무귀신이라 부른다. 지금까지 만난 느티나무귀신만 헤아려도 100명쯤 되지 않을까.

사람들과의 인연을 이어가게 해준 징검다리 또한 늘 사람이었다. 지금까지 쌓아온 많은 사람들과 인연은 사립문고로 문 열 준비를 하던 1999년 말부터 느티나무의 초대 사서로 함께했던 조내식 사서로부터 시작되었다. 그의 선배라는 인연으로 학부 졸업을 앞두고 느티나무도서관에 와서 실습과정을 거친 박진우 사서는 아침마다 도서관 관련 기사와 도서관계 온라인 커뮤니티에 실린 글들을 클리핑 해주었고, 졸업 후에는 도서관협회에서 당시 많은 사람들에게 관심과 호응을 불러일으켰던 '도서관문화학교'를 맡아 일하면서 눈에 띄는 강좌나 강사를 소개해 '걸어 다니는 도서관계 인명사전' 역할을 해주었다. 그 덕에 《우리 아이, 책날개를 달아 주자》의 저자인 김은하 선생을 만나 책의 인세 절반을 뚝 떼어 기증받는 행운을 누렸고, 도서관학교를 열었을 때는 아동사회학 연구자의 강의를 포함시킬 수 있었다. 그 친구들이 추진했던 그림책포스터 전시회를 통해 소개받은 한일아동문학공부모임 이혜영 선생과의 인연은 그 뒤로 시각장애인예술협회를 비롯해 일본의 문고들까지 다양한 커뮤니티와 인연으로 이어졌다. 그 청년들이 함께 공부도 하고 형처럼 지내던 이선배 선생이 만들어 운영하던 대전의 선배어린이도서관은 7년 뒤 느티나무도서관의 친구도서관이 된 모퉁이어린이도서관의 전신이었다. 세 사람이 적을 두고 있던 하이텔 동호회를 통해 만난 이윤남 사서는 느티나무도서관의 두 번째 사서가 되었고, 청년 사서들을 통해 알게 된 도서관운동연구회와 열린도서관 '올리브'는 각자 어려운 도서관 현장을 힘겨워하면서도 꿈틀대는 열정이 터져 나오던 공간으로, 지켜보는 것만으로 도서관의 가능성을 놓지 않게 만드는 힘이 되었다. 인연은 인연으로 이어졌다. 설계사무소에서 건축사로 일하다가 아이를 낳고 기르면서 그림책에 빠져든 김유진 선생, 일본 쓰쿠바대학에서 공부하고 국내에서는 찾아볼 수 없었던 어린이도서관 실내공간 연구자로 돌아온 이정미 선생 들을 도서관학교 강사로 만날 수 있었다. 특히 성북구의 이진우 대표도서관장은 2001년 부천의 동화기차어린이도서관 설립 과정에서 만난 뒤 10여 년 동안 특별한 우정을 쌓아왔다. 도서관학교 고정 강사로 시작해 친구도서관사업운영위원, 장서개발위원, 예비사서학교 강사까지 느티나무도서관재단의 모든 사업에 참여했을 뿐 아니라, 도서관계의 결정적인 장면마다 늘 함께했다. 박진우 사서를 만나러 도서관협회를 찾아가서 알게 된 당시 기획부장이었던 이용훈 서울도서관장은 자칭 도서관문화비평가로 많은 도서관인들에게 '메타사서' 역할을 해온 것처럼, 느티나무도서관에도 늘 등대 같은 멘토가 되어주었다. 옷깃만 스치고 말 수 있었던 사람들과 거듭된 만남을 통해 친구가 되고 꿈을 나누고 미래를 상상하면서 많은 일들을 도모할 수 있었던 것은 행운이라는 말로밖에 설명할 길이 없다.

사서의 탄생을 위하여: 예비사서학교

도서관문화가 발전하려면 먼저 도서관으로 꿈을 꾸는 사람들이 많아져야겠다고 생각했다. 도서관학은 현장에 뿌리를 둔 학문이라는 걸 도서관학교를 통해 확인했다. 최소한 학부에서 문헌정보학을 전공하면 졸업과 동시에 사서 자격증이 부여된다는 것만으로 현장과 떼어놓고 생각할 수 없다. 도서관의 철학과 가치를 오히려 현장에서 만날 수 있지 않을까, 기대했다. 사서교육과정에는 도서관 현장을 경험할 수 있는 과정이 없다. 대학마다 실습과정을 두고 있지만 3~4주 만에 효과를 장담하기 어렵다. 느티나무도서관에서도 해마다 학부생들의 실습 의뢰를 받아 예비사서 청년들을 만나왔지만, 대학 측에서 어떤 목표와 기대를 가지고 학생들을 보내는 것인지 구체적인 제안을 받아본 적은 없다. 학생들이 주어진 짧은 기간에 현장 경험을 쌓을 만한 곳인지, 실습생들에게 멘토 역할을 할 수 있는 인력과 시스템을 갖추고 있는지 확인하는 절차를 거쳐본 적도 없다. 학교에 따라 차이가 있지만, 학생들이 그동안 어떤 과목을 배웠고 어떤 성향인지, 무엇을 배울 수 있으면 좋겠다고 기대하는지 학교 측에 질문하는 것조차 어려웠다. 열의를 가진 일부 교수님들이 개인적으로 도서관에 연락해서 학생들을 소개하면서 실습이 어느 정도 가능할지 도서관 상황을 확인하고 실습 기간 중에 간식거리까지 챙겨 와서 격려하기도 했지만 아주 특별한 사례였다. 어쩌면 문헌정보학을 공부하는 과정에서는 현장에 대한 문제의식이나 새로운 상상력에 대한 간절함이 생기기 어려운 것 아닐까, 하는 생각에 안타깝기도 했다.

문헌정보학을 전공하는 청년들이 짧게나마 도서관 현장을 경험할 기회를 만들어보자며 2011년부터 방학마다 '예비사서학교'를 열기 시작했다. 앞선 도서관학교의 경험이 크게 도움이 되었다. 대상이 달라졌을 뿐 강좌에 담을 내용의 골격은 크게 다르지 않았으니까.

도서관의 역사와 철학, 직업으로서 사서의 삶, 도서관의 자료, 공간, 이용자서비스, 도서관과 지역사회 교류 등을 주제로 강좌를 기획했다. 강의는 도서관학교 시절부터 늘 든든하게 자리를 지켜주던 이용남 이사, 이용훈 관장, 이진우 관장 등이 기부강의로 참여해주었다. 사실 예비사서학교의 가장 우선적인 기대효과는 바로 지금 한국 도서관계에서 묵직한 의미를 지니는 그 강사들을 만나서 사서의 삶에 대해 느끼고 생각하고 질문을 떠올릴 시간을 갖기를 바라는 것이었다. 언제나 마지막 순서는 워크숍으로 진행해서 함께한 청년들이 졸업한 뒤 각자 현장에 발을 딛고도 우정을 이어갈 수 있도록 교류하는 시간으로 마련했다. 각자 도서관 모니터링을 과제로 수행해 예비사서들의 눈으로 본 도서관 경험을 서로 발표도 하고 젊은 기운을 담아 '도서관선언'을 작성한다.

예비사서들이 좀더 긴 호흡으로 현장 실무를 경험할 수 있도록 단기 연수과정도 기획했다. 한두 달 동안 느티나무도서관 구석구석을 돌면서 업무별로 OJT를 받는 형식이다. 새 책이 들어오면 배달된 박스를 뜯는 것부터 검수하고 도장을 찍고 바코드를 붙이고 표지를 싸는 과정까지 차근차근 제 손으로 해볼 기회를 가졌다. 기술적인 실무만 익히는 것이 아니라 구체적인 업무 하나하나에 담겨 있는 생각과 의미를 체험할 수 있도록 했다. 도서관인의 삶을 꿈꾸는 청년들에게 현장에 관한 질문을 던지고 고민을 나누었다. 분류기호를 정하기 애매한 책들을 쌓아놓고 사회과학에 둘지, 문학 에세이에 둘지, 아니면 따로 마련한 청소년 코너에 별치할 것인지 토론을 벌였다. 책 읽어주는 프로그램에 참여할 기회도 가지고, 전시회를 기획하기도 했다. '도서관에서의 하룻밤'처럼 한 해에 한두 번 여는 행사의 기획부터 실제 행사를 치르는 과정 전반을 보조하도록 회의에도 참석하고 자원활동가들과의 모임에도 참여했다.

책을 골라서 주문하는 과정부터 책 읽어주는 실습, 행사 준비 과정 보조, 점자프린터로 명함을 만들거나 점자통합그림책을 만들어보는 것까지, 도서관에서 이뤄지는 일의 전 과정을 거의 경험해볼 수 있도록 일정을 짜려고 하지만, 그 많은 과정을 모든 예비사서들이 다 거치는 것은 사실 거의 불가능하다. 학교마다 학생 개인마다 형편이 달라서 일정

표를 짜는 것만도 무척 어려운 일이다. 그런 일에 엄두를 낼 수 있는 것은 사실 도서관운동을 목적으로 세운 재단의 사무국에 연구교류 작업을 따로 맡고 있는 팀이 있기 때문에 가능했다. 직원 수가 많지 않은 공공도서관에서 누군가 예비사서들을 위한 연수를 기획하고 참가자들의 일과를 꾸준히 지켜보면서 멘토링하는 업무를 따로 맡기란 거의 불가능할 것이다. 지역별로 가까운 대학과 공공도서관들이 협력해 연수과정을 기획해볼 수 있으면 좋겠다.

졸업생들이 취업을 할 수 있도록 충분한 TO를 만들기 위해 정책결정 권한을 가진 사람들에게 도서관 인력충원의 필요성을 알리는 일은 중요하다. 하지만 동시에 그 자리에 '준비된' 사서들이 배치될 수 있도록 역량 있는 예비사서들을 길러내는 일이 함께 이뤄지지 않는다면 사서충원에 대한 요구가 설득력을 갖기는 어려울 것이다. 아 참, 한 가지 더 보탤 명분이 있다. 연수는 참가자들만이 아니라 도서관에도 큰 도움이 된다. 도서관 안으로 쑥 들어온 연수생들의 눈과 귀는 촘촘하게 도서관을 '모니터링'한다. 그들과 시선을 나란히 해보면, 평소 너무 익숙해져서 보이지 않던 사각이 모습을 드러내기도 하고, 조금 각도를 틀어 평소와 다른 모습을 발견하기도 한다.

책 읽어주는 시간, 얼굴이 발갛게 달아오른 채 아이들 앞에 서는 예비사서들의 모습은 지켜보는 사람들을 덩달아 설레게 한다. 그림책을 들고 와서 읽어달라고 매달리는 아이들을 만난 경험, 지난번에 어렵게 찾던 책을 찾아줘서 고맙다며 옥수수나 고구마를 건네는 이용자들을 만난 경험, 개인의 삶과 도서관에 대한 생각을 생생하게 나누는 선배 사서와

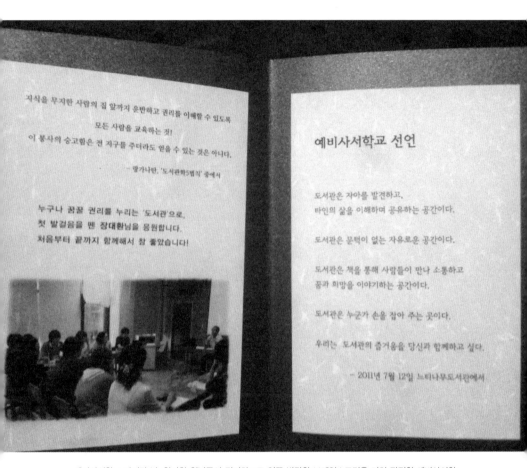

예비사서학교 마지막 날, 참가한 청년들이 진지하고도 엉뚱 발랄한 브레인스토밍을 거쳐 작정한 예비사서학교 선언.

의 만남…. 그런 시간을 보내고 나서 학교로 돌아가 다시 만나는 문헌정보학은 학생들에게 다른 밀도로 다가가지 않을까 싶다. 새 책을 어디에 꽂을지 고민하느라 매달렸던 책의 분류기호는 더이상 복잡하게 외워야하는 숫자가 아니라, 책과 사람의 만남을 이어주는 비밀지도처럼 보이지 않을까. 우리는 무엇보다 사서가 될 청년들이 도서관인으로서 '자긍심'을 갖는 계기가 되기를 바랐다. 그것이 결국은 도서관문화로 더 나은 세상을 만들어갈 수 있는 열쇠가 될 거라고 기대했다.

도서관인들의 자긍심에 대해 생각할 때마다, 도서관인들의 축제가 있으면 좋겠다는 바람이 고개를 든다. 해마다 열리는 전국도서관대회에 그런 자리가 마련되어도 좋을 것 같다. 축사, 격려사, 시상식으로 이어지는 틀에 박힌 행사만이 아니라, 도서관인이 되길 참 잘했다는 생각이 들 만큼 푸근하고 신명나는 시간이 마련되면 얼마나 좋을까.

대회 기간 중 하루쯤은 시민들에게 활짝 문을 연다면 더할 나위 없을 것이다. 해마다 다른 도시에서 도서관대회가 열리고 있으니, 도서관인들에게는 지역별로 도서관과 시민이 만나는 현장을 순례하는 기회가 되고, 시민들에게는 그들의 운명을 바꿔놓을지 모르는 도서관을 몹시 '인상적으로' 만나는 특별한 체험이 되지 않을까. 물론 그렇게 되려면 필요한 조건이 또 많다. 도서관에서 좀처럼 자리를 비울 수 없는 사서들이 대회 기간 동안 한 해 걸러 교대로라도 출장을 갈 수 있는 기막힌 방안이 마련되고, 해마다 하필 대학 중간고사 기간과 딱 겹쳐서 도무지 대회에 참석할 수 없는 문헌정보학과 학생들이 재학 중에 한 번이라도 수업의 일환으로 대회에 참석해보도록 학사 일정이 변경되는 등의 꿈같은 일들 말이다. 다른 학과도 많은데 대학의 학사 일정을 바꾸기란 쉽지 않을 테니 대회를 주최하는 한국도서관협회와 사서협회, 아니면 대학별 문헌정보학 동문들이라도 나서서 머리를 맞대면 방법이 있지 않을까. 아…, 정말 도서관계에는 토론하고 궁리할 일들이 너무 많아서 교류와 협력이 당장 활성화되지 않으면 안 될 것 같다.

복제? 네트워킹!

차라리 책을 1만 권쯤 기부하면 기념촬영을 해서 보도기사를 낼 수도 있다. 눈에 보이지 않는 것에 지원을 요청하는 일은 쉽지 않았다. 하지만 뜻밖에 기업인들 가운데 기대 이상의 이해와 동의를 보여주는 사람들을 만났다. 어떤 분야든 꾸준히 발전하기 위해서는 결국 사람이 중요하다는 것을 기업만큼 절실하게 느끼는 곳도 없을 테니, 어찌 보면 당연한 가능성이었는지 모른다.

―본문에서

지속가능성과 복제

사립도서관으로 '지속해나가기' 위해서는 뚜렷한 전망을 세워야 했다. 많은 사람이 시간과 돈과 품을 들이고 꿈과 미래를 '걸' 만한 이유가 필요했다. 도서관이 자선단체도 아니고 도서관운동에 대한 사회적 이해도 높지 않아서 환경운동이나 인권운동처럼 구체적 활동사례를 떠올리기 어렵기 때문에 더 선명하게 이해하고 공감할 수 있는 그림을 그려야 했다.

도서관운동의 전망을 놓고 맨 먼저 맞닥뜨린 질문은 '복제'에 대한 전망이었다. 그래, 느티나무도서관 같은 도서관이 많아지면 좋겠다는 건 알겠다, 그럼 얼마나 어떻게 복제하겠다는 건가? 지속가능성과 복제는 재단 이사회에서도 가장 오랫동안 매달려온 화두였다.

전국 공공도서관의 1퍼센트, 바닷물의 소금처럼

길게 고민하고 토론한 끝에 우리가 얻은 답은 '복제하지 말자!'는 것이었다. 느티나무도서관 2호, 3호, 4호를 새로 만들 것이 아니라, 이미 운영되고 있는 도서관들 가운데 분명한 철학과 의지를 가진 운영주체를 찾아 지원도 하고 협력도 해서 도서관문화 발전에 힘이 될 수 있는 '네트워크'를 만들어가기로 방향을 정한 것이다.

사립문고로 시작한 느티나무도서관을 공공도서관의 좋은 사례가 될 수 있게 잘 운영해가면서, 느티나무도서관이 있는 경기도를 빼고 서울, 부산, 대구, 광주, 대전, 강원도, 경상도, 전라도까지 한 군데씩 가능성과 의지를 가진 도서관을 찾아 공공도서관으로 발돋움하도록 힘을 보태기로 했다. 그 도서관들이 각자 지역에서 좀더 단단하게 뿌리내려서 도서관의 미래를 보여줄 다양한 실험도 하고 지역의 다른 공사립도서관들과 교류하면서 시민들과 함께 도서관문화를 만들어가는 도서관운동의 허브가 될 수 있도록 돕자는 생각이었다.

2008년 정부에서 발표한 도서관발전종합5개년계획에서는 2013년까지 공공도서관을 900개로 늘린다는 목표를 세우고 있었다. 우리가 생각한 것처럼 사립 공공도서관이 아홉 군데만 만들어져도 전체 공공도서관의 1퍼센트가 된다. 그 정도면 바닷물의 3퍼센트 소금 같은 역할을 할 수 있지 않을까 기대했다. 먼저 '사람을 지원'하는 사례를 시도해보기로 했다. 도서관 발전에 가장 중요한 것은 사람이다. 도서관 예산에서 1순위도 인건비다. 그동안 도서관을 만들 계획을 가지고 느티나무도서관을 찾아오는 많은 사람들을 만나면서, 공간이나 책처럼 눈에 보이지 않는 인건비 예산은 번번이 계획에서 빠져 있는 것을 볼 수 있었다. 기금을 마련하든, 쓰지 않는 집을 빌리든 공간만 마련하면 책이야 집집마다 버릴 책도 많으니 모아서 꽂아두면 그대로 도서관이 될 거라고 여기는 사람들이 많았다. 도서관이 제 생명을 가진 유기체로 인식되는 건 아직 너무 먼 이야기 같아 보였다.

지자체들에서는 인력 충원의 필요성은 공감한다. 하지만 공무원총정원제와 총액임금제라는 제도의 벽을 넘어설 방법이 없다고 했다. 그렇다고 정원 외로 비정규직을 마냥 늘려달라고 제안할 수도 없었다. 불안정한 고용이 늘어나는 것도 문제고, 도서관의 질적 수준도 장담할 수 없을 테니까. 공무원 정원과 상관이 없는 민간 재단에서도 기간과 주제가 정해진 일회성 프로젝트가 아니라 인건비를 지원하는 예는 찾아보기 어려웠다. 옴짝달싹할 수 없는 현실, 거기서 길을 찾아야 했다. 기존의 법과 제도 안에서 방법이 없다면 법을 바꿔야 할 테고 그러려면 뚜렷한 명분이 있어야 할 터였다. 따지고 보면 정원제 규정을 지키기 위해 인력을 충원하지 못한다는 것은 정당한 명분으로 받아들여지기 어렵다. 서로 충돌하는 규정들이 문제다. 도서관법에는 분명히 규모에 따른 사서배치 기준을 명시하고 있고, 현재 많은 도서관들은 그 기준에 턱없이 못 미친다. 그렇다면 공무원정원이라는 규정에 손발이 묶여 도서관법을 어기고 있는 셈이다.

법이든 제도든 바꾸려면 그 필요성에 공감을 얻어야 한다. 인력을 확보하기 위해 현실의 장애물을 넘어설 뾰족한 대안이 없다면, 사람이 지원되었을 때 변화가 일어나는 구체적인 사례를 보여줘서 도서관 운영에 사람이 얼마나 중요한지 알리는 것도 방법이 될 수 있을 거라고 생각했다.

포괄적 · 수평적 · 지속적 지원

하나의 기업과 하나의 도서관을 연계해서 달마다 상근 사서 1인의 인건비를 지원하기로 했다. 교류하고 협력하는 네트워크를 만든다는 취지를 살려서 '친구도서관사업'이라고 이름 붙였다. 도서관에 일할 사람이 생기면 당연히 사야 할 책도 늘어나고, 하고 싶은 일이 많아질 거라는 점도 고려했다. 그 사람이 제대로 일할 수 있는 환경을 만든다는 의미에서 적절한 비율로 책값도 함께 지원했다. 한 개 도서관에 달마다 책정된 지원금의 10퍼센트는 꼭 따로 떼어 사업운영비로 할애하기로 했다. 멀리서 달마다 관장과 담당사서 두 명씩만 워크숍에 참가해도 교통비 부담이 크다. 또 온종일 교육과 평가를 진행하려면 식사도 해야 할 테니, 계획대로 사업이 진행될 수 있게 실제 쓰일 비용을 염두에 둔 것이다.

처음 시작할 때는 한 도서관에 200만 원씩 지원하기로 하고, 그 가운데 인건비가 120만 원, 책값은 60만 원, 남은 20만 원은 워크숍과 평가

위원회 운영을 비롯한 실비로 쓰기로 했다. 인건비는 시간이 지나면서 상승해야 할 것이고, 책 구입비는 각 도서관의 규모가 그리 크지 않기 때문에 초기에 필요한 기초 장서를 얼추 채우고 나면 차츰 줄여도 좋을 것으로 예상했다. 친구도서관들이 자체적으로 재원 마련 방안을 모색하도록 격려하고 동기유발 하는 것도 사업의 중요한 목표 가운데 하나였다. 인건비, 책값, 운영비의 구체적인 비율은 워크숍으로 계속 현황을 공유해나갈 것이기 때문에 사업을 함께 이끌어갈 평가위원회에서 단계별로 조정해나가기로 했다. 다만 획일적으로 비율을 적용하지는 않기로 했다. 사업의 목적을 반영해 지원금 사용내역의 가이드라인을 정하긴 했지만, 그보다 더 큰 느티나무의 원칙은 어떤 기준이든 기계적으로 적용하진 않기로 한 것이다. 어느 한 도서관에서 공간을 옮기게 되거나 낡은 책꽂이를 대폭 교체해야 하거나 보일러 공사를 하게 되는 것처럼 특별한 상황이 생기면 친구도서관들을 포함한 평가위원회에서 지원금 배분의 비율을 조정하기로 합의했다. 요약하면 '포괄적·수평적·지속적 지원'이었다.

솔직히 털어놓으면 '복제를 하지 않기로' 결정하면서 아주 큰 카드 하나를 포기한 것인 줄 모르지 않았다. 선택을 해도 하필, 지난하게 가야할 어려운 길로 들어선 것이라는 사실도 잘 알고 있었다. 먼저 관에서나 민에서나 이 사업에 관심을 갖고 지원할 명분을 만들려면 열 군데, 백 군데를 만들어가겠다는 청사진을 내놓아야 했다. 당장 내용은 성에 차지 않더라도 그렇게 해서 총량을 늘리는 것이 도서관문화를 좀더 빨리 확산시키는 길이 아닐까, 하는 생각에 갈등이 되기도 했다. 실제로 그런 제안을 받기도 했다. 전국에 느티나무 같은 도서관을 만들려면 몇 년 동안 얼마가 필요하겠냐고. 그런데 어쩌겠는가, 각자 하고 싶은 일, 잘할 수 있는 일을 할 수밖에. 모형을 만들어 100개 1,000개로 확산하는 일은 느티나무도서관이 잘할 수 있는 일도 아니고, 하고 싶은 방식도 아니었다.

A, B, C. 몇 가지 좋은 모형을 만들고 평균비용과 소요기간을 계산해서 한꺼번에 만들다 보면 붕어빵이 되기 십상이다. 붕어빵이 되지 않고 제 힘으로 뿌리를 내리는 묘목을 심는 방향으로 가려면 그곳의 지역상황을 파악해서 나무를 심을 장소도 마련하고 꾸준히 가꿔나갈 인적·물적 자원도 확보해야 한다. 나무가 자라면서 어떤 변화와 역동이 일어날지 한 군데 한 군데 계획을 세울 수 있어야 한다. 사립문고로 운영하다가 이제 막 건물 하나를 지어 공공도서관으로 만든 설립 4년차 재단에서 할 수 있는 일이 아니었다. 그야말로 국가와 지자체가 할 일이라고 생각했다.

느티나무도서관이 활동해온 방식은 아주 작은 규모라도 현장에서 구체적으로 일을 계획하고 시도하고 세심하게 변화와 반응을 살펴보면서 그 의미를 읽고 문제를 찾아내 대안을 모색해나가는 방식이었다. 그렇게 해서 우리가 시도한 사례의 의미가 받아들여지면, 각 지역의 주체들이 그 지역의 특성을 살리면서 느티나무도서관 사례를 채용해 확산시켜나갈 수 있을 것이라고 기대했다. 우리가 할 일은 무늬만 베끼는 방식이 아니라 취지와 내용이 잘 전달되도록 우리가 성과를 확인한 아이디어나 시행착오의 경험을 잘 나누는 것이라고 생각했다.

문제는 사업 규모만이 아니었다. 인건비를 지원하는 사례를 찾기 힘든 데는 그만한 이유가 있었다. 도서관이 잘 운영되려면 사람이 가장 우선이라는 인식이 사회에 공유되지 못한 것도 문제지만, 인건비 지원은 성과를 눈으로 확인하기 어려웠다. 2~3년 인건비로 지급할 예산이면 작은 공간을 예쁘게 리모델링할 수도 있고, 차라리 책을 1만 권쯤 기부하면 기념촬영을 해서 보도기사를 낼 수도 있다. 눈에 보이지 않는 것에 지원을 요청하는 일은 쉽지 않았다. 하지만 뜻밖에 기업인들 가운데 기대 이상의 이해와 동의를 보여주는 사람들을 만났다. 어떤 분야든 꾸준히 발전하기 위해서는 결국 사람이 중요하다는 것을 기업만큼 절실하게 느끼는 곳도 없을 테니, 어찌 보면 당연한 가능성이었는지 모른다. 그래도 여전히 어려운 숙제는 남아 있었다. 사업이 부단히 이어질 수 있으려면 성과를 계량화해서 숫자로 내보이진 못하더라도 의미 있는 일이라고 공감할 만한 결과를 만들어내야 했다.

지원할 대상을 찾는 것도 쉽지 않았다. 우리 계획은 새로 도서관을 만드는 것이 아니라, 도서관운동에 분명한 전망을 갖고 사립도서관을 운영하고 있는 주체를 지원해서 역량을 북돋우는 방식이었다.

초기에는 이미 사업을 기획할 때부터 염두에 둔 도서관들이 있어서 큰 어려움이 없었다. 느티나무가 도서관으로 정체성을 결정하는 데 영향을 미친 서울 난곡의 주민도서실 새숲, 도서관 세울 준비를 할 때부터 느티나무도서관학교에도 참가하고 꾸준히 소통해온 부산의 맨발동무도서관, 느티나무 개관 무렵부터 설립자인 이선배 선생으로 시작해 여러 해 동안 교류해온 대전의 모퉁이도서관. 이미 파트너라고 할 수 있는 도서관들이 있었다. 그래도 지원대상을 결정하고 협약을 맺는 절차는 할 수 있는 한 틀을 갖추고 원칙을 지키려고 했다. 느티나무를 포함해서 사립도서관들 대부분이 열정과 에너지는 넘치는 반면 형식에서 부족한 게 많다는 걸 의식했기 때문이다. 사업이 본래 뜻을 살리면서 제대로 이어지기 위해서는 내용과 형식을 모두 갖춰야 했다. 개별적으로 도서관들을 방문해 사업을 소개하는 기회를 갖고, 평가위원회를 꾸려 각 도서관의 설립취지와 활동해온 이력, 운영현황, 향후 계획까지 세심하게 검토했다. 대상 도서관들에도 지나온 과정을 갈무리하고 앞으로 전망을 다시 생각해보는 기회가 되었다. 그런 과정을 거쳐 마침내 2007년 말부터 2008년 상반기까지 6개월에 걸쳐 세 군데 친구도서관과 차례로 협약을 맺었다.

마을 하나, 도서관 하나, 사서 하나

친구도서관들은 기대했던 것보다 빠른 시간에 변화를 보였다. 단 한 명이라고 해도 상근하는 사서가 생겼다는 사실은 자원활동가들이 품앗이로 운영하던 도서관서비스에 크게 영향을 미쳤다. 하루하루 도서관 문을 열고 지키는 것도 버거웠는데, 일상서비스가 안정되니 좀더 멀리 내다보며 전망과 단계별 목표를 세워갈 수 있게 되었다. 해마다 한 해 사업을 평가하고 다음 한 해 동안 사업계획을 세우는 틀이 마련된 것이다. 살림을 꿰차고 안주인 역할을 할 사람이 생긴 셈이니, 돌아가며 당번을 맡아 활동하던 자원활동이 주춤해지지 않을까 하는 걱정도 있었다. 다행히 각 도서관별로 더 적극적인 계획을 세웠고, 오히려 부담을 덜게 된 자원활동가들이 좀더 자유롭게 하고 싶던 일을 찾아 집중할 수 있게 되었다.

친구도서관마다 각자 속한 지역의 다른 도서관이나 단체들과 연계하는 노력 또한 이어졌다. 가까운 공사립도서관의 사서들과 공부하는 모임을 꾸리기도 하고 지역의 작은도서관협의회에서 주도적인 역할을 하기도 했다. 좀더 범위를 넓혀 다른 지역에서도 도서관 운영사례를 발표하고 도서관 설립 과정에 구체적으로 힘을 보태기도 했다. 전국도서관대회나 국립어린이청소년도서관에서 개최하는 국제심포지엄이 열릴 때면 재단에서 친구도서관 멤버들까지 함께 참가신청을 해 도서관계 내에서 교류의 폭을 넓히는 기회로 삼았다.

친구도서관사업은 각 도서관들이 지역에서 모금활동을 하는 데도 힘이 되었다. 협약식을 하고 현판을 붙이고 새 책이 늘어나고 무엇보다 상근하는 사서가 생긴 걸 보고 재단에서 지원을 받게 되었다는 게 알려지면서 그 도서관의 가능성을 인정받은 것처럼 여기는 분위기가 생겼다. 밖에서도 우리 도서관을 지원하는데 혜택을 누리는 우리가 힘을 보태야 한다며 후원신청을 하는 이용자들도 있었다.

부산의 맨발동무도서관은 새로운 공간으로 이전하고 공공도서관 등록까지 마쳤다. 마침 사단법인 미래포럼에서 '다음 세대를 위한 실천사업'으로 실행한 마을도서관 지원사업의 대상으로 선정된 것이 큰 힘이 되었다. 느티나무도서관도 지원사업의 협력단체로 참여해 3년에 걸친 사업의 전체 과정에 힘을 보탰다. 특히 맨발동무도서관은 공공도서관으로 등록하면서 부산시에서 사립도서관 운영비 지원까지 받게 되었다.

친구도서관. 서울 난곡주민도서관새숲(위쪽) 현판식, 부산 맨발동무도서관(아래 왼쪽), 대전 모퉁이어린이도서관(아래 오른쪽).

친구도서관사업이 남긴 것

'도서관에 사서가 필요하다'는 인식이 차츰 공감을 얻는 건 분명해 보인다. 공사립도서관들의 인건비 수준은 5~6년 전과 비교하면 꾸준히 높아지고 있다. 문화부에서는 작은도서관을 대상으로 한 인력지원 사례라고 볼 수 있는 순회사서 파견사업을 추진하기 시작했다. 불안정한 일자리가 자꾸 늘어나는 것 같아 안타깝고, 사업 방식도 지역의 공공도서관 망을 통해서 전체 도서관서비스 역량이 높아지도록 하면 좋겠다는 아쉬움이 있긴 하다. 하지만 인력의 중요성을 인식하게 되었다는 사실 자체는 반갑고 기대되는 일이다. 규모가 작은 사립도서관들에서도 이제 도서관으로 기능하려면 사서가 있어야 한다는 인식을 갖게 된 곳이 많다.

아직 가야 할 길이 먼 것은 사실이다. 정규직과 비정규직의 차이는 비교할 수도 없는 수준인데 자꾸 보조인력으로 자리를 채운다. 도서관에서 사람의 몫이 제자리를 가지려면 풀어야 할 숙제가 여전히 많다. 그런 흐름 속에서 느티나무도서관은 지난 6년 동안 친구도서관사업의 취지와 사례를 알리면서 사람의 중요성과 인건비 지원의 필요성을 꾸준히 이야기해왔다. 그 노력이 인식을 변화시키는 데 얼마나 기여했는지 증명할 수는 없다. 우리가 해온 일들이 늘 그랬다. 그래서 자꾸 '운동'이라는 말을 쓰는지 모른다. 구슬 한 알을 굴려서 다른 구슬에 부딪혀 그 구슬을 구르게 만들고, 또다른 구슬들로 이어지게 만드는 움직임. 모든 순간을 증명할 수도 없고 굳이 증명할 필요를 느끼지도 않지만, 그런 움직임을 일으키는 게 우리가 해온 방식이었다고 할 수 있다. 그렇다면 앞으로도 뭔가 '일어나고 있다는' 걸 감지하는 것으로 의미를 확인하고 다시 계속

해나갈 이유와 힘을 찾아야 하지 않을까.

도서관 운영 방향과 기본적으로 무엇이 필요한지에 대한 인식에도 기여했다. 우리는 현장에 발을 딛고 있었기 때문에, 언제나 아주 구체적인 사안들을 통해서 말을 걸려고 했다. 도서관의 가치와 역할이라는 커다란 담론을 어떻게 실천으로 담아낼 수 있는지 사례를 만들려고 했다. 그런 시도가 현장에서 고민하는 사람들에게 가닿았던 것 같다. 지난 6년 느티나무의 친구도서관인 새숲, 맨발동무, 모퉁이, 세 도서관 모두 전국 공사립작은도서관의 벤치마킹 사례로 꼽히게 되었다.

친구도서관사업에서 인건비를 지원하는 것 외에 재단이 한 몫을 한마디로 표현하면 '기술지원'이라고 할 수 있다. 먼저 달마다 평가워크숍의 형식으로 교육을 진행했다. 우리가 어디에 있는지 어디로 가고 있는지 무엇을 하려 하고 무엇이 필요한지, 우리 자신을 제대로 파악하고 평가하는 것이 초기 교육과정의 목표였다.

친구도서관은 서울, 부산, 대전, 하나같이 멀리 떨어져 있었고 각자 도서관에서 자리를 비우는 것도 쉽지 않았다. 그럼에도 달마다 워크숍을 진행했다. 만나기만 해도 힘이 되는 사람들이긴 했으나 멀리서 꼬박 참석하는 친구도서관들의 수고를 생각하면 알찬 내용으로 꽉 채우고 싶었다. 친구도서관사업의 중요한 축이었던 워크숍은 새로운 '평가'의 틀을 만들어보자는 도전이기도 했다. 평가라는 수식어를 썼지만 점수를 매기기 위한 것은 아니었다. 운영현황과 정보를 나누고 전문가들로 구성한 위원회를 통해 과제와 전망을 함께 풀어가는 '관계'를 만들어왔다.

평가 목적은 목표와 계획을 세우고 역량을 높이는 데 두었다. 평가 과

친구도서관워크숍. 달마다 부산, 대전, 서울에서 용인까지 먼 길을 와서 서로의 현황과 고민을 나누었다.

정은 먼저 자체 평가를 해서 그 내용을 공유하고, 브레인스토밍 형식의 워크숍을 거친 뒤 전문위원들의 자문을 얻는 과정으로 진행했다. 평가에 교육과 기획과 협력을 연계해 새로운 개념의 평가를 시도한 것이다. 사실 민간에서 대부분 자원활동가들의 힘을 빌려 운영하는 도서관에서는 책이 몇 권이고 얼마나 이용이 되는지 현황을 파악하는 것조차 어려운 일이다. 워크숍에 참가한 친구도서관 관장과 사서들은 각자 도서관의 현황을 꾸준히 공유하고 서로 경험과 지혜를 주고받으면서 함께 역량을 키워나갔다.

함께 배우고 공유할 일은 차고 넘쳤다. 온라인으로 책을 검색하고 관리할 수 있도록 도서관용 전산시스템을 이용하는 법, 회계문서를 작성하는 법, 조직운영과 교육, 지역에서 네트워크를 꾸려갈 방안…. 달마다 모이는데도 번번이 참가자들은 워크숍을 마친 뒤에도 서고나 사무실에 남아 느티나무도서관 직원들과 관련 업무를 논의하느라 밤늦도록 발이 묶이곤 했다. 실제 업무 환경에서 실제 자료를 놓고 할 수 있는 아주 효과적인 실무 워크숍이 온종일 이어지는 셈이었다.

재단의 여러 사업에 친구도서관들이 파트너로 함께하면서 네트워크의 필요성과 가치 또한 확인할 수 있었다. 한일교류에도 친구도서관들은 늘 함께했다. 꼬박 1년에 걸쳐 심포지엄을 준비하는 동안 일본에서 보내온 수많은 자료들을 번역해서 읽고 토론하는 자리에 언제나 함께했다. 행사 당일은 물론 일본에서 온 손님들과 함께한 모든 일정에 대부분 참여했다. 2009년 오야치렌^{おやちれん}이라고 부르는 일본의 부모자녀 독서지역문고전국연락회^{親子読書地域文庫全国連絡会}가 주최하는 전국대회에서

느티나무도서관의 사례를 발표해달라고 초청을 받았을 때도 친구도서관들이 동행했다. 일민문화상 상금으로 한일교류사업을 진행하고 있던 때라 심포지엄을 치르고 남은 예산을 털어 다양한 관종館種의 도서관인들이 함께 참여할 연수를 기획했는데, 1주일 동안 11개 도서관을 방문한 연수에서도 참가자의 절반은 친구도서관 사람들이었다. 국립어린이청소년도서관이 주최하는 '도서관과함께책읽기' 사업을 2년 동안 재단이 맡아 진행했을 때도 친구도서관이 있는 지역에서는 행사 장소를 마련하고 진행을 하는 모든 과정에 도움을 얻었다. 지역의 환경을 파악하고 참여하는 도서관들과 소통하는 과정에도 크게 의지가 되었다. 네트워크의 힘을 실감하는 경험이었다.

한계와 깨달음

7년 전, 느티나무도서관 2, 3, 4호를 만들어가는 대신 네트워크를 꾸려보자며 시작한 친구도서관사업은 앞서 8년 동안 도서관을 운영하면서 발견한 사립 공공도서관의 역할에 기대를 걸고 기획한 일이었다. 친구도서관사업의 초기 목표는 사립 공공도서관을 찾아 연계하는 것과 그 도서관들이 각자 지역에서 허브hub 역할을 하도록 북돋운다는 것이었다. 하지만 당초 9개관을 연계하려고 했던 목표는 달성하지 못했다. 꼬박 6년 동안 사업을 이어오면서 친구도서관은 초기의 3개관에서 한 군데도 늘어나지 못했다.

2~3년 전까지만 해도, 해마다 연간 사업계획을 세울 때면 올해는 두 군데 혹은 세 군데 친구도서관을 늘리자고 목표를 세우고, 예비친구도

서관으로 검토할 명단까지 작성하곤 했다. 하지만 번번이 제자리걸음이었다. 다른 사업들에 밀려 계획을 제대로 실행에 옮기지 못했던 것도 사실이다. 그렇다고 자책하고 반성하면서 2차 시기, 3차 시기로 똑같은 목표 설정과 실패를 반복할 수는 없었다. 초기 목표를 다시 점검해야 했다. 이대로 지속할 것인지, 지속한다면 무엇을 어떻게 수정해야 할지 선택하고 결정해야 했다. 예산만 놓고 보면 친구도서관 지원금이 한 해에 5000만 원에서 7000만 원에 달했다. 시기마다 조금씩 달랐지만 재단 전체 예산의 10~15퍼센트를 넘는 비중이었다. 작은도서관 혼자 힘으로 하기는 어려운 자료검색 서비스를 할 수 있도록 각 도서관에 홈페이지를 만들고 서버와 자료DB를 공유하고 유지, 관리하는 데도 해마다 적지 않은 예산이 들었다. 인건비와 마찬가지로 꼭 필요하지만 눈에 보이지 않는 일들이었다.

그사이 도서관이 양적으로 크게 늘어났다. 특히 친구도서관사업 대상으로 볼 수 있는 작은도서관은 동네마다 생겨났고, 작은도서관에 대한 여러 갈래의 지원도 가시화되었다. 국립중앙도서관과 문화부 등 해당 기관에서 인력을 지원하는 사업도 시작했다. 민선5기 많은 지자체장들이 도서관 정책을 내놓았는데 대부분이 작은도서관 지원에 초점을 두고 있었다. 우리가 친구도서관사업을 시도하면서 고려했던 여러 가지 의미를 모두 담고 있는 건 아니지만, 대상이 겹칠 수 있고 그럴 경우 사업 성과를 제대로 가늠하기도 어려워지기 때문에 많은 예산과 노력을 들여서 사업을 지속해갈 명분을 찾기는 갈수록 어려워질 것이었다. 재단 내부적으로는 앞으로 2단계의 전망을 그리고 꾸준히 이어갈 수 있는 기반을

만들기 위해 여러 가지 사업의 우선순위를 다시 조정해야 하는 시기였
다. 진지하고도 현실적으로 도서관계나 사회의 변화까지 고려하면서 사
업의 기획부터 성과까지 평가하고 진단해봐야 했다.

　도서관별로 지난 6년의 성과와 현황을 돌아보며 평가하는 자료를 작
성하고 한자리에 모여 앞으로의 전망을 논의하는 자리를 가졌다. 도서
관마다 차이가 있겠지만, 각 도서관의 자발적인 내적 동인과 의지보다
는 전국에 사립 공공도서관의 허브를 만들고 네트워크로 연계하자는 친
구도서관사업의 비전이 좀더 앞서갔다는 것을 인정해야 했다. 도서관문
화를 발전시키고 확산시킨다는 목적은 다 함께 공유할 수 있지만, 사립
공공도서관으로 등록하고 지역의 허브 역할을 한다는 목표는 또다른 차
원의 일이었다.

　무엇보다 사립으로 공공도서관 하나를 만든다는 것은 한 번의 큰 결
단이 아니라 끊임없는 결단이 필요한 일이라 함부로 선택을 요구할 수
없다. 우리는 다시 찬찬히 각 도서관을 들여다보며 규모나 현황에 따라
조금씩 다른 역할과 발전 전망을 그려가는 게 좋겠다는 결론에 이르렀
다. 앞으로도 세 도서관은 느티나무의 든든한 친구로 교류하고 협력해
나가겠지만 6년 동안 이뤄진 지원은 중단하기로 결정했다. 적지 않은 예
산을 들였던 사업을 중단하기로 했으니, 같은 예산을 들여 더 의미 있는
일을 시도하거나 아니면 전략적으로 전체 사업의 규모를 줄이거나, 또
하나의 선택이 앞에 놓였다. 처음 사업을 기획할 때보다 더 어려운 숙제
다. 그래도 그동안 많은 정보와 경험이 쌓였으니 좀더 지혜롭게 판단할
수 있을 거라고 우리 스스로를 격려하려고 한다.

도서관학교에 이어 두 번째로 '아름다운 마무리'가 필요하다는 걸 배우고 받아들이는 경험이었다. 모쪼록 우리의 이런 다소 무모한 시도와 시행착오와 성과가 도서관문화를 변화시키고 도서관의 미래를 그려가는 데 상상력을 더할 수 있기를 바란다.

길동무,
일본에서 만난 세 갈래 길

한일교류로 우리가 얻은 건 확 눈길을 끄는 아이디어나 프로그램만이 아니었다. 묵묵히 우직하게 걸어가는 이들이 전해주는 힘과 멀리 떨어져 있고 말도 통하지 않아서 살갑게 정을 나눌 수는 없지만, 오히려 그래서 더 넉넉한 믿음과 응원을 나눌 수 있다는 체험이었다. … 어떤 시행착오를 거치더라도, 다 그럴 만한 이유가 있고 생각이 있을 거라 믿고 응원하는 우정은 우리를 용감하게 만들 것이다.

―본문에서

만남

"책 읽기에서 개인의 자유를 보장하는 일이지요."

처음으로 일본을 방문한 2004년 가을, 다섯 시간에 걸친 인터뷰의 마지막 질문에 대한 히로세 쓰네코 선생의 대답이었다. 긴 세월을 도서관과 독서운동에 매달려왔는데 앞으로 과제는 무엇이라고 생각하느냐는 질문이었다. 무게를 가늠하기 힘들 만큼 깊은 표정으로 건넨 한마디는 묵직한 울림을 일으켰다. 마지막 구절을 받아 적던 손끝에서 시작된 전율이 어깨를 타고 온몸으로 퍼졌다.

히로세 선생은 피곤한 내색도 한 치의 흐트러짐도 없이 굵직한 역사의 마디를 짚어가며 이야기를 들려주었다. 칠순을 넘긴 나이라고는 믿기지 않는다는 생각을 100번쯤 했던 것 같다. 50년이 넘는 역사를 한자리에서 게다가 순차통역으로 들으면서 흐름을 놓치지 않으려니 온 신경을 집중해야 했다. 한일아동문학연구모임 회원으로 도쿄 시라유리대학에서 공부하고 있던 박종진 씨가 통역을 맡아주었는데, 그녀 역시 한마디도 빠뜨리지 않고 옮기느라 얼굴이 백짓장처럼 창백해졌다.

히로세 쓰네코 선생은 오야치렌(부모자녀독서지역문고전국연락회)의 대표로 1970년 발족 당시부터 활동해왔으니 일본 도서관운동과 독서운동의 산 역사라 할 수 있다.

공식 기록에는 절대로 담기지 않았을 불편한 진실까지 낯선 방문자에게 담담하게 들려주는 선생의 모습은 감탄을 넘어 우리를 숙연하게 만들었다. 인터뷰에는 패전 후 사상 강화 수단으로 국가가 독서를 주도했던 시기부터 도쿄올림픽을 전후한 일본 경제부흥기에 전국적으로 일어난 문고운동의 전성기를 거쳐 다시 출판계에 불황이 닥친 2000년 무렵까지, 일본 독서운동의 역사가 밀도 있게 담겼다.

히로세 선생의 오랜 친구인 에모리 다카코 선생이 옆자리를 지켰다. 단정하게 틀어 올린 머리, 폴라 스웨터에 긴 플레어스커트를 입은 에모리 선생은 데이비드 스몰이 그리고 사라 스튜어트가 쓴 그림책《도서관》(시공주니어, 1998)의 주인공 엘리자베스 브라운이 책 속에서 걸어 나온 것처럼 보였다. 30여 년 공립도서관에서 일하다 정년퇴직을 한 뒤 민간 독서운동에 함께하고 있었다. 공립도서관의 사서와 민간 도서관운동가가 나란히 앉은 모습. 그들이 쌓아온 세월을 어디서부터 어떻게 들어볼 수 있을까. 이어지는 이야기를 숨 가쁘게 따라가면서도 내내 나를 사로잡았던 두 여인의 특별한 우정은 그 뒤로 두고두고 일본의 민관 도서관운동 역사에 하나의 실마리가 되어주었다.

에모리 선생은 가느다란 손가락으로 빈틈없이 연필을 쥐고, 연도별로 이슈가 되었던 법령과 정책, 그것을 추진한 기구와 단체의 이름이 언급될 때마다 또박또박 정확한 명칭을 한자로 적어서 보여주었다. 그 실시간 메모 덕에 통역으로 듣는 내용을 한결 쉽게 이해할 수 있었다. 동시통역과 문자번역이 한꺼번에 제공되는 행운을 누린 셈이다.

책 읽기에서의 자유를 언급한 마지막 답변은 다섯 시간에 걸친 감동의 여운 속에서 우리를 또 한번 흔들어놓았다. 긴 세월 현장에서 활동해온 사람에게만 보이는 통찰력이 담겨 있던 그 짧막한 한마디가 그 뒤 10년째 한일교류를 이어오도록 만든 계기였다. 그날 돌아오는 길, 언제든 꼭 이들을 한국으로 초대해 좀더 많은 사람들과 만날 기회를 마련하자는 다짐이 불씨처럼 가슴에 담겼다.

인연

일본의 도서관운동에 눈을 돌리게 된 것은 2002년 '도서관학교'를 기획하면서부터였다. 초기 도서관학교는 강좌의 주제와 대상 모두 아동서비스에 무게를 두고 있었다. 당시 느티나무가 어린이도서관이기도 했지만, 어린이서비스에 대한 사회적 요구 때문이기도 했다.

1990년대부터 성장하기 시작한 어린이 출판시장이 눈에 띄게 커져 해마다 어린이책이 쏟아져 나오고 사회적으로 아이들의 독서에 대한 관심도 확대되면서 어린이도서관에 대한 관심과 요구가 놀랄 만큼 빠르게 늘고 있었다. 이듬해부터 시작된 기적의도서관 건립운동이 기획되고 큰 호응을 불러일으킨 것 역시 그 흐름과 무관하지 않다. 도서관에서 어린이서비스가 중요하고 필요하다는 인식이 공유되기 시작했으니 이제 무엇을 어떻게 해야 할지 배워야 했다. 그런 상황에서 어린이에 초점을 두고 진행된 일본의 문고운동은 소중한 경험과 영감을 줄 수 있을 것이라고 기대했다.

도서관학교를 기획하느라 자료를 뒤지다가 일본 아동도서관원 양성 강좌 안내를 만났다. 해마다 진행되고 있는 강좌는 우리가 구상한 것과 거의 흡사한 과정이었다. 가뭄에 단비를 만난 것처럼 설레며 자료를 찾아 읽기 시작했고, 40여 년을 이어온 일본 문고운동의 역사를 알게 되었다. 일본 자료들까지 훑어볼 수 있었던 건 느티나무 개관기념 전시에 그림책 포스터를 빌려주면서 인연을 맺어 도서관학교 기획팀에 합류했던 이혜영 선생 덕이었다. 선생은 대학에서 아동학을 강의하면서 그림책 마니아가 되어 아동문학과 그림책에 관련된 여러 모임에 두루 참여하고 있었다. 선생이 활동하고 있던 한일아동문학연구모임의 여러 번역자와 연구자들을 통해 다양한 일본 자료를 얻기도 하고, 눈에 띄는 자료가 있으면 품앗이로 번역을 해주는 사람들도 만났다. 켜켜이 세월이 묻어나는 자료들을 만나면서 꼭 만나보고 싶은 사람도, 만나서 듣고 싶은 이야기도 늘어갔다. 이렇게 비슷한 생각을 갖고 활동하는 사람들이 있었다니! 어디선가 갑자기 응원군이 나타난 것처럼 힘이 났다.

마침내 2004년 가을, 벼르던 일본행을 실행에 옮기기로 했다. 방문할 도서관과 기관들을 조사해 목록을 만들고 면담 일정을 짜면서 그동안 쌓여온 온갖 궁금증을 담아 질문지를 작성해 보냈다. 도서관이 지역사회에서 어떤 공간으로 자리매김하고 있는지, 어떻게 도서관 고유의 역할에 문화활동이나 사회교육의 역할을 담아내고 있는지, 도서관의 위상과 역할부터 자료분류법, 책 읽어주는 활동의 운영방식, 이용자 교육, 자원활동 운영 같은 실무에 이르기까지 도서관 현장에서 떠올랐던 질문들을 담았다.

일본도서관협회에는 관종별 도서관 기준과 현황, 사서자격과 인력배치, 교육 및 재교육 시스템, 자료조직과 상호대차, 지역별 도서관 네트워크 현황, 도서관과 출판계의 협력관계, 도서관 관련 NPO의 활동, 도서관 후원조직(도서관친구의 모임図書館友の会) 현황, 민관협력 사례 등 일본 도서관계 전반을 이해하기 위한 질문들을 보냈다.

공사립도서관과 문고협의회에 보낸 질문은 일본에서도 큰 이슈로 대두되고 있던 도서관 민간위탁운영의 현황과 문제점은 무엇인지, 어떤 대안을 모색하고 있는지, 도서관에 공부방 기능을 요구하는 갈등은 없는지, 혹시 공부방으로 이용되는 시설을 따로 운영하는 사례도 있는지, 도서관이 '공공성'을 확장하기 위해 어떤 노력을 하고 있는지 등, 주로 두 나라가 공유할 만한 도서관계 주요 쟁점들에 관한 내용이었다.

가깝고도 먼, 닮았지만 또다른

어쩜 이렇게 닮았을까! 일본에서 문고와 도서관들을 돌아보면서 가는 곳마다 눈에 익은 풍경을 만날 수 있었다. 어떤 책들이 꽂혀 있는 책꽂이인지 알아보기 쉽게 하려고 궁리궁리해서 붙여놓았을 안내표지, 청소년들도 볼 만한 그림책들을 눈에 잘 띄게 하려고 책등에 붙여둔 스티커, 낡아서 버리는 책을 오려서 만든 책갈피, 하얗게 삶아 창가에 가지런히 널어놓은 걸레들까지….

도서관의 규모나 환경은 달라도, 어떻게든 도서관이 좀더 넉넉하게 사람을 만나고 책을 만나는 공간이 되도록 만들려는 사람들이 찾아내는 방법은 크게 다르지 않은 것 같았다. 으레 겪게 되는 시행착오까지도 마치 정해진 순서를 밟는 것처럼 닮아 있었다. 그러면서도 어딘가 다르게 느껴지는 건 왜일까? 자꾸 물음표가 떠올랐다. 어둠에 눈이 익숙해지는 데 시간이 걸리는 것처럼, 여행에서 돌아올 무렵에야 그 차이가 보이기 시작했다.

일본에서 문고를 운영하는 이들은 대부분 나이 지긋한 어르신들이었다. 30년 전이나 40년 전과 크게 달라진 것 없이 문고를 이어오고 있었고, 앞으로도 그럴 것 같아 보였다. 조금이라도 더 나은 공간을 마련해 규모를 확장하려는 한국의 도서관들과는 사뭇 다른 느낌이었다. 이건 뭘까? 차이가 보이면서 궁금해지기 시작했다. 들여다보고 묻고 더듬어가면서 우리는 일본의 도서관운동 역사에서 큰 흐름으로 이어진 세 갈

래 길을 만날 수 있었다. 하나는 40여 년을 이어왔고 지금도 이어지고 있는 문고, 또 한 줄기는 1970년대 전국적으로 활동의 고양기를 맞았던 문고들의 공립도서관 청원운동, 그리고 네 개의 문고가 모여서 재단법인을 설립한 도쿄어린이도서관 사례. 그 길을 걸어온 이들의 선택은 그 뒤 우리가 도서관운동의 방향을 정하는 데 든든한 길잡이 역할을 해주었다.

사람과 책, 만남의 밀도

"스물여섯 명으로 시작했는데 이제 아홉 명 남았습니다."

처음으로 일본을 방문한 2004년 가을, 그림책 작가 이와사키 교코 선생이 운영하는 도쿄의 가정문고를 찾아갔던 날이다. 뒤뜰에 별채로 지은 서너 평 남짓한 방에 2,000권이 될락 말락 한 책이 빼곡하게 꽂혀 있고 문 앞 화단에 나무로 만든 작은 간판이 서 있었다. "어린이의 책의 집 子どもの本の家". 멀리서 온 손님을 맞아 분주하게 부엌과 방을 오가던 어르신들은 손수 만든 요구르트와 케이크, 과일까지 푸짐하게 손님상을 차려내고야 겨우 자리에 앉았다.

정갈하게 찻잔이 놓인 작은 탁자 한편에 수북이 그림책이 쌓여 있기에 누가 보는 것이냐고 물었더니 독서회에서 함께 보고 있는 책들이라고 했다. 눈에 익은 한국 그림책도 여러 권 있었다. 회원 가운데 가장 '어린' 축에 드는, 70대에 접어든 어르신이 아동문학계에도 한류 바람이 불고 있다고 농담처럼 말하며 한국 그림책이 좋아 한국어를 배우는 사람들도 있다는 이야기를 들려주었다.

아동문학 작가 이와사키 교코가 운영해온 '어린이의 책의 집'. 40여 년 독서회활동을 하며 '작고 작은 도서관'인 문고에서 아이들과 책의 만남을 이어주고 있는 사람들. 왼쪽부터 이와사키 대표, 자원활동 독서회원들, 오른쪽 고 변기자 선생.

독서모임은 35년 전 스물여섯 명으로 시작했는데 남아 있는 아홉 명을 뺀 열일곱 명의 회원들은 대부분 세상을 떠났거나 몸이 쇠약해져 멀리 있는 아들딸네 집으로 옮겨갔다고 했다. 문고에 다니면서 자란 독서회원의 딸이 이제 자신의 딸을 데려와 책을 읽어주며 자원활동으로 만들고 있다는 문고 회지도 보여주었다. 그런 세월이었다, 35년이란…

한 달에 두세 번만 만나도 35년이면 1,000번이 넘게 모임을 가졌을 사람들에게, 책은 무엇일까? 함께 책을 읽으며 그 세월을 살아온 벗들은, 그 벗들과 함께 아이들을 맞이하고 수천 번 책을 읽어주었을 이 작은 공간은 이제 그들에게 어떤 의미일까? 차마 묻기 어려웠다. 그저 하나도 보태지 않고 소녀처럼 보이던 그들의 눈빛과 미간에서, 책을 올려둔 탁자와 한 벌로 보일 만큼 익숙하게 앉은 자세에서, 책장을 넘기는 손가락의 굵게 패인 주름에서 그 깊이를 짐작할 뿐.

우리가 만난 첫 번째 길은 수십 년을 한결같이 자리를 지켜온 '문고'들이었다. 일본 전역에 걸쳐 그렇게 작은 문고들이 얼마나 많이 만들어졌는지 정확하게 아는 사람은 없었다. 간판도 제대로 달려 있지 않은 곳이 많다고 했다. 히로세 선생이 '요원의 불길처럼' 문고운동이 고양된 시기로 표현한 1970년대에는 3,000에서 5,000개에 달했다는 기록이 있을 뿐이다. 하긴 관에서 지원이나 관리를 받는 것이 아니니 법적인 등록절차가 있는 것도 아니었을 테고, 전국을 돌며 조사를 시도했다고 해도 그 조사기간 동안 문을 열거나 닫는 문고들이 있었을 것이다. 정확하게 현황을 파악하기란 거의 불가능한 일이었을 거라는 걸 짐작할 수 있다.

초기의 문고는 아동문학 작가나 스스로 책을 좋아하고 아이를 키우며 교육에서 독서의 중요성에 관심을 갖게 된 여성들이 개인의 집을 열어서 '가정문고'로 운영하는 경우가 대부분이었다. 시간이 흐르면서 독서모임을 함께하며 뜻을 모은 사람들이 기금을 마련하고 공간을 얻어 '지역문고'를 만드는 사례도 생겼다.

몇 군데 문고를 방문하면서 가장 먼저 눈에 띈 건 문 여는 시간이 아주 짧다는 것이었다. 1주일에 하루나 이틀, 그것도 서너 시간만 여는 곳이 많았다. 그 이야기를 아무렇지도 않게 담담히 말하는 것이 더 놀라웠다. 한국에서는 규모가 아무리 작아도 1주일에 5일 이상, 하루 8시간은 열어야 한다고 여기는 분위기였는데, 반갑고 신선했다. 그리고 궁금했다. 할 수 있는 만큼을 꾸준히 해나가는 그 힘은 과연 어디서 비롯되는 걸까. 여행에서 돌아온 뒤에도 그 질문은 두고두고 마음에 남았다.

4년 뒤 느티나무 한일교류도서관심포지엄에서 마사키 도모코 교수의 주제강연을 통해 한 가지 답을 확인할 수 있었다. 마사키 선생은 문고운영자 출신 교수였다. 1973년 오사카 부 스이타 시에 아오야마다이문고를 열고 40년째 운영하면서 다시 공부를 시작해 세이와대학의 교수가되었다. 그런 사람이 "최근 들어서야 겨우 문고를 하는 의미를 알 것 같다"고 했다. 40년이나 한 길을 걸어와서 깨달은 의미란 무엇일까? 그녀는 문고활동이 "지금을 살아가는 한 사람의 어른으로서 자유의지로 아이들에게 인생의 배턴터치를 하는 것"이라고 정의했다. 그리고 문고는 공공도서관과 달리 '비공식적인 장소'라는 걸 강조했다.

도서관과 문고의 가장 큰 차이는 사람과 사람이 관계를 맺는 구체적인 밀도의 농

오야치렌(부모자녀독서지역문고전국연락회)의 초청으로 2009년 전국교류집회에서 했던 느티나무도서관 사례 소개. 이후 더 다양한 관련 단체, 도서관과 교류가 이어졌다.

도에 있습니다. 서로 얼굴과 몸의 표정이 보이는 관계 속에서 책을 건네주고 있다고 말할 수 있겠습니다.

—〈제1회 한일교류도서관심포지엄 자료집〉, 느티나무도서관재단, 2008

오랫동안 문고를 열고 있는 사람은 그곳에 오는 아이들 하나하나를 자세히 기억하고 있다고 한다. 해묵은 대출 기록과 방문자 기록에 아이들이 서툰 글씨로 써놓은 이름을 보면 바로 그 아이가 어떤 아이이고 어떤 책을 좋아했는지 말할 수 있을 정도라고 한다. 1980년대에 초등학생이었던 독서회원이 자라서 결혼식에 초대를 해 피로연에서 그림책을 읽어주기도 했단다.

그들의 이야기를 들으며 줄곧 느티나무도서관의 풍경이 떠올랐다. 아마 다른 도서관인들 가운데서도 이런 이야기를 들으면 끝없이 이용자들 얼굴이 떠오르는 사람이 있을 것이다. 그렇다면 틀림없이 도서관서비스의 우선순위를 놓고 고민도 하고 갈등도 겪었을 것이다. 느티나무 또한 그랬다. 도서관답지 않아서 신선하다는 응원을 받는가 하면 지금 우리가 하는 게 도서관이 할 일이냐는 문제제기 또한 그치지 않았다. 그런데 그걸 문고와 공공도서관의 자연스러운 차이로 보는 순간, 문고 고유의 특성이자 문고가 있어야 할 이유가 되었다. 자신이 하는 일에 스스로 의미를 부여하고 우직하고 담담하게 그 의미를 실현해나가는 사람들, 우리가 일본에서 만난 첫 번째 길에는 그런 멋진 백발의 실천가들이 있었다.

공공도서관 건립 청원운동, 그리고…

또 한 가지 인상적인 기록은 문고들이 펼친 공립도서관 설립운동이었다. 이와사키문고를 처음 방문하던 날, 전철역으로 마중 나왔던 자원활동가들이 한 건물 앞에서 걸음을 멈췄다. 한국으로 치면 주민자치센터 같은 기능을 하는 공민관이었다. 방문 전 팩스로 주고받았던 방문 코스에는 없던 곳이었는데, 잠깐이라도 들러보면 좋겠다며 꼭 소개해주고 싶어했다(문고 운영자들은 대체로 70대, 최소한 60대 후반의 어르신들이라 이메일보다는 팩스를 주로 사용했고, 우리가 만나본 일본인들은 간단한 식사 자리라도 꼭 미리 일정을 잡아 약속하는 것이 문화인 것 같았다).

"이 건물 3층에 구립도서관이 있습니다. 우리가 청원운동을 해서 만들어졌죠. 문고만으로 필요한 책을 서비스하기엔 턱없이 부족한데 아이들이 다니기에 도서관이 너무 멀었거든요."

문고에서 구립도서관을 만드는 운동을 벌였다니, 김영석 명지대학교 문헌정보학과 교수가 소개해준 도서관친구Friends of the Library 활동이 떠올랐다. 마침 일본 방문을 마치자마자 부산에서 열릴 전국도서관대회에서 세미나를 열기로 예정되어 있었는데 주제가 도서관친구였다. 어쩜 이렇게 세상 모든 일은 다 연결되어 있는지…. 그해에 영국 유학을 마치고 돌아와 주제강연을 맡아준 김영석 교수를 처음 만난 건 한국도서관협회에서 마련한 세미나에서였다. 세계 여러 나라에서 활동하고 있는 도서관친구는 시민들이 자발적으로 만든 조직으로 기금을 모으거나 자원활동을 해서 도서관을 돕고, 걸어 다니는 홍보대사 역할도 하고, 도서관이 폐관 위기에 처했을 때 적극적으로 반대운동을 펼쳐 도서관을 지켜내기도 했다. 이용자, 시민과 함께하는 도서관운동을 꿈꾸던 우리에게 눈이 번쩍 뜨이는 일이었다. 당장 그 활동을 소개할 세미나를 기획하자고 나섰고 가능하면 도서관계 사람들이 가장 많이 모이는 도서관대회에서 자리를 마련하기로 한 것이었다. 당시 도서관협회 기획부장으로 도서관친구 소개 세미나를 마련해주었던 이용훈 서울도서관장은 그 뒤로도 도서관을 반드시 직접 만들어 운영하는 것만이 길은 아니다, 시민으로서 도서관을 세워달라고 당당하게 요청하는 운동도 벌이면 좋겠다고 이야기하곤 했다.

건물 한 층을 차지하고 있던 구립도서관은 큰 규모는 아니지만 구석구석 알차게 자료를 갖추고 있었다. 외국자료 코너에 한국 자료도 얼마간 꽂혀 있는데, 나온 지 얼마 되지 않은 그림책들이 있는 걸 보고 깜짝 놀랐다.

도서관이 세워지기까지 얼마 동안이나 청원운동을 벌였느냐고 물었다.

"한 10년 남짓 걸렸죠."

그리 오래 걸리지 않았다는 표정. 이들은 무슨 일이든 시작하면 10년은 기본이구나, 하고 다시 놀라면서 두 가지 질문이 생겼다. 하나는 어렵사리 문고를 꾸려가면서도 자신들이 운영하는 문고에 지원을 요청하는 대신 공공도서관 청원운동을 벌인 이유였고, 다른 하나는 그 성과로 공공도서관이 만들어진 뒤에도 문고를 닫지 않고 계속 운영하는 이유였다. 그날 이와사키문고에서 넘치는 환대를 받고 긴긴 이야기를 나누고 나오던 길에 그 질문을 건넸다. 돌아온 답은 짧고 명료했다.

"하하, 그래도 책을 읽어줄 아이들이 있었으니까요."

지역의 모든 아이들을 떠올리면 자원봉사로 운영하는 문고만으로는 힘이 못 미치는 한계를 깨달아 도서관 설립운동에 관여하게 됩니다. 저도 같은 경로를 거쳤습니다. 어찌되었던 문고는 월급이 없는 자원봉사자들이 운영합니다. 그렇기 때문에 자유와 독립을 유지할 수 있다고 봅니다.

─마사키 도모코, 〈제1회 한일교류도서관심포지엄 자료집〉, 느티나무도서관재단, 2008

히로세 선생은 문고를 '작고 작은 도서관'이라고 표현했다. 아이들에게 문고는 자연히 그곳에 있는 것이고, 거기서 뿜어져 나오는 어떤 기운에 이끌려 들어가는 장소일 것이라고, 안에 들어가면 부모님도 선생님도 아닌 어른이 그곳에 들어온 것만으로 반겨주고, 책을 읽어주기도 하고, 작은 공책이나 카드에 이름을 쓰기만 하면 책을 빌려주기도 하는 곳. 그렇게 그저 아이의 성장을 조용히 지켜봐주는 곳이라고.

몹시 닮은 것 같으면서 참 다르다고 느끼게 했던 일본 문고들의 활동을 좀더 깊이 있게 들여다보면 민간의 도서관운동이 어떤 몫을 해야 할지 중요한 영감을 얻을 수 있을 것 같았다. 히로세 선생을 비롯한 문고활동가들 역시 긴 세월을 이어온 활동을 오늘의 현실에서 다시 자리매김하고 처음의 마음가짐으로 새롭게 길을 찾아가려 한다고 했는데, 그 시간을 한국에서 같은 고민을 하는 이들과 나눌 수 있으면 좋겠다는 바람도 생겼다. 그런데 그 바람을 이룰 수 있는 기회가 왔다. 2008년 1월 일민문화상을 수상하면서 상금을 5000만 원이나 받아 한일교류활동을 시도하게 된 것이다.

일민문화상과 한일교류심포지엄

일민문화상은 일민 김상만 선생을 기려 1995년 제정된 일민예술상의 바뀐 이름이다. 지휘자 정명훈, 영화감독 임권택, 연극연출가 윤호진처럼 큰 업적을 남긴 예술인에게 시상해오던 것을 2008년 1월, 제8회부터 '문화상'으로 바꾸었다. 국내외 문화활동을 통한 사회복지 증진 등 국가발전에 공헌한 개인이나 단체로 심사대상을 넓힌다는 게 이름을 바꾼 취지였다. 그런데 그 첫 번째 수상자로 느티나무도서관이 선정되었다. 게다가 상금이 5000만 원이나 되다니!

일민문화상 심사위원회는 느티나무도서관이 입시 공부 공간으로 변질된 도서관, 책 읽기를 강요하는 도서관에서 벗어나 어울려 배우고 소통하는 풍요로운 지역사회를 만드는 데 기여했다고 선정 이유를 밝혔다. 예술상을 '문화상'으로 확대하면서 맨 처음 수상대상을 '도서관'으로 정하다니, 고맙고 기뻤다. 단지 느티나무의 성과가 아니라 도서관에 대한 사회의 기대와 응원을 보여주는 것 같았다. 그 의미를 도서관계 전체와 공유하고 싶었다.

한일교류심포지엄을 기획하기 시작했다. 목돈이 생기자마자 곧바로 한일교류에 쓰자는 생각이 들 줄은 나도 미처 몰랐다. 수상 소식을 전해받은 건 새로 건물을 짓고 옮겨 온 지 두 달쯤 되었을 때였다. 사립문고를 공공도서관으로 만들기까지 우리가 건너야 했던 길고 지난한 선택의 시간들 속에서 이웃 나라 선배들이 큰 힘이 되었다는 걸 새삼 확인할 수 있었다. 일본에서 만났던 이들을 초청해 일본 도서관운동의 역사를 들어보고 한국의 도서관인들과 함께 일본을 방문할 기회도 마련해서, 서

오야치렌 전국교류집회에 초청을 받고 느티나무에서는 친구도서관들을 비롯하여 다양한 관종의 도서관인들을 초대해 일본도서관연수를 진행했다. 행사를 마친 뒤 일본 문고활동가들과 함께.

로 고민하는 문제들에 지혜를 모으고 도서관의 미래를 모색해보기로 했다. 서둘러 답을 얻겠다는 욕심은 아니었다. 우리는 우리대로 현실에 맞게 길을 찾아가야 한다는 걸 잘 알고 있었으니까. 하지만 앞서 길을 내고 걸어간 이들과의 만남은 의미 있는 영감을 줄 것이라고 기대했다.

그 무렵 한국에서는 어린이도서관과 작은도서관에 대한 관심이 꾸준히 높아지는 가운데 몇 가지 뜨거운 감자라고 할 만한 문제들에 맞닥뜨리고 있었다. '작은도서관'에 대한 논의가 활발해지면서 우후죽순처럼 곳곳에 문고가 만들어지고 정부, 지자체, 기업 등 다양한 통로로 지원도 이뤄지기 시작했다. 도서관운동을 벌이는 사람에게는 더할 나위 없이 반가운 일이지만, 걱정도 컸다. 혹시 공간만 있으면 몇 천만 원 들여 리모델링하고 책 몇 천 권 채워 넣어서 작은도서관 하나씩 '뚝딱!' 만들 수 있다고 여기는 건 아닐까. 전담할 사람도 없이 자원봉사자들이 돌아가며 자리를 지키면 도서관이 운영된다고 생각하는 건 아닐까. 뿐만 아니라 늘어나는 공공도서관 민간위탁의 문제, 여전히 팽팽한 긴장으로 맞서고 있는 학교도서관 사서 배치 문제도 일본이나 한국 모두 당면한 이슈들이었다.

책과 아이들을 이어줄 사람이 필요한데 어떻게 사람을 세우고 어떻게 키울지, 인력을 확보하는 데 필요한 정원과 예산을 마련하기 위해서는 각자의 자리에서 무엇을 할지, 갈수록 책에서 멀어지는 아이들과 과연 어떻게 하면 책 읽는 즐거움을 나눌 수 있을지, 공공도서관의 민간위탁 흐름에서 어떤 문제들이 예상되는지, 대안은 어디서 찾을 수 있을지, 어느 것 하나 짧은 시간에 풀어낼 수 있는 문제는 아니지만 한 가지씩 토론하고 고민하며 다시 길을 찾아볼 기회를 마련해보기로 했다.

한일교류도서관심포지엄을 준비하는 데 꼬박 8개월이 걸렸다. 도쿄, 오사카, 용인 사이에 수없이 메일과 전화를 주고받으면서 민간교류가 왜, 얼마나 중요한지 느낄 수 있었다. 눈이 번쩍 뜨이는 자료들도 만났다. 일부는 저자들이 흔쾌히 허락해준 덕에 심포지엄 자료집에 옮겨 실었다. 부모자녀독서지역문고전국연락회에서 펴낸 히로세 쓰네코 선생과 마쓰오카 교코 이사장의 대담집은 너무 아까워 아예 한국어 번역판을 만들었다. 귀한 자료지만 많은 부수를 발행할 내용은 아니라서 전문편집자에게 의뢰도 하지 못하고 아래아한글로 직접 편집하고 제본했다. 일본 내에서도 공식적으로 발행되지 않은 비非자료들을 엿보는 행운도 누렸다. 민간교류가 아니면 꿈꿀 수 없는 특권이었다. 가장 큰 행운은 역시 같은 꿈을 꾸면서 먼저 길을 간 사람들을 직접 만나 그 길고 긴 이야기를 들을 수 있다는 것이었다. 책이나 자료집으로는 절대로 전달되지 못할, 말하자면 '암묵지tacit knowledgy'를 주고받는 경험이었다.

일본을 처음 방문했을 때부터 느티나무도서관의 도쿄통신원 역할을 해준 박종진 씨는 미야자와 겐지에 대한 연구로 박사논문을 준비하면서 한창 바쁜 때였지만, 시간을 쪼개 우리가 관심을 보이는 자료들을 일일이 번역해주었다. 심포지엄이 열렸을 때는 본 행사만이 아니라 한국에 머무는 동안 모든 일정에 동행하며 통역을 맡아주었다. 오사카의 바이카여대에서 역시 아동문학으로 박사과정을 마친 김영순 씨, 번역가로 활동하는 고향옥 씨를 비롯해 많은 사람이 힘을 보탰다.

토론자도 다양하게 구성했다. 공립 공공도서관, 사립문고, 민관이 힘을 모아 세운 기적의도서관 등, 각자 서 있는 자리는 다르지만 한결같이 아이들과 책의 만남을 꿈꾸며 실천하는 사람들을 토론자로 섭외했다. 일본의 문고활동이 싹을 틔운 1960년대부터 전성기를 누린 1970년대까지 한국에서는 마을문고운동이 펼쳐졌는데, 그 주역이었던 이용남 교수가 심포지엄과 하루 앞서 열린 좌담회 모두 좌장을 맡았다. 두 나라 도서관운동 역사의 주인공들을 한자리에서 만나는 행운을 누렸다. 이웃나라 손님들이 다양한 관종의 도서관을 방문해볼 수 있도록 국립어린이청소년도서관에 협조를 청해 좌담회를 아예 국립어린이청소년도서관에서 열었다. 그 만남을 계기로 다음해 국립어린이청소년도서관의 국제심포지엄에 마쓰오카 이사장이 초대되기도 했다. 많은 사람이 힘을 보탠 덕에 심포지엄은 이론을 놓고 토론하는 자리가 아니라 함께 길을 찾아가는 친구들을 만나는 자리가 되었다. 책과 사람을 만나는 일을 삶으로 살아내는 이들과 함께하는 시간은 심포지엄이란 말뜻 그대로 '향연'이었다.

사립도서관의 존재 이유

또 하나의 길은 한 해 뒤, 2009년에 열린 제2회 심포지엄에서 소개되었다. 네 개의 문고가 모여 하나의 사립도서관을 만든 재단법인 도쿄어린이도서관으로, 느티나무도서관과 가장 비슷한 사례라고 할 수 있다. 굳이 차이를 말하자면 도쿄어린이도서관은 도서관 자체가 재단법인으로 일체화되어 있고 어린이책과 서비스에 특화된 전문도서관이라고 할 수 있다면, 느티나무는 공공도서관이자 도서관운동을 펼치는 단체다. 하지만 도서관 운영을 위해 재단법인을 세우고 민간의 힘으로 도서관

2008년 느티나무도서관재단 주최로 열린 제1회 한일교류도서관심포지엄.

활동을 벌여온 과정은 거의 비슷하다. 느티나무가 사립문고에서 시작하여 공공도서관을 세우고 도서관운동을 펼치는 재단법인으로 활동하면서 꿈꾸고 고민하고 시도하고 선택하며 거쳐온 거의 모든 시간을 도쿄어린이도서관의 역사에서도 그대로 만날 수 있었다. 마쓰오카 이사장이 쓴 글에서 언젠가 내가 쓴 원고와 똑같은 대목을 발견하기도 했다. 그럴 때면 중요한 결정을 앞두고 옳은 선택일까, 놓치지 말아야 할 것을 놓치고 있는 건 아닐까 흔들리던 우리에게 괜찮다고, 잘될 거라고 도장을 쾅 찍어주는 것처럼 힘을 얻곤 했다.

㈜도쿄어린이도서관을 설립한 주체는 네 개의 문고였다. 1950년대에 문을 열어 일본 전국에 문고의 열기가 확산되도록 만든 쓰치야아동문고 2개소(도쿄 세타가야 구, 주오 구), 전 이사장이자 설립자인 작가 이시이 모모코 선생의 가쓰라문고(도쿄 스기나미 구), 현재 이사장을 맡고 있는 마쓰오카 선생이 1967년 자택에서 문을 연 마쓰노미문고(도쿄 나카노 구)가 뜻을 모아 1971년 도쿄어린이도서관 설립준비위원회를 구성했다. 1974년 재단법인 설립인가를 받고 자료실 서비스를 시작하면서 스토리텔링 강습회와 출판사업도 시작했다. '이야기꾼'들을 위해 세계 곳곳의 이야기들을 찾아 엮는 〈이야기의 양초おはなしのろうそく〉 같은 출판물을 꾸준히 펴내고 있고 그 수익으로 도서관운영 재원의 절반 이상을 충당한다.

이시이 모모코 전 이사장의 뒤를 이은 마쓰오카 교코 이사장이 2009년 느티나무도서관재단 한일교류도서관심포지엄에서 주제강연을 맡아 '사립도서관의 존재 의의'를 이야기해주었다. 마쓰오카 이사장은 그렇게까지 고생을 하면서 왜 사립도서관을 운영해야 하느냐는 질문을 종종 받는다고 했다. 그의 대답은 자신도 지금 하고 있는 일을 공립도서관에서, 즉 돈 걱정을 하지 않고 할 수 있다면 얼마나 좋을까 생각할 때가 있지만 현실적으로 공립에서는 하고 싶은 일을 쉽게 하게 해주지 않는다는 것이었다.

어떻게 하느냐에 따라서 할 수 있는 것, 즉 습관이나 사고방식을 고치면 공립이라는 테두리 안에서 가능한 일도 있습니다. 그러나 공립 안에서 뭔가를 고쳐나가는

2009년 제2회 한일교류도서관심포지엄에서 주제강연을 하고 있는 마쓰오카 이사장.

데는 큰 저항이 있어, 정신이 아득해질 정도로 오랜 시간과 노력이 필요한 경우가 많습니다.

마쓰오카 이사장은 1960년대 초 미국으로 유학을 가서 도서관학 석사학위를 받고 아동전문사서로 일하기도 했다. 귀국한 뒤 공립도서관에 자리를 잡았지만, 도서관원이 전문직으로 인정받지 못하기 때문에 같은 자리에 머물 수 없는 일본의 현실에서는 배운 대로 어린이서비스를 계속해나갈 수 없겠다는 판단에 다른 길을 선택하게 되었다.

열심히 아동 봉사를 하고 있던 직원이 어느 날 갑자기 세무과로 이동해야 하는 일이 생깁니다. 얼마나 안타까운 일입니까? 이래서는 지식과 경험을 쌓아서 그것을 다음 세대에 전할 수 없습니다.

아동사서의 꿈을 이루기 위해 도서관을 떠난 마쓰오카 이사장이 자신의 집에 문고를 열고, 몇 년 뒤 다른 세 군데 문고 운영자들과 의기투합하여 사립도서관을 세우게 된 배경이다. 도서관을 살아 숨 쉬게 만드는 건 결국 사람인데, 도서관의 인력충원과 양성이 어렵기는 일본이나 한국이나 다르지 않았다. 이후 일본에서도 도서관계에 많은 변화와 발전이 있었고, 1970년대의 현실에서 도쿄어린이도서관은 어린이책과 독서에 관한 사립 전문도서관으로 정체성을 세웠다. 그 뒤 30여 년 활동을 지속하면서 인재를 기르고 자신들이 쌓아온 지식과 경험을 세상에 돌려주는 역할을 한다는 자부심을 갖고 있다.

도쿄어린이도서관이 사립도서관으로 유지해가는 또 한 가지 중요한 이유는 책을 선정하는 자신들의 기준을 지킬 수 있다는 것 때문이었다. 해마다 그해에 출판된 어린이책을 '모두' 검토하여 컬렉션을 만들고 자료로 펴낸다. 새로 나온 책을 나눠 읽고 서평을 쓰는 것이 직원 모두의 기본 업무다.

마쓰오카 이사장은 도쿄어린이도서관의 장서가 하나의 생각, 철학 혹은 가치기준의 표현이라고 힘주어 말한다. '세금으로 운영하지 않는 사립도서관이기 때문에' 책을 선정하는 기준을 자신들이 정하고 그것을 관철할 수 있다는 것이 그들로 하여금 기꺼이 사립도서관의 길을 이어가게 만드는 힘이었다고.

사립이라는 것은, 힘겨운 운영과 맞바꾸어 그 표현의 자유를 확보하는 길이라고 할 수 있을지 모릅니다.

도쿄어린이도서관TCL 어린이열람실(왼쪽). 강의기획부터 출판까지 연구활동이 진행되는 2층 사무실(가운데), 자료실에서 한국 옛이야기를 골라 보여주고 있는 TCL의 아라이 도쿠코 이사(오른쪽).

도쿄어린이도서관 지하자료실. 세계의 이야기책이 벽을 가득 채우고 있어 연구자와 작가들도 많이 이용한다.

우정

"No, no! Just between you and me…."

굳이 영어를 쓰면서 일행을 남겨두고 손을 잡아끄는 마쓰오카 이사장의 표정을 보고 군말 없이 따라갔다. 심포지엄을 치르고 한 해 뒤 다시 마련했던 도쿄어린이도서관과 느티나무도서관의 교류회 행사에 참석했던 일본 손님들을 공항으로 배웅하러 나선 길이었다. 선생이 영어로 이야기를 꺼내면 통역 없이 긴히 이야기하고 싶다는 신호였다. 동행한 젊은 직원들이 "도우조, 도우조どうぞ, どうぞ" 하면서 어서 가보라고 손짓하는 걸 보니 무슨 일인지 짐작하는 듯했다.

마쓰오카 선생은 자리를 옮기고 나서야 잡고 있던 손을 풀고 가방에서 뭔가를 꺼냈다. 십자수로 만든 책 커버였다. 그 안에서 다시 한지로 곱게 싼 편지봉투를 꺼내 손에 쥐어주었다. 돈이었다. 엔화가 아니라 원화. 펼쳐서 세어보지 않아도 강연 사례비로 전했던 돈이라는 걸 짐작할수 있었다. 선생은 그제야 굳이 자리를 옮긴 이유를 말했다. 이 돈은 아무도 모르게 그냥 쓰고 싶은 데 쓰라는 당부를 하고 싶었단다.

"…."

순간 5년 전 그 저녁의 골목길이 떠올랐다. 처음 일본을 방문했던 가을, 도쿄어린이도서관을 찾아가 긴긴 이야기를 나눈 뒤 일정에 없던 식사를 함께하자는 선생을 따라가 작은 식당에서 늦은 저녁으로 우동을 먹고 나서던 길이었다. 우리는 긴 악수와 짧은 인사를 주고받았다.

"선생님 뵌 덕에 앞으로 5년은 끄떡없이 버틸 것 같습니다."

"하하, 나도 5년은 더 살 수 있을 것 같네요. 느티나무가 어떤 도서관

한일교류도서관심포지엄 기간 중에 열린 스토리텔링 워크숍. 스토리텔링 교육과정으로 세계적으로 잘 알려진 도쿄어린이도서관의 마쓰오카 이사장과 시미즈 선생.

으로 성장해가는지 정말 궁금해서 꼭 지켜보고 싶거든요."

종일 내리던 비가 그쳐 손에는 긴 우산을 접어서 들고 어깨엔 그림책이 열 권도 더 들어갈 만큼 커다란 가방을 메고 뚜벅뚜벅 걸어가던 그녀의 걸음걸이와 귓가로 흘러내린 흰 머리카락을 사진처럼 눈에 담았었다. 다섯 해쯤 지난 뒤 다시 만나자는 무언의 약속과 함께. 정말 그리 될 줄은 몰랐는데 꼭 5년 만이었다. 그녀가 궁금해하던 느티나무도서관으로 초청을 해서 며칠을 함께 보내고 다시 헤어지는 자리에 선 것이다.

한지와 십자수로 겹겹이 정성을 담아 건넨 돈은 사양할 수 있는 물건이 아니었다. 그 무한대의 신뢰와 기대와 격려를 나는 스스럼없이 받아들었다. 잘 쓰겠다, 보고 싶을 거라는 인사만 건네고 그 어질고도 진취적인 어른의 어깨를 한참 안고 서 있었다. 앞으로 몇 년은 또 잘 이어갈 거라는 약속과 당신도 그때까지 건강하게 있어 달라는 바람을 그렇게 전했다.

나의 선배이자 멘토이자 동지인 마쓰오카 이사장은 지금도 인사동 나들이 길에 산 고운 비녀를 꽂고 세계 곳곳에서 열리는 심포지엄과 도서관대회, 유네스코 행사장을 누비며 도서관으로 꾸어온 꿈을 전하고 있다. 그런 우정이 가능했던 건 일일이 말하지 않아도 헤아릴 수 있을 만큼 서로 지내온 세월과 경험이 닮아 있었기 때문일까? 처음엔 그렇게만 생각했다. 그런데 두 나라의 도서관재단이 교류하면서 한쪽의 대표가 다른 한쪽의 대표에게 용돈을 건네고 또 스스럼없이 받아들 수 있을 만큼 신뢰가 쌓인 건 어쩌면 우리가 서로 다르기 때문일지도 모른다는 생각이 들었다. 법과 제도와 문화와 언어가 다른 나라에 발을 딛고 서 있고 이 광속의 시대에 30년이나 시차를 두고 살아간다는 사실이, 그 공간과 시간의 거리가 서로를 좀더 묵묵히 지켜볼 수 있는 여유를 허락하는 건 아닐까.

민간교류가 우리 자신을 더 명징하게 보여준다고 느꼈던 것도 그런 맥락에서 비롯된 것일지 모른다. 띄엄띄엄 이어지는 만남의 간극과 번역하고 통역하느라 자료를 곱씹는 시간을 통해 서로에게 얻은 영감을 충분히 숙성시킬 만한 사유가 가능했던 것 같다. 우리 안에서도 바로 그 '적절한 거리두기'가 필요하지 않을까. 공립이든 사립이든, 작은도서관이든 공공도서관이든, 교육청 소속이든 지자체 소속이든, 도서관으로 꿈을 꾸며 고군분투하는 사람들과 그렇게 존재만으로 응원이 되고 서로를 비춰보며 배우는 우정을 나눌 수 있으려면 말이다.

같은 꿈을 품고 길을 가는 사람들이라면 방법은 다르더라도 세상에 둘도 없이 든든한 동지가 되고 응원단이 될 수 있다. 그런데 현실의 관계에서는 미묘한 긴장이 생긴다. 우리가 겪어온 시간도 그랬다. 하나의 길을 택하면 그것만으로 다른 길에 선 사람들을 부정하는 것처럼 받아들여지곤 했다. 긴장이 어떤 힘을 갖게 하는 건 분명하다. 같은 고민을 놓고 답을 찾아가려면 치열한 논쟁과 과감한 비판이 필요할 때도 있다. 하지만 지금 한국 도서관계는 차이를 따져 편을 가르고 차별성을 드러내 경쟁하기보다는 공존하고 함께 성장하는 법을 배우는 것이 더 필요해 보인다. 무엇보다 서양에서 200여 년을 거친 과정을 채 20년도 안 되는 시간 동안 압축해서 거치고 있기 때문이다. 한꺼번에 훨씬 다양한 경험을 하는 게 당연하고 마땅하다. 빠른 흐름 속에서도 배우고 역량을 다지면서 미래를 그려가려면 평가나 경계로 옥죄거나 움츠러들지 않아야 한다. 실패나 시행착오도 무릅쓸 만큼 거침없이 상상력을 펼쳐야 할 때다.

한일교류로 우리가 얻은 건 확 눈길을 끄는 아이디어나 프로그램만이 아니었다. 묵묵히 우직하게 걸어가는 이들이 전해주는 힘과 멀리 떨어져 있고 말도 통하지 않아서 살갑게 정을 나눌 수는 없지만, 오히려 그래서 더 넉넉한 믿음과 응원을 나눌 수 있다는 체험이었다. 어떤 시도를 하고 어떤 시행착오를 거치더라도, 다 그럴 만한 이유가 있고 생각이 있을 거라 믿고 응원하는 우정은 우리를 용감하게 만들 것이다. 마쓰오카와 히로세, 마사키와 에모리 선생들이 그랬던 것처럼.

살면서 참 멋진 인생이라고 여겨지는 이들을 만나 우정을 나누는 일은 수평선에 떠오른 고래나 은하수를 만나는 것만큼이나 큰 행운임에 틀림없다.

작은도서관 현상이 주는 메시지

자기 중심에 책이 좋다는 의지가 있어서 문고를 하는 사람은 꽂아둘 책을 고르지 못하는 일은 없을 겁니다. 그렇지 않고, 좋은 일이니까 문고를 해봅시다, 하고 다 같이 시작해서, 어떤 책을 고르면 좋을지 모르니까 가까운 서점에 전부 맡겨버리고, 그나마 서점도 고르질 못해서 도매점에 통째로 맡겨버려 거기서 한꺼번에 보낸 전집이 놓여 있는 문고도 있습니다. … 확대된다는 건 그러한 문제들이 생기는 일이라고 여겨야 할 것입니다. 그런 식으로 하면 안 된다거나 이렇다 저렇다 말할 수는 없다고 생각합니다.

—마쓰오카 교코 · 히로세 쓰네코, 〈어린이 · 책 · 사람 그 만남을 위해〉, 느티나무 도서관재단, 2008, 47쪽

작은도서관 '현상'

지난 10년 도서관계의 대표적인 이슈 가운데 하나가 작은도서관이다. 수많은 공사립 작은도서관들이 만들어졌고 지금도 만들어지고 있다. 언론의 도서관 관련 기사에서도 작은도서관 소식이 압도적이고, 최근 몇 년간 지방선거나 총선 후보들의 공약에서도 도서관에 대한 언급은 작은도서관 활성화 정책이 전부였다. 작은도서관 '현상'이라고 할 만하다. 이런 현상을 빚어낸 배경은 무엇일까? 과연 그 요구에 맞는 성과를 거두고 있는 걸까?

작은도서관, 예산과 인력부담을 줄이기 위한 편법?

작은도서관에 대한 요구는 '도서관이 가까워지면 좋겠다'는 바람에서 출발했다. 작은도서관 관련 정책이나 기사의 첫머리에 '걸어서 10분'이라는 수식어가 붙는 것만 봐도 짐작할 수 있다. 느티나무도서관이 문을 연 2000년 초 400개에 불과하던 공공도서관이 874개로 늘어났다. 숫자로만 보면 두 배가 훌쩍 넘게 늘었다. 그래도 여전히 '도서관이 너무 먼' 지역이 많다. 전국 읍면동 수가 3,468개이니 그 절반에라도 도서관이 생기려면 또다시 두 배쯤 도서관을 늘려야 한다. 공공도서관 하나를 세우려면 평균 70~80억에 달하는 건립비를 들여야 하고, 인력을 충원하려면 공무원총정원제나 총액임금제라는 벽을 넘어야 한다. 기획부터 개관까지 시간도 2년 가까이 걸린다. 4년 주기의 지자체에서 우선 정책과제로 삼기는 쉽지 않은 일이다. 그 지점에서 작은도서관은 유용한 대안이었다. 많은 지자체들이 사립작은도서관을 지원하고, 나아가 공립작은도서관 '조성'에 나섰다.

　작은도서관이 공공도서관 건립에 드는 예산, 인력, 소요기간 등의 부담을 극복할 수 있는 대안이라는 말을 뒤집으면 지자체의 책임을 비껴가는 편법으로 이용될 가능성이 있다고 말할 수 있다. 도서관서비스의 사각을 작은도서관이 보완할 수 있다면 다행스러운 일이지만, 어디까지나 말 그대로 보완적인 방편으로 제한되어야 할 것이다. 그런데 아쉽게도 최소한 지난 몇 년간 도서관 정책은 '공공도서관과 별도로' 작은도서관을 늘리는 데 오히려 매달리는 듯 보인다. 장기적으로 지역별 불균형을 해소하고 공공도서관서비스를 고르게 제공할 수 있는 전망과 계획 없이 일부 작은도서관을 지원하는 것만으로 도서관서비스의 총량이 늘어나기를 기대하기는 어렵다. 작은도서관을 세우고 운영하는 주체가 아파트입주자대표회의나 부녀회부터 종교기관, 지역단체, 개인, 심지어 학원에 이르기까지 갈수록 다양해지는데, 그 다양한 스펙트럼의 작은도서관이 지역 전체 서비스를 고려하면서 만들어지는 것은 아니고, 그렇게 하도록 강요할 근거도 없기 때문이다.

　공립작은도서관도 다르지 않다. '작은'이라는 수식어 때문에 정식으로 채용한 사서 없이 자원봉사만으로 운영될 수 있을 것이라고 너무 쉽게 단정한다. 2012년 작은도서관진흥법까지 제정되었지만, 여전히 사립과 공립의 구분도 없고 작은도서관에 대한 뚜렷한 정의나 기준도 없다. "공립 공공도서관의 시설 및 도서관자료기준에 미달하는 작은도서관"이라는 도서관법 제2조의 (모호한) 규정을 반복할 뿐이다. 이런 상황이 지속된다면 작은도서관은 매력적인 대안이 아니라 도서관 발전의 걸림돌이 될 수도 있다.

'작지만 더 큰' 도서관에 대한 바람

'도서관이 가까워지길' 바라는 요구가 물리적인 거리만 뜻하는 건 아닐 것이다. 많은 사람이 작은도서관을 반긴 데는 정서적인 거리가 좀더 가까워질 수 있다는 가능성, 다시 말해 도서관의 문턱이 낮아질 수 있다는 변화 가능성을 보았기 때문이 아닐까?

작은도서관에 대한 관심과 호응은 어쩌면 '더 큰 도서관', 다시 말해 '더 확장된 도서관서비스'에 대한 바람인지 모른다. 서고 속에 갇혀 있던 도서관의 문을 활짝 열고 그 문턱을 낮춰 '어디서나 도서관을 만나고 누릴 수 있게' 될 것이라는 희망을 보여주었기 때문이다. 민간의 작은도서관 운영자들을 만나봐도 단지 '우리 동네에 도서관이 없다는 이유만으로' 도서관을 만들고 운영하는 것은 아니라고 한다. 밑 빠진 독이라고 불리는 도서관을 기꺼이 만들고 어렵사리 운영해나가는 이유가 '공공도서관서비스의 보완'이 아니라면 무엇일까? 이제라도 '작은도서관 현상에 담긴 메시지'에 귀를 기울이면 좋겠다.

작은도서관은 '수험생 공부방'이라는 도서관에 대한 이미지와 인식을 바꿔놓았다. 숨소리도 조심스러워질 만큼 위압적인 분위기와 책마다 암호처럼 붙어 있는 청구기호에 주눅 들던 사람들이 편안하고 즐겁게 도서관을 체험하게 되면서 예전엔 미처 상상도 하지 못했던 도서관 풍경을 떠올리게 되었다. 도서관이 환대받고 존중받는 공간이며 자유롭게 책을 만날 수 있는 지역의 정보문화센터이자 배움의 공간이라는 기대.

뿐만 아니라 도서관이 책을 통해 사람을 만나는 커뮤니티 공간이 될 수 있다는 기대도 생겼다. 도서관 개론서에는 한결같이 도서관은 '지역사회를 기반'으로 한 '커뮤니티 시설'이라고 정의한다. 그런데 지금껏 한국 사회에서 도서관은 지역사회와 소통하고 교류하는 경험을 거의 갖지 못했다. 도서관의 기본 역할인 자료 수집과 제공을 잘해내기 위해서도 다양한 자료와 사람을 연결하는 코디네이터로서의 역량이 필요하다. 도서관의 장서가 사회를 반영하고 사회에 영향을 미칠 수 있으려면 지역의 여러 단체와 기관, 작가, 연구자들과 연계하고 주민들과 소통해야 한다. 그런데 안타깝지만 많은 공공도서관들이 폐쇄적임을 인정해야 할 것 같다. 아직까지는 대부분의 도서관들이 문을 활짝 열고 지역으로 발을 내딛지 못하고 있는 게 현실이다.

이 지점에서 작은도서관이 할 수 있고 해야 할 몫이 있다. 공간, 인력, 장서관리 등에서는 전문성과 자원이 부족한 반면, 지역 커뮤니티와의 소통에서는 이용자와 가깝게 만나는 작은도서관이 더 유리한 조건이기 때문이다. 재정부담을 감수하면서 도서관을 직접 만들고 운영하려는 사람들이 줄을 잇는 데는 참여에 대한 요구도 있을 것이다. 도서관에 대한 현장의 의견과 경험이 도서관 정책과 서비스에 반영되기를 바라는 요구 말이다.

지원대상이 아니라 협력 파트너로

작은도서관 정책의 초점이 늘 '지원'에 맞춰진다는 것은 민간에서 도서관운동을 하는 사람에겐 참으로 안타까운 일이다. '지원대상'으로만 보면 작은도서관이 불러일으킨 도서관에 대한 관심과 변화 요구의 초점이 흐려질 수 있기 때문이다. 현실적인 문제도 있다. 지원사업의 실무는 대부분 해당 지역의 공공도서관을 거쳐서 이뤄지는데, 공공도서관에 그 실무를 담당할 직원이 충원되진 않는다. 공공도서관 역시 예산도 인력도 열악한데, 직접 지원을 받지도 않으면서 작은도서관들의 현황파악과 지원금 처리업무까지 떠안는 것이 반가울 리 없다. 정부나 지자체의 관심이 온통 작은도서관에 쏠려 있다는 데서 박탈감마저 느낀다.

'부담스러운' 지원을 고민하기 전에 작은도서관을 연계하고 협력할 수는 없을까? 지원 대신 협력이라는 표현을 쓰려면 상호 대등한 관계가 이뤄져야 한다. 민간에서 주도해온 작은도서관들이 기대했던 도서관의 의미, 경험과 성과, 도서관에 대한 변화의 요구를 공공도서관에 담아내야 한다.

도서관계에서 흔히 작은도서관의 한계로 지적하는 점이 작은도서관의 '공공성'과 '지속성'이다. 중요한 지적이다. 하지만 반드시 세금 수입으로 공무원이 운영해야 공공성이 보장된다고 할 수 있을까? 민간의 작은도서관이 더 적극적으로 '공공성'을 실천할 가능성도 있다. 상대적으로 문턱이 낮은 작은도서관은 도서관이 가까이에 있어도 책이나 도서관 '따위'와는 상관없이 살아가던 사람들에게 좀더 쉽게 도서관을 만날 기회가 되기 때문이다.

공공도서관과 작은도서관으로 구분하기보다는 공립과 사립으로 운영주체를 구분해야 할 필요가 있다. 공립과 사립은 설립목적부터 운영방침까지 차이가 큰데, '작은도서관'이라는 두루뭉술한 표현으로 묶이면서 그 차이가 묻혀버린다. 실제로 작은도서관사업 예산의 많은 부분이 공립작은도서관 조성에 쓰이는 데도, 사립작은도서관들에게 '누구도 장담할 수 없는' 지원을 기대하게 만든다. 기대와 실망이 반복되다 보면 도서관운동의 동력이 약해질 수 있다. 작은도서관은 재정부담을 운명으로 안고 가야 하지만 지원에 대한 기대보다는 본래의 목적에 집중하면서 대등한 협력관계를 만들어가면 좋겠다. 작은도서관을 만드는 것도 운영하는 것도 자발적인 선택이고, 그에 따른 책임도 따르기 때문이다. 그리고 공공도서관의 변화에 대한 기대를 놓지 않고 도서관계에 건강한 긴장을 불러일으켜 '자극도 되고 힘도 되는' 역할을 하면 좋겠다.

느티나무도서관을 작은도서관으로 알고 있는 사람이 많다. 물론 대부분의 공립 공공도서관에 비하면 규모가 작은 편이지만, 도서관법 시행령의 기준에 해당하는 공공도서관이다. 작은도서관이냐 공공도서관이냐를 따지려는 것은 아니다. 공공도서관이라고 해서 지원을 받을 수 있는 것도 아니고 특별한 권한을 갖는 것도 아니다. 그런데도 굳이 '작은도서관이 아니라' 공공도서관이라고 바로잡으려고 하는 것은 10년 가까이 이어지고 있는 작은도서관 현상에 느티나무도서관이 큰 영향을 미쳤다는 점을 부정할 수 없기 때문이다. 결과로 볼 때 반드시 우리가 원하는 방향으로만 영향을 미친 것은 아니다. 오히려 경계하고 저어했던 방향으로 영향을 받은 곳이 더 많다.

물론 큰 흐름에서 보면 긍정적인 영향이 더 크다고 보는 의견도 많지만, 당사자들의 처지에서는 안타까운 면에 더 마음이 쓰이기 마련이다. 부정적인 영향이라고 평가하는 것은 작은도서관과 지자체 양쪽 모두에 해당한다. 사립작은도서관에는 느티나무가 공공도서관으로 전망을 세우고 길을 선택한 이유와 경험을 통해 각 도서관의 길 찾기에 참고가 되길 바랐다. 공립도서관의 설립, 운영 주체인 지자체에는 도서관 정책을 세울 때 공공도서관과 작은도서관에 대해 분명한 위상과 운영계획을 갖기를 기대했다. 그런데 참 안타깝게도 '무늬만' 벤치마킹한 것으로 보이는 사례가 훨씬 많다.

길 찾기, 선택과 자유의 대가

왜 도서관을 만들고 운영하려는 걸까? 우리가 하려는 일이 정말 도서관일까? 작은도서관 운영자들에게 묻고 싶다. 느티나무에서도 오랫동안 그 질문을 붙잡고 참으로 긴긴 논의를 해왔다. 종종 자신들이 하고 있는 일의 가치나 목적에 대해 질문을 던지면, 마치 그 일을 폄하하거나 평가하려고 드는 것처럼 오해하는 경우가 있다. 하지만 사립으로 도서관을 꾸려간다는 것은 그런 오해가 저어되어 질문을 접어들일 만큼 만만한 일이 아니다. 선입견 없이 진지하게 그 질문을 마주하길 바란다.

느티나무가 갈림길에 설 때마다 그랬던 것처럼, 사립작은도서관이 각자의 길을 찾는 데서 일본의 사례는 주목할 만하다. 일본에서는 문고 수가 한때 5,000개에 달했고 지금도 약 3,000개의 문고가 활동하고 있다. 40년이 넘는 일본 문고운동에서 눈에 띄는 점은 각자 지역에서 공립 공공도서관 설립운동을 주도했다는 점, 그 결과 공공도서관이 만들어진 뒤에도 수십 년이나 그대로 문고활동을 이어왔다는 점이다. 그 이유에 대해 문고 운영자들은 이렇게 말한다. 사립의 문고로는 이용자에게 필요한 서비스를 하기에 턱없이 부족하기 때문에 공공도서관 건립 청원운동을 펼쳤고, 공립에서 하기 힘든 일들을 시도하기 위해서는 어떤 힘으로부터도 자유로워야 하기 때문에 지원 없이 그저 할 수 있는 일을 해나가고 있다고.

민간에서 뜻하는 대로 도서관을 운영해나가기 위해서는 재정적으로 자립할 길을 찾아야 한다. 지원과 자유는 기회비용이라고 할 수 있다. 둘 중 하나를 선택하거나, 적어도 균형을 이뤄야 하는 지점이 있다. 지역사회의 후원과 참여를 늘리는 것이 독립성을 보장하면서 본래의 취지를 살리는 길이 될 것이다. 그리고 공공도서관들과 대등하게 소통하고 협력하는 관계를 만들기 위해서는 작은도서관도 도서관의 가치와 사회적 역할을 제대로 구현하는 자리에 있어야 할 것이다.

지자체에서는 공약으로 내건 도서관 숫자를 최소한의 예산으로 채우는 데서 벗어나, 지역의 도서관들을 아우르는 전체 서비스망에 대한 장기적인 정책을 세워야 한다. 민간의 도서관운동과 지자체의 도서관 정책이 어떻게 역할을 분담하고 협력할지에 대해서도 진지하게 마주앉아 머리를 맞대야 할 것이다. 지원을 한다면 근거가 될 평가기준도 만들어야 한다. 이 문제를 담당할 사람이 있어야 하고 집중할 시간도 필요하고 긴 안목과 통찰력, 서로의 차이를 인정하고 귀 기울이는 노력도 필요할 것이다. 기초를 다지는 일은 시간이 많이 들어 소모적으로 여겨지기 쉽다. 성과를 눈으로 확인할 수 없기 때문에 지루하고 조바심이 난다. 기초를 잘 다져놓으면 그 위에 무엇이든지 짓고 허물고 다시 지을 수 있는데, 그 시간을 견디기가 어렵다.

거버넌스=유토피아?

새로 문을 여는 작은도서관에 대한 보도기사에 종종 '순수 자원봉사로 운영되는' 혹은 '주민들이 자치적으로 운영하는' 도서관 같은 타이틀이 등장한다. 순수나 자치라는 수식어는 환상을 갖게 만들기 쉽다. 치열하게 토론하고 때론 부딪히기도 하면서 지난하게 쌓아가야 할 거버넌스에 대한 인식을 왜곡시킬 위험도 크다. 아깝고 아까운 일이다. 우리를 설레게 한 '작은도서관 현상'의 메시지가 그 의미를 살리지 못하고 전체 공공도서관 발전의 발목을 잡는 걸림돌이 되지 않기를 간절히 바란다.

거버넌스라는 게 과연 가능한 것이냐, 유토피아처럼 현실에서 존재할 수 없는 말 아니냐는 회의를 가질 때도 많았다. 하지만 다시 돌이켜보면 철저히 '우리 쪽'의 관점으로 보고 있었기 때문일지 모른다. 상대에게 영향을 미치고 변화시키려는 생각만으로 민은 민의 가치와 방식을, 관은 관의 체계와 방식을 서로에게 적용하려고 했다는 것을 인정해야 할 것 같다. 그럴 때 만일 어떤 접점을 찾아낸다면 그것은 '협상'의 결과로 봐야 할까, '협력'이라고 해야 할까.

협상은 한시적일 수밖에 없다. 4년의 짧은 주기로 지자체장을 선출해야 하는 지금의 지방자치제도 아래에서는, 협상이 이뤄졌다 해도 '곧 다시 치르게 될' 선거 결과에 따라 완전히 뒤집힐 가능성을 늘 각오해야 한다. 그렇다면 어떻게 협력하는 관계를 만들어갈까? 지금까지 경험으로 배운 바에 따르면 거버넌스, 협력이란 서로의 목적 혹은 목표에서 만날 수 있는 부분을 분명하게 공유하고 각자의 장점을 잘 살릴 수 있도록 역할을 분담하면서 정보와 자원을 공유하고 소통할 때 가능할 것이다. 협력할 수 있으려는 먼저 상호 존재에 대한 인정이 전제가 되어야 한다. 어쩌면 협력이란 하나의 목표를 놓고 몫을 나누는 게 아니라, 서로의 몫을 인정하면서 각자의 몫을 충실히 수행하는 것 아닐까.

기록의 여백에
미래를 그리다

도서관에 하루에 천 명이 오네. 어떻게 잘 활용해야 도서관을 부흥시킬 수 있을까, 천 명을 이 천 명으로 늘리려면 어떻게 해야 할까, 이런 식으로 커뮤니티 아카이브를 할 수 있겠습니다. … 100명이 왔는데 저 사람들은 도대체 누구일까 어떤 생각으로 올까, 왜 올까, 여기 와서 뭘 하는 걸까 이런 식의 인류학적 관심이 필요합니다. 그 사람을 위해서 느티나무도서관이 할 수 있는 건 뭘까. 그런 인류학적인 관점과 방식이 아카이브에도 적용되어야 합니다.
―이영남, 〈도서관을 거점으로 하는 마을아카이브: 도서관 차원의 '기록, 기억, 그리고 커뮤니티'〉, 《마을이야기》 1호, 느티나무도서관재단, 2013, 82쪽

서사가 필요한 시간

나에게 2012년은 내러티브, 서사라는 낱말로 떠오른다. 여름부터 시

작된 아카이빙 프로젝트에 매달려 도서관 13년의 기록을 역사로 갈무리하는 데 마음과 시간과 힘을 쏟았다. 새삼스레 서사가 필요한 시간이 있다. 느티나무 10주년을 맞이했던 2010년 무렵이 그랬다. 10년이란 세월은 한 마디 굵게 매듭을 짓고 가야 할 만큼의 경험이 쌓이는 시간이었다. 우리가 벌여온 도서관운동이란 무엇을 위한 것이었고 앞으로 무엇을 할 것인지, 지금껏 쌓아온 정체성에 이름을 붙이고 운동을 이어갈 이유를 설명할 언어가 필요했다. 앞으로 맞이할 시간 때문이기도 했다. 무엇보다 지난 시간을 갈무리하고 다음 단계의 방향을 그리는 일을 '더이상 미룰 수 없는' 상황은 이내 닥쳤다.

2010년 말 서울 성북구에서 도서관 발전을 위한 협력과 신설 도서관 위탁운영을 제안받았다. 민선5기 출범과 동시에 진행된 '성북구 생활구정 수요포럼'에 초청받아 발표한 느티나무의 경험과 사례를 성북구 도서관에 반영해보자는 요청이었다. 느티나무도서관 하나 운영하는 것만도 버거운데, 연고도 없는 지역에서 도서관을 새로 만들고 운영한다? 엄두가 나지 않았다. 몇 달을 고민하고 도망 다니다시피 하다가 2011년 5월 협약을 맺고 차례로 3개 도서관의 개관 준비에 들어갔다. 김영배 구청장이 보여준 도서관의 공공성에 대한 이해와 사람 중심의 구정을 펼치겠다는 정책 의지가 신뢰와 기대를 갖게 했다. 살기 좋은 마을은 아이들이 건강하고 행복하게 자랄 수 있는 환경이다, 그런 지역사회를 만들려면 지역의 온갖 일을 토론하고 실천을 모색할 장이 필요하다, 무엇보다 주민들이 '생각'하게 되어야 한다, 그런 의미에서 도서관이 거듭나야한다는 비전은 우리에게 모험을 무릅쓰게 했다. 게다가 도서관 문을 열기 몇 개월 전에 사서를 채용해 개관 준비를 맡도록 하겠다는 약속까지.

도서관 위탁운영만으로도 엄청난 용기와 각오가 필요했는데 같은 해에 국립어린이청소년도서관이 주최하는 '도서관과함께책읽기' 사업의 주관단체로 2년 동안 사업의 실제 수행을 맡았다. 공립도서관의 사서들과 소통할 통로를 갖기 어려웠던 민간 재단에서 한꺼번에 90명의 사서를 만날 수 있다니(이듬해에는 135개관으로 사업이 확대되었다)! 도서관 발전의 열쇠는 사서들의 자긍심과 역량 강화라는 생각으로 사서들에게 우리의 경험을 나누면서 당신들이 얼마나 중요한 일을 하고 있는지 전하고 싶었지만, 세미나나 심포지엄을 열어도 민간의 작은 도서관까지 찾아올 사람은 많지 않았다. 그런데 사업 관련 워크숍을 열고 공문을 발송하면 거의 모두 참석한다는 이야기에 덜컥 일을 저지르고 말았다. 게다가 전국의 공공도서관이 지역아동센터나 공립보육시설 등으로 도서관 이용이 어려운 아이들을(1800명이나!) 매주 찾아가 독서활동을 한다니, 느티나무의 경험과 생각을 담아 말을 걸고 또 우리가 줄곧 고민하던 일들을 현장에서 경험하고 배우며 답을 얻을 수 있는 기회였다.

두 가지 사업만으로도 혼이 빠져서 한 해를 보내고 난 뒤 2012년엔 사단법인 '우리민족서로돕기운동'에서 추진하는 중국 조선족학교 도서실 조성을 지원해달라는 요청을 받았다. 연변을 비롯한 중국의 동북삼성을 오가며 또다시 설계도와 공사 현장, 책 더미에 파묻히는 시간이 이어졌다.

하나같이 재단의 이름으로 진행할, 그러니까 마을에서 느티나무도서관을 이용하는 사람들만을 대상으로 하는 것이 아닌, 좀더 넓은 범위의 사업들이었다. 재단법인을 세운 건 2003년이었지만 느티나무도서관과 동일시되었는데, 조금씩 '도서관운동'을 목적으로 하는 재단의 존재가 인식되고 있다는 걸 느낄 수 있었다. 재단과 도서관의 역할을 놓고 고민하던 우리에게 어쩌면 도전인 동시에 기회였다. 물론 의미가 있다고 모든 일을 다 할 수는 없다. 하지만 언제나 기회가 있는 것도 아니다. 때로는 협력할 파트너의 상황이 절실하거나 가능성이 너무 선명해서 우리의 역량이나 사업을 조절해서라도 놓치기 아까운 일도 있었다. 그렇게 뜻하지 않았던 상황이 주어질 때마다 우리는 '우선순위'와 '선택'이라는 말을 백번도 넘게 떠올려야 했다.

또한 앞으로 방향을 선택하려면 그동안 추진해온 사업들을 점검하고 평가할 필요가 있었다. 2007년 말부터 시작한 '친구도서관사업'이 햇수로 5년을 넘기면서 초기의 목표와 전망을 다시 짚어봐야 했고, 이주민센터에 '작은느티나무문고'를 설치하면서 시작한 '단체대출'도 학교밖청소년들이 다니는 디딤돌학교와 작은도서관까지 대상이 늘어나면서 기준과 방침이 필요해졌다. 10년 가까이 이어온 장서개발강좌도 해마다 전년을 돌아보고 도서관들 안팎의 변화된 상황을 반영해 어떤 형식으로 진행할지 고민해야 했다. 책을 하나하나 고르면서 고민한 기록들을 갈무리해서 '장서개발'의 자료로 삼으면 좋겠다는 바람도 번번이 계획뿐 실행에 옮기지 못하고 있었다.

10주년을 맞은 느티나무도서관 내부에서도 여러 가지 새로운 시도가 이어졌다. 2007년 새 건물로 옮긴 뒤 몇 배로 늘어난 장서와 공간의 체계를 갖추는 데 힘을 쏟느라 주춤했던 활동들이 다시 활기를 띠기 시작했다. 독서회 모둠이 하나둘 새로 생겨났고, 활동 결과를 좀더 많은 이들과 나눌 수 있는 통로에 대한 고민도 다시 시작되었다. 책을 읽고 사람을 읽으면서 글쓰기 공부를 하는 인터뷰스터디 모임도 꾸려졌다. 자신들의 삶의 이야기와 도서관 이야기를 책으로 담아내자는 데까지 뜻이 모아졌다. 상가 지하에서 문고로 운영하던 2005년과 2006년 독서회원들 중심으로 구성된 글벗 모임에서 펴냈던 《우리마을이야기》 두 권에 이은 《마을이야기》를 기획하기 시작했다.

거의 모든 활동이 그동안의 경험을 바탕으로 기획되었지만 좀더 참여폭을 넓힐 방법, 다시 말해 공공성을 좀더 적극적으로 담아내는 데 초점을 맞췄다. 어른과 아이들이 함께 팀을 이룬 패떳, 청소년들이 유아들과 짝을 지어 책을 읽어주는 마니또 같은 자원활동이 시작되었고, 도서관아이라 불리며 자란 청년들의 자립을 돕기 위한 청년 인턴십을 시도했다. 2006년부터 새 도서관으로 옮겨오기까지 달마다 이어졌던 마을학교를 되살린 '마을강좌'도 열렸다. '아버지와 함께'라는 이름으로 2005년에 진행했던 프로그램을 되살려 '아버지학교'를 시작했고, 이듬해부터 동네엄마워크숍과 동네아빠워크숍이라는 이름의 봄가을 정기 프로그램으로 자리를 잡았다.

한 가지씩 활동을 기획하고 시작할 때마다 '아, 그건 몇 해 전에⋯'로 시작해 '⋯'으로 끝나는 말들이 오갔다.

"그러니까 개관하자마자 책 읽어주던 시간에 쓰던⋯" "마을학교가 '아버지와 함께' 마지막 날 포트럭 파티 하다가 뚝딱 기획된 거였잖아요. 그날 사진이 어디⋯" "《우리마을이야기》 편집회의록에 끼워둔 자료들이 있을 텐데…" "그건 장서개발강좌로 이름을 바꾸기 전 일이에요. 2003년부터 도서관학교 특별강좌로 했던…"

그 시간에 함께한 사람들이 모두 남아 있는 것도 아니었다. 그 무렵 한 직원이 내가 물에 빠지면 나보다 내 노트북을 먼저 건져야 하는 것 맞느냐고 농담처럼 말한 적이 있다. 방수가 되는 노트북 가방을 구해 들고 다닐 테니 둘 다 건져달라며 웃고 말았지만 한구석에 돌덩이처럼 남아 있던 숙제를 다시 일깨웠다. 수많은 사람이 남긴, 정리되고 해석되고 공유되길 기다리는 자료들과 내 기억 속에만 남아 있는 일들을 언제까지 쌓아둘 수만은 없었다. 나름대로 정리하느라 해마다 수많은 파일들을 폴더로 구분하고 외장하드나 웹 디스크에 갈무리하느라 며칠 밤을 새웠지만, 그 자료들을 찾아가는 지도가 필요했다. 폴더 안에 더 작은 폴더가 켜켜이 쌓여 있는 수십만 개의 파일에서 정작 필요한 자료를 찾는 것은 모래밭에서 바늘 찾기와 다를 바 없었다.

해묵은 커뮤니티코너에 새로운 숨결이 스치다

숱한 고민과 토론과 상상으로 한올 한올 엮어온 시간들이 앞으로 다시 고민하고 토론하고 상상하며 길어 올릴 시간에 마중물을 부어줄 것이라고 생각했다. 아마도 그래서였을 것이다. 가는 곳마다 '아카이빙archiving'이라는 낱말이 눈길을 사로잡고 귀에 박혔다.

하지만 기록을 갈무리하는 것 역시 일거리였다. 하루하루 도서관 문을 열고 일상업무를 이어가면서 병행하는 건 욕심이었다. 적어도 방향과 틀이 잡힐 때까지는 그 일에 집중할 시간이 필요했다. 중요한 일과

급한 일 사이에서 균형을 잡으려면 늘 어렵고 결단이 필요한데, 결정적인 계기가 없이는 결단을 내리기란 쉽지 않다. 밀린 숙제처럼 자꾸만 눈에 밟히는 자료들을 피해 다니며 해를 거듭 넘겼다.

마침내 엄두를 낼 수 있었던 건 또 한 명의 느티나무귀신인 이영남 선생을 만난 덕이었다. 다시 한 걸음 내딛으려면 그동안 X파일로 쌓인 온갖 시도와 고민들을 갈무리해야 했는데 하늘에서 뚝 떨어진 것처럼 든든한 원군을 만나다니 느티나무귀신이라고 할 밖에. 물론 선생이 정말 하늘에서 뚝 떨어진 건 아니었다. 2012년 여름의 끝자락, 아카이빙의 긴 여정을 시작하기까지는 또 여러 우연과 인연이 이어졌다.

2012년 4월, 60주년을 맞은 국회도서관에서 '도서관 공공가치와 정보공유'라는 주제로 한국정보관리학회와 함께 마련한 국제심포지엄이 열렸다. 그곳에 참석한 건 행운이었다. 돌아오는 길에는 '기억과 기록'이라는 말이 다른 밀도로 가슴을 채우고 있었다. 주제발표를 맡은 덕성여대 문헌정보학과의 이소연 교수는 L-archiv-eum 혹은 MLA(Library+Archive+Museum) 같은 이름을 붙인 사례들을 소개하면서, 변화하는 디지털 융합convergency 환경에서 '인류의 기억'이라는 공동의 사명을 가진 도서관, 기록관, 박물관이 경계를 넘어 서로 융합하고 협력할 필요성을 이야기했다. 세 기관 모두 자료collection를 갖고 있으며 인간의 지적 활동과 자료를 다루고 제공하는 전문성, 서비스, 공간, 커뮤니티를 공유하고 있다. 이용자들은 어떤 기관에서 무엇을 제공하든 상관없이 그 자료들을 이용한다. 각자 불투명한 미래에 무력감을 느낄 것이 아니라 기관의 경계를 넘어 교육, 지식과 정보, 문화적 체험, 지적

유산의 보존이라는 가치를 놓고 협력하여 새로운 가치를 만들어가자는 멋진 제안이었다. 함께 만들어가는 미래!

도서관에 매달려 살면서도 기록학은 어렵고 고리타분하다는 선입견을 갖고 있었다는 걸 비로소 깨달았다. 걸음마하는 어린아이부터 어르신들까지 날마다 다양한 이용자들로 활기 넘치는 도서관 풍경과는 거리가 먼, 비밀스런 공간에서 이뤄지는 작업쯤으로 여겼던 듯했다. 기록이라는 것이 먼지가 피어오르는 종이 뭉치로 쌓아두지 않고 귀를 기울이면, 지난 시간을 살아왔고 지금을 살아가면서 미래를 살아갈 사람들의 이야기를 얼마나 많이 들려줄지 잘 알고 있었으면서도 말이다.

심포지엄은 여러 가지를 흔들어 깨웠다. 도서관과 박물관은 어떻게 다른가? 하는 오랜 질문부터 몇 해째 '골칫거리'로 애를 먹이던 커뮤니티코너에 쌓아놓은 자료들을 분류해보자는 해묵은 과제까지. 몇 해 전 프랑크푸르트도서전에 갔다가 마인츠의 구텐베르크박물관에 들렀을 때 구텐베르크성경을 소개해준 백발의 사서를 만난 뒤로 도서관과 박물관의 차이에 대한 질문이 머릿속에 계속 맴돌았다. 자료를 수집, 보존, 제공하는 기능은 마찬가지고 사서와 학예사의 역할도 경계가 갈수록 흐려지는 듯 보이는데, 도서관과 박물관이 굳이 따로 있어야 하나? 그러면서도 제대로 공부는 하지 못한 채 박물관은 보존에, 도서관은 이용에 더 무게를 둔다는 정도로만 생각하고 있었다. 사서와 아키비스트 사이에 경쟁이 있다는 이야기를 듣고 불편한 감정까지 더해져서 길게 생각하지 않고 덮어둔 면도 있었다. 그런데 사서, 학예사, 아키비스트의 차이에 매달릴 것이 아니라 협력할 수 있다는 가능성을 생각하게 되면서 비로소 당장 실천에 옮길 수 있는 열쇠를 찾은 것이다. 도서관엔 이미 아키비스트의 역할이 필요했다.

10년을 넘긴 연구서가와 커뮤니티코너를 다시 들여다보기 시작했다. 세미나자료집, 학회 저널의 논문을 제본한 자료에 팸플릿, 포스터까지 온갖 형태의 자료들이 꽂혀 있었다. 해마다 사업계획을 세울 때면 목에 걸린 가시 같았다. 정리도 어렵고 이용하는 사람도 별로 없었다. 번번이 끌어안고 실랑이를 할 뿐 한 발짝도 내딛지 못하고 있었는데, 길을 찾을 수 있을 것 같았다. 다시, 설렜다.

내러티브와 아카이브B

마침 그 무렵 이영남 선생의 논문에서 '마을 아르페Community-Archpe'와 '공동체아카이브'라는 개념을 만났다. 《마을이야기》 출간을 준비하던 인터뷰스터디 모임에서 논문을 함께 읽고 강좌를 기획하면서 인연이 시작되었다. "도서관을 거점으로 하는 마을 아카이브". 그 강좌가 아카이빙의 첫출발이었다.

강의가 열리던 날, 나에겐 두 개의 낱말이 그 여름의 장맛비보다 더 큰 울림을 일으켰다. '내러티브'와 '메타카루나'. 메타카루나Metta-Karuna는 스네하Sneha, 아누깜빠Anu-Kampa와 함께 자비를 뜻하는 팔리어다. 메타카루나는 메타(친구)와 카루나(연민)의 합성어로 친구에게 좋은 것을 주고 싶은 마음을 뜻하고, 스네하는 서로 부딪히더라도 마찰을 부드럽게 하는 기름을 뜻한다. 아누깜빠는 아누(~와 함께, 따라서)와 깜빠(흔들리다)의 합성어다. 이영남 선생은 특히 메타카루나를 강조했는데, 나에게 좀더 긴 여운을 남긴 낱말은 아누깜빠였다. '함께 흔들리다.' 도서관을 꾸려오면서 수없이 되뇌었던 소통, 상호작용, 북돋움 같은 말들이 개념이 아니라 '몸짓'으로 담긴 말처럼 느껴졌다.

강좌에 이어 우리가 만난 아카이빙은 '기술'이 아니라 정신이자 실천이고 끊임없는 대화와 모색의 과정이었다. 대통령기록관의 아키비스트였던 이영남 선생은 대학으로 자리를 옮기고, '임상역사가'라는 새로운 길을 열고 있었다. 선생을 보면 《책만 보는 바보》(안소영, 보림, 2005)의 주인공 이덕무 선생이 떠오르곤 했는데, 선비 같은 외모와 다르게 아무도 가지 않은 길을 내고 거기에 이름을 붙이는 데 탁월한 능력을 보였다. 아르페, 아카이브A와 B, 민중 아카이브, 우애의 아카이브….

아카이브A는 행정권력을 지닌 국가가 주도하여 공인된 '종이문서'를 중심으로 거대담론을 구축하는, 위로부터의 표준화된 아카이브를 말한다. 우리가 관심을 가졌던 건 내 삶과 밀접하게 연관된 미시담론, 기억과 경험을 어떻게 기록화할지에 초점을 둔 아카이브B였다. 아카이빙하는 주체의 특성과 문화에 따라 얼마든지 독특하고 개별적인 형식을 가질 수 있는 방식이었다. 아카이브B로 조각조각 흩어져 있던 자료들을 모은다면 보이지 않던 맥락들이 씨줄날줄로 교차하면서 내러티브를 엮어내리라는 걸 상상할 수 있었다.

그동안 우리가 만나온 사람들이 여전히 지역에, 혹은 다양하게 이어지는 만남 속에 살아 있다. 지난 기록을 꺼내어 그들과 다시 소통하며 기억을 불러낸다면, 번번이 숨이 턱까지 차서 일을 치르느라 놓쳤던 기록을 채우고 덧붙일 수도 있을 터였다. 그 시간은 우리가 함께 경험한 시간에, 앞으로 엮어갈 관계에 새롭게 의미를 부여할 수도 있을 것이라고 기대했다.

사소한 것들에 서사가 입혀지는 경험이 될 터였다. 이영남 선생이 강조한 '미시적인 눈'을 갖게 되는 것은 우리가 도서관운동을 하면서 바라던 책을, 세상을 바라보는 방식이기도 했다.

아카이빙문화의 뿌리

그러고 보면 느티나무도서관에는 오래전부터 '아카이빙문화'가 싹트고 있었다. 아카이빙으로 볼 수 있는 활동은 자료를 수집하고 생산하는 과정에서 양방향으로 이루어졌다. 우리는 도서관 서가에 반드시 ISBN(International Standard Book Number, 국제표준도서번호)이 달린 출판사에서 펴낸 책만 꽂아두어야 하는 건 아니라고 생각했다.

15년 전 어린이도서관으로 처음 문을 열던 때만 해도 아이들이 볼 예술 분야 자료가 많지 않아 아쉬웠다. 어린 시절 아이들이 글자만이 아니라 이미지와 색, 소리, 울림, 몸짓, 모든 감각을 써서 세상을 만나고 느끼고 배우면 좋겠다고 바랐지만, 좀처럼 아이들이 재미있게 읽을 만한 예술 분야 책을 찾기는 어려웠다. 기껏해야 교과과정에 맞춘 참고자료가 전부였다. 한국의 교육과정에서 과목별 비중은 여전히 국영수 중심이고 예술교육은 감상이나 창작보다 이론 중심으로 가르치는 교수학습 방식에서 벗어나지 못하는 현실을 반영하는 것 같아 씁쓸하고 안타까웠다. 그나마 구할 수 있는 건 화집이었다. 아이들을 위해 만든 책이 아니라서 글이 많고(심지어 영어, 한자, 일본어가 섞여 있어도!) 내용이 어려워도 아이들은 상관없이 작품을 감상할 수 있을 거라 생각하며, '비싸더라도' 화집은 가능한 한 많이 구입하기로 방침을 정했다.

대체할 자료들을 찾아 나서기로 했다. 공연장과 전시장을 찾아다니며 팸플릿과 도록을 구해다가 해당 주제의 서가에 꽂았다. 연주회, 뮤지컬, 연극, 무용, 장르를 가리지 않았다. 작품이 수록된 사진과 함께 예술가들의 삶과 작품에 얽힌 이야기들까지 볼 수 있는 좋은 자료였다. 뿐만 아니라 시간이 지나면 몇 년도에 어떤 작품이 공연되고 어떤 작가들이 활발하게 작품활동을 해서 전시회가 열렸는지 알 수 있어서 좋지 않을까 생각했다. 팸플릿에는 앞으로 열릴 공연이나 전시를 알리는 광고가 실리기도 해서 정보를 제공하는 효과도 있었다. 기획사나 협찬사의 광고 또한 우리 사회에서 예술문화의 흐름을 볼 수 있는 자료가 되지 않을까 하고 눈감고 넘어가기로 했다. 사실 광고가 몇 배나 더 많이 실리는 신문 잡지까지 도서관 자료로 수집하고 있으니까.

2002년 도서관학교를 기획하기 시작하면서 도서관, 독서, 문화, 지역사회에 관련된 논문, 세미나자료집, 번역물이 쌓여갔다. 기획하는 우리들만 보고 말기에는 아까운 자료가 많았다. 도서관 장서를 관리하는 전산시스템에 모두 넣지는 못하고 따로 자료 목록을 만들고 별도의 서가에 꽂아 원하는 사람은 볼 수 있도록 했다. 자료가 쌓여가면서 도서관, 교육, 어린이 책문화 등 큰 주제로 분류하고 '연구서가'라는 이름을 달아 특별 컬렉션으로 관리하기 시작했다. 도서관학교가 시작되고부터는 참가자들이 관심을 갖고 빌려가곤 했다. 자료가 아쉬운 사람들에게는 완성도가 높지 않은 달랑 몇 쪽짜리 기획서라도 크게 도움이 되었다.

지역사회에서도 자료가 생기기 시작했다. 다양한 커뮤니티와 교류가 시작된 것이다. 우리는 도서관이 '지역의 정보센터' 기능을 할 수 있도록 온갖 자료들을 수집했다. 도서관에서 다양한 만남이 이루어지면서 독서회 활동일지나 책 목록, 발표회자료집처럼 '만들어지는' 자료들도 생겼다. 만남과 교류는 자료를 남겼고, 자료는 또다른 교류로 이어지게 만드는 고리가 되었다.

커뮤니티를 우리말로 옮기면 지역사회 혹은 공동체라고 쓸 수 있지만, 느티나무도서관에서는 굳이 커뮤니티라고 한다. 느티나무가 만나고 교류해온 커뮤니티들이 물리적인 지역으로 제한되지 않았기 때문이다. 크게 나눠보면 느티나무도서관이 자리 잡고 있는 지역사회의 단체들, 전국의 공사립도서관, 관련 시민단체로 구분할 수 있다.

양계장에 시금치밭까지 있던 동네가 온종일 걸어도 흙을 밟을 수 없는 신도시로 탈바꿈한 15년 세월을 도서관이 함께했다. 용인시보육조례 제정운동, 용인의제21 구성, 쓰나미 피해지역 후원캠페인, 다문화축제, 총선후보자초청토론회, 용인환경정의설립 추진, 용인시립도서관운영위원회, 죽전도서관건립위원회, 용인시작은도서관협의회, 한일시민단체 교류행사 등에 늘 도서관이 함께했다. 도서관은 공간과 사무기기를 갖추고 있으니 시민들의 연대 행사 장소로나 회의실로 쓰기도 좋았다. 무엇보다 많은 사람이 이용하는 곳인 만큼 홍보에 큰 몫을 했다. 시민들에겐 애써 찾아보지 않으면 알기 힘든 지역의 다양한 활동에 대한 정보를 얻는 통로가 되었다.

그사이 시민단체도 10개가 넘게 만들어졌다. 공동육아조합과 협동조합, 작은도서관은 정확히 몇 군데인지 바로바로 숫자를 업데이트하기조차 어렵다. 도서관은 인큐베이터 역할을 하기에 맞춤했다. 무엇보다 대안을 모색하는 이들이 필요한 자료를 만나고, 활동을 함께할 사람들을 만날 수 있었다. 독서회를 통해 자원활동가로 발을 내디딘 사람들이 지역의 시민단체 활동가가 되고 공동육아, 대안학교, 협동조합 등 대안을 모색하는 모임에 참여했다. 도서관 안에서도 독서회와 자원활동가들을 중심으로 다양한 형태의 커뮤니티가 만들어졌고 모든 활동은 기록을 남겼다. 지역 단체들의 활동은 고스란히 자료로 남았다. 성명서, 설문지, 공청회자료집, 사진, 포스터, 때로는 현수막까지.

그렇게 자료의 다양성에 대한 고민에서 시작한 느티나무의 '골치 아픈 자료들 코너'는 도서관이 지역사회에서 자리를 잡아가고 여러 분야의 사람들과 네트워킹하면서 커뮤니티코너로 자라갔다.

책에서 풀기운이 빠지기를

13년 동안 어마어마한 자료가 쌓였고 자료의 형태도 다양했다. 도서자료로 볼 수 없는 자료들이라는 지적을 받곤 했지만, 정보가 필요한 사람들에게 이용된다면 자료가 될 수 있다고 생각했다. 느티나무처럼 작은 규모의 도서관에서는 귀한 자료를 보존하는 기능보다는 이용자들이 그때그때 볼 자료들을 모으고 훼손되면 버릴 수 있어야 한다고 생각했다. 느티나무는 도서관운동을 하는 곳이니 우리 경험을 자료로 만들어 도서관문화와 운동에 관심을 가진 사람들과 공유할 수 있게 되면 그 자체가 '도서관운동'으로 의미를 가질 것이라고 기대했다.

아무리 의미가 있다고 해도 여전히 사서들에게는 '자료관리 난이도가 높아도 너무 높은' 자료들로 통했다. 자료를 검색하고 빌려갈 수 있으려면 등록번호 바코드와 청구기호 라벨을 붙여야 하는데, 팸플릿이나 자료집은 크기도 표지 재질도 제각각이라 라벨을 붙이기도 애매하고 두께가 얇아서 서가에 세워서 꽂기도 어려웠다. 연도별 혹은 주제별로 끈으로 묶거나 고리를 끼워 세워두었지만 도서관용 자료정리용품들로는 아쉬운 점이 많았다. 대형 문구점을 뒤져 다양한 형태와 규격의 클리어파일을 사 모으고 종이보관함 같은 것을 동원했지만, 대부분 클리어파일에 아이템을 하나씩 끼워두는 정도로 그쳤다. 그때만 해도 도서관이 수집한 자료를 정리하는 과정에 '가공해서 2차 자료를 생산'하는 것까지 포함된다는 걸 알지 못했다. 이건 분명히 '반칙'일 거라고 생각하면서 시간이 지나다 보면 또다른 길을 찾게 될 거라고만 여겼다. 하지만 시간이 꽤 지난 뒤에도 자료의 가공에 관해 체계적으로 틀을 갖출 기회는 갖지 못했다. 아카이빙을 배우는 데 기대를 품게 했던 또 한 가지 이유다. 도서관이 생산한, 그래서 'ISBN'이 달리지 않은 자료가 서가에 꽂히는 전통은 그렇게 오래전부터 싹트고 있었다.

도서관이 자료를 수집, 보존, 제공만 하는 것이 아니라 '생산'하는 곳이었다는 것은 도서관의 역사에서도 확인할 수 있었다. 자료의 생산이라는 말을 들을 때마다 가슴이 설렜던 것은 '책의 위상'이 달라질 수 있다는 기대 때문이었다. 삶 속에 책이 스며들 수 있도록 책에서 풀기운이 빠지기를 바랐다. 많은 사람이, 심지어 국가까지 나서서 독서운동을 펼치는데도 자꾸 책에서 멀어지는 것에는 책에 지나치게 권위를 부여하는 정서가 한몫한다고 생각했기 때문이다. 그래서 소위 도서관운동을 한다면서도 책을 귀하게 모셔둘 게 아니라 '책이 아무것도 아닌 세상'이 되면 좋겠다는 말을 입에 달고 지냈다.

여전히 공고한 책의 권위에는 책의 생산과정 또한 영향을 미쳤을 것이다. 꼭 특별한 사람들의 특별한 이야기를 검증을 거쳐 출판사에서 만들어야만 책일까? 누군가는 쓰고 누군가는 읽기만 한다면 어떻게 해도 '권위적인' 관계에서 놓여나는 데 한계가 있지 않을까? 오히려 '장외' 출판물들이 늘어나면 출판계에도 새로운 긴장과 자극이 되지 않을까? 오랜 인류 역사에서 그래왔던 것처럼 책의 형태와 의미가 또다시 변화를 거듭해갈 것이라는 기대도 있었다.

그 자체가 도서관문화에 대한 우리 생각과 맞닿아 있었다. 세상의 온갖 이야기로 가득 찬 도서관에서 만나는 사람들은 한 권 한 권 살아 있는 책이었고, 하루하루는 또다른 이야기가 만들어지는 시간이었다. 그 시간들이 자료로 담겨 또다른 '써지고 있는 살아 있는 책'들에게 말을 건넬 수 있다면? 굳이 출판물로 등록 절차를 거치지 않은들 무슨 상관이 있겠는가.

도서관이 자료를 생산한다면 결과물로 만들어진 자료만이 아니라 생산하는 '과정' 또한 큰 의미를 가질 것이라고 생각했다. 우리 자신이 학습하고 소통하면서 오롯이 암묵지를 주고받는 시간이 될 것은 말할 나위 없고 앞으로 일을 해나가는 데 매뉴얼과 가이드라인이 만들어질 것으로 기대했다. 뿐만 아니라, 그동안 꿈꾸고 시도해온 일들을 재해석하고 점검하고 평가하면서 미래에 대한 영감을 얻게 될 것이라는 예감은 우리를 설레게 했다. 기록을 차곡차곡 갈무리하는 자체가 앞으로의 일들을 상상하고 준비하는 과정이 되리라는 생각. 아카이빙에 점점 무게를 두게 된 것은 그 때문이었다.

아카이빙을 시작하다

아카이빙의 시작은 '묵은 자료를 버리는 것'으로 시작됐다. 등록하기는 애매하고 버리기도 석연치 않아 쌓아두던 자료들 가운데 더이상 이용되지 않을 자료를 솎아내서 '과감하게' 폐기했다. 고백하자면 그때 나는 주로 버려지는 자료들에 눈길이 닿지 않도록 고개를 돌리곤 했다. 묵은 자료를 폐기하는 일은 오래 몸담고 있던 사람이 좀처럼 하기 어렵다. 좀더 거리를 두고 그 시간을 읽어낼 수 있는 사람이 필요했다. 그래서 난 아카이빙에는 기록의 생산과정을 겪은 사람과 외부인의 눈으로 바라볼 사람 간의 협력이 필요하다고 생각한다.

어찌 보면 이미 버려져야 했던 자료들이 쌓여온 것은 제대로 자료로 활용할 틀을 마련하지 못했기 때문이었다고 할 수 있다. 가이드라인을 정하고 자료로 갈무리해나갈 틀이 마련되어야, 비로소 버릴 자료들을 솎아낼 수 있었다. 아카이빙할 자료를 박스에 담아보니 70박스에 달했다.

외국어대 정보기록관리학과 대학원에서 조민지 선생이 강의하는 '기록의 정리와 기술'이라는 수업 가운데 6주 동안의 실습을 느티나무에서 느티나무 자료를 가지고 느티나무 사람들과 함께 진행하기로 했다. 해묵은 파일을 꺼내 철끈을 풀어내고 가지런히 정리해 연필로 쪽수를 적

어 넣으면서 낙서와 포스트잇 메모지가 붙어 있는 것까지 훼손되지 않
도록 다시 갈무리하는, 낯설고도 지루한 작업이 시작되었다.

서가만이 아니라 사무실 책상과 캐비닛에까지 가득 들어찬 자료들을
보고 있으면 어떻든 아카이빙은 시간도 품도 많이 들여야 하는 지난한
작업이 되리라는 건 분명했다. 하지만 차츰 아마추어라도 할 수 있겠다
는 자신감과 우리 기록이 의미 있게 쓰일 거라는 기대가 생겼다.

실천은 겸손해지게 만든다는 점에서도 중요한 의미를 가진다. 기록을
만지기 전까지는 '아카이브B'라는 신선한 개념에 한껏 들떠 있었는데,
자유로이 소통하고 상상하면서 새로운 길을 열어가려면 '기본적으로' 거

처야 할 과정이 있다는 걸 비로소 깨달은 것이다. 외대 대학원생들과 함께한 공동작업은 아카이브B의 매력에 빠진 상태로 아카이브A를 학습하는 과정이었다.

이영남 선생의 소개와 안내로 인권위원회 자료실을 방문하는 행운도 누렸다. 투명한 플라스틱이나 종이 상자에 연도별 혹은 주제나 형태별로 차곡차곡 정리되어 있는 자료들을 둘러보면서 아카이빙의 결과물에 대해 구체적인 상을 그려볼 수 있었다. 한결 용기와 자신감을 얻었다. 꼼꼼하게 설명하면서 안내해준 담당자에게 간혹 기막힌 사연을 안고 찾아오는 사람들에 대한 일화를 전해 들으면서 하나하나의 기록에 얽힌 사람들에게는 저 종이 뭉치들이 외롭고 두려운 세상에서 유일한 동아줄이 될 수도 있겠다는 생각을 떠올렸다. 기록과 기억이라는 말이 또다른 무게로 담기는 시간이었다.

켜켜이 쌓여 있던 기록들이 차곡차곡 제자리를 갖게 된 다음, 아카이브B의 방식으로 그동안 교류해온 다양한 사람의 기억과 스토리텔링이 한올 한올 보태질 수 있겠다고 생각했다. 그렇게 해서 기록의 빈구석들이 채워지고 내용과 연결고리가 풍성해지면, 마치 박제에 숨결을 불어넣듯이 새롭게 내러티브를 엮어낼 것이라고 기대했다.

우애의 아카이브

2013년 본격적인 아카이빙을 시작해보기로 하면서 '공개 워크숍'이 열렸다. 느티나무의 기록물을 대상으로 하지만 느티나무 직원과 자원활동가, 이용자는 물론, 다른 도서관이나 단체의 활동가들까지 참여하도록 문을 열기로 한 것이다. 아카이빙 과정이 학습과 소통에 큰 의미를 가진다고 생각했기 때문이다. 그것 역시 도서관운동의 실천 과정이 되길 바랐다. 다양한 영역에서 활동하는 사람들이 언론보도나 세미나의 사례발표에서는 만나기 힘든 도서관의 깊은 속살을 들여다보면서 겉으로 드러난 이미지에 덮여 있던 도서관문화의 가치와 도서관운동의 의미를 발견하고 다른 영역들로 전달, 확장되는 기회가 되길 기대했다.

아카이빙 방법론에서 '우애'를 지향하는 자칭 '동무 아키비스트' 이영남 선생 덕에 그물을 엮듯 워크숍에 힘을 보탤 동무들을 만났다. 아카이브용 종이상자를 이름을 밝히지 않고 100개나 기증해준 분, 워크숍 전 과정을 사진으로 담아준 '디자인명작'의 고은경 대표, 영상으로 담아준 한국예술종합대학 황예지 님, 앞서서 책을 펴내 우리에게 동기와 용기를 북돋아준 '장애와인권발바닥행동', 느티나무의 아카이빙 사례를 소개하도록 콜로키엄에 초대해준 한국외국어대 사학과 노명환 교수, 워크숍에서 커뮤니티아카이브에 대한 강의로 연구 경험을 나눠준 기록학 박사 윤은하 선생…. 워크숍에서 우리는 아카이빙이라는 말의 의미부터 방법론까지 배우고 경험했다.

처음엔 '도서관을 거점으로' 하는 커뮤니티아카이빙에 기대를 걸고 시작했다. 그런데 느티나무의 역사는 일반화하기엔 너무 고유한 경험이 많다는 문제가 제기되었다. 결국 도서관을 거점으로 하는 아카이브 사례를 제시하기보다는 느티나무도서관 자체의 기록에 집중하기로 했다. 지난 역사를 모두 갈무리해서 거대한 컬렉션을 '집대성'하려는 욕심도 접고, 현재진행형으로 이루어지는 일들을 꾸준히 기록해나가는 문화를

다지는 계기로 삼기로 했다. 돌이켜보면 예정된 길이었다. 우리가 매료되었던 도서관의 철학이나 아카이브B의 정신은 '전범'이 될 틀을 만들기보다는, 언제든 또다른 시도가 빛을 내도록 열려 있는 잠재적인 가능태를 실천하는 것이었기 때문이다.

도서관이 유기체인 이유가 기록의 속성에서 비롯된 것이라는 생각도 들었다. 우리 가슴을 뛰게 했던 꿈과 도전, 숱한 고민과 실패, 상처까지…. 그 모두가 살아나서 다시 우리에게 말을 건네고 질문을 던졌다. 미루고 덮어두었던 다소 불편한 경험이나 모호한 개념들도 기록으로 남기려면 어떻게든 '의미가 정의된' 언어로 담아내야 한다는 서늘한 깨달음도 얻었다. 도서관에 매달려 살면서도 미처 깨닫지 못했던 기록의 힘을 비로소 체험한 셈이다.

그 시간을 통해 우리는 공공성과 자유에 대해, 도서관의 가치와 역할에 대해 되새기고 성찰했다. 그동안 시도해온 일들의 배경과 맥락을 스스로 설명하고 이해하고 학습하는 과정이기도 했다. 아카이빙이 일상적으로 정착된다면 조직을 꾸리면서 늘 아쉽던 암묵지가 좀더 효과적으로 전달되는 통로가 될 수 있겠다는 가능성도 보았다. 우리의 삶과 운동에서 내러티브가 필요한 이유를 만났고, 함께 꿈꿀 사람들을 만나려면 먼저 우리가 무엇을 꿈꾸는지 선명하게 말할 수 있어야 한다는 것 또한 깨달았다.

공동체 vs. 공공성

지나온 시간을 복기하고 앞으로 전망을 그리면서 우리는 더이상 피할 수 없는 몇 가지 키워드를 정면으로 맞닥뜨렸다. 적어도 지금 할 수 있는 답을 찾아야 했다. 그중 하나가 공동체 vs. 공공성이었다. 앞서 13년 동안 느티나무도서관을 말하면서 사람들이 가장 많이 쓴 표현은 마을사랑방과 공동체다. 도서관이 혼자 공부하는 독서실이 아니라 만나고 모이고 소통하는 공간으로 여겨진다는 것은 반가운 일이었다. 하지만 우리는 그 표현을 못내 아쉬워하고 답답해했다. 도서관운동으로 우리가 구현하려는 공공성과 자유라는 가치의 핵심을 자꾸 비껴간다고 느꼈기 때문이다.

2000년대 들어 한국 도서관계에서 일어난 가장 큰 변화는 사람들을 '환대'하는 공간, 사람을 만나고 교류하는 공간으로 도서관의 이미지가 달라진 것이라고 할 수 있다. 느티나무도서관은 그 대표적인 사례로 꼽혔다.

문화시설이라고는 찾아볼 수 없는, '이제 막 개발을 시작한' 신도시에서 도서관은 그야말로 오아시스 같았다. 뒹굴며 책을 볼 수 있고 조금 시끄러워도 좋은, 사랑방 같은 도서관은 신선했다. 공들여 고른 책들이 둘러싼 공간에서 이웃을 만나고 친구가 된 사람들은 '단지'가 '마을'로 바뀌는 것 같다고 했고 아이들에게 '고향'이 생겼다고도 했다. 환기도 제대로 안 되는 지하의 40평 공간이 번번이 밥 짓는 냄새로 채워져도, 어려운 환경의 아이들을 마을에서 함께 거둔다는 걸 뿌듯해하며 너그럽게 받아들였다. 소외, 단절, 경쟁, 양극화가 빚어내는 온갖 사회문제의 대안을 찾아갈 수 있겠다는 희망이 느껴졌다. 그렇다고 도서관의 변신이 '완전 무죄'인 것은 아니었다. 한두 해 시간이 흘러 신선함과 설렘이

잦아들면서 충돌하는 지점이 보이기 시작했다. 따뜻함, 편안함, 푸근함, 나눔 같은 말들이 눈앞의 일상으로 구현되면서 그 안에 속한 사람들의 만족도는 높아졌지만 문턱도 함께 높아졌다. 어떤 자격요건도 요구하지 않았지만, 공동체라는 말이 사용되는 횟수가 늘어날수록 모두에게 따뜻하고 편안하지는 않을 수 있다는 걸 조금씩 알아차리게 된 것이다.

언론에서 취재나 인터뷰를 하러 오면 '공동체'라는 표현은 쓰지 말아 달라고 부탁해도 자꾸만 공동체로 소개가 되었다.

"도서관은 공동체가 아닙니다. 도서관은 수많은 공동체가 만들어지고 섞이고 흩어질 수도 있는 곳이지만, 도서관 자체가 공동체가 될 수는 없지요."

수없이 말했지만 좀더 분명하게 설명할 필요가 있었다. 공동체와 공공성은 둘 중 하나가 옳거나 낫다고 비교할 대상이 아니다. 다른 가치일 뿐이다. 두 개념을 어떻게 정의하느냐에 따라 달라지겠지만, 적어도 실체로 존재하는 공동체와 공공서비스를 제공하는 도서관의 차이를 분명히 할 필요가 있었다.

한편 10여 년 전부터 다양하게 시도된 공동체들에서 공공성을 지향하는 사례가 적지 않았다. 바깥사람들을 배제하는 '섬'이 되지 않으려는 노력으로 보였다. 더불어 사는 삶, 나눔sharing에 대한 도덕적 지향이 강한 곳일수록 공동체에 대한 고민과 회의가 깊었다. 배제를 해소할 방법을 찾으면서 종종 공동체 외부의 사람들이 참여하는 프로그램을 마련하는 사례들도 있었다. 대상은 주로 소외계층이었다. 소외계층이 아니면서 공동체의 구성원도 아닌 사람들에게 문을 열기는 여전히 쉽지 않아

보였다.

'공동체'를 지향하는 사람들 가운데 누군가를 배제하려는 생각을 가진 사람은 본 적이 없다. 함께, 더불어 살고자 공동체를 만든다. 하지만 공동체라면 울타리가 생기는 건 자연스럽다. 그 공동체를 만들게 된 가치와 지향을 공유하면서 원칙과 의무를 지켜야 할 책임이 있기 때문이다. 그러나 그것을 공동체 바깥에 있는 사람들에게 강요할 권리나 명분은 없다. 시간이 지나면서 내부 결속이 강해지면 울타리도 높아지기 마련이다. 공동체를 만들고자 한 이상 배제를 탓하거나 피하려고 할 게 아니라 공동체의 속성으로 인정하고, 오히려 자신들의 고유한 목적을 분명하게 알리는 게 중요하지 않을까.

도서관이 공동체가 아니라는 말을 굳이 반복했던 배경에는 만나기만 하면 혈연, 지연, 학연, 종교, 이념 등으로 편을 가르고 끊임없이 공동체를 만들려고 하는 한국 사회의 문화에 대한 저항감도 작용했을 것이다. 그로 인해 발생하는 소외, 편견, 이기주의 같은 사회문제에 대안을 모색하는 움직임들이 또다시 '공동체'의 형태로 나타나는 것을 아이러니하게 여긴 것도 사실이다. 어쩌면 그런 나의 의문은 공동체운동을 하면서도 공동체에 물음표를 던지는 사람들의 고민과도 맞닿아 있을 것 같다.

공동체가 필요한 이유

공동체를 만들면서 공동체를 불편하게 여기는 사람들의 또 한 가지 고민은 공익과 충돌할 수 있다는 점이다. 그 공동체가 지향하는 어떤 면이 사회 전체의 공익과 배치될 수 있는지 제대로 아는 것은 중요하겠지만, 공익이 모든 활동의 유일한 판단기준은 아니지 않을까. 사회 전체의 공익과 배치된다고 해서 반드시 문제도 아니다. 오히려 바로 그 점이 공동체가 필요한 이유라고 생각한다. 도서관의 역사와 현실에서 '공공성'이 가질 수 있는 가장 큰 한계가 획일성과 비자발성이라는 걸 확인했기 때문이다.

공익이라는 명분은 종종 사회 전체로 보면 아주 소수인 사람은 '무시해도 좋을' 혹은 '무시할 수밖에 없는' 열외로 만들어버린다. 당사자의 눈으로 보면 그 '사소한 무시'가 세상 전부를 잃게 만들고 인생을 부숴버릴 수 있는데 말이다. 소수자라는 말이 생겨난 배경이고, 위로부터의 일방적인 정책의 반대편에서 아래로부터의 자발적인 공동체운동이 필요한 이유다. 뿐만 아니라 지금까지 다양한 형태로 구성된 대안공동체들은 사회적인 성찰의 물꼬를 트고 호혜와 연대, 우정과 신뢰, 협동과 같은 사회자본의 확대 가능성을 보여주었다. 공동체운동의 그런 성과가 사회변화에 끼칠 영향을 기대하며 아낌없는 박수와 응원을 보낸다. 나아가 도서관은 지역사회에서 다양한 공동체들이 만들어지는 토양으로 기능할 수 있다고 생각한다. 느티나무 역시 그 몫에 힘을 쏟아왔고 앞으로도 그럴 것이다.

도서관이 공동체가 될 수 없는 이유

우리가 풀어야 할 문제는 공동체에서 도서관을 만들려고 할 때, 혹은 도서관 자체를 공동체로 만들려고 할 때 빚어지는 갈등이었다. 도서관 설립이나 운영을 상담하려고 느티나무를 찾아오는 사람들에게서 그런

고민을 접할 수 있었다. 협동조합, 교회, 대안학교처럼 분명히 공동체의 성격을 가진 조직에서 도서관을 만들 때 구체적인 운영 단계로 들어가면 고민할 지점이 한두 가지가 아니었다. 도서관 이용자를 회원으로 제한할 것인가, 이용만 할 수 있게 허용하고 자료대출은 회원으로 국한할 것인가, 공동체 회원은 아니더라도 도서관을 이용하길 원하는 사람에겐 가입비나 출자금을 받고 '이용만 하는' 회원으로 등록할 것인가 등등. 공동체를 지향한다면 도서관 고유의 역할과 충돌할 수밖에 없다. 공공도서관의 핵심가치인 공공성은 밖으로 열리는 개념이고 공동체는 안으로 접어 들이는 개념이기 때문이다.

공공성은 '울타리 자체가 없는' 완전히 열린 상태를 지향한다. 도서관은 도서관의 철학 같은 것엔 관심도 없고 별다른 소속감을 갖고 있지 않은 이용자나 아직 도서관을 필요로 하지 않는 '잠재이용자'까지 고려해서 정책과 서비스를 기획해야 한다. 지식과 정보에서 소외된 이들을 향해 좀더 적극적인 서비스를 시도하는 것도 큰 숙제다. 해야 할 것과 하지 말아야 할 것을 가르는 기준 역시 공공성이다. 도서관이 '모두를 위한' 곳이 되도록 서로 존중하고 배려하는 '시민의식'이라고 할 수도 있다. 특정한 공동체가 갖는 목적과 규율이 아니라, 자발적인 배려의 원리에 따르는 것이다.

느티나무가 아무리 '공동체가 아님'을 표명해왔다 하더라도, '공동체처럼' 보일 수 있었다는 사실은 부정할 수 없다. 느티나무도서관이 처음 문을 열었을 때, 눈이 번쩍 뜨이는 책들이 사람들 마음을 사로잡은 건 분명했다. 토미 드 파올라나 앤서니 브라운처럼 아직 국내에 소개되지 않았던 세계적인 작가들의 그림책 원서, 마이크로소프트 사에서 직접 구입한 과학그림책 CD까지, 우리는 값비싸고 귀한 책들을 열심히 찾아서 사들였다. 도서관에 와야만 볼 수 있는 책들이 많아져서 그다지 도서관이 필요하지 않다고 여기는 사람들까지 이끌어주기를 바랐다. 독서문화와 배움에 대한 변화, 그리고 양극화로 벌어진 계층 간의 '통합'에 대한 기대 때문이었다. 그런데도 책과 정보를 얻는 도서관보다는 사랑방으로 여겨졌다. 특히 공공도서관이 되기 전 사립문고로 지낸 7년 8개월 동안은 도서관 자체를 공동체로 보는 사람들도 많았다.

독서회나 자원활동가들의 모임이 활발하게 이뤄지는 것을 보면 정말 삶터가, 일상의 문화가 달라질 수 있겠다는 가능성이 느껴져서 가슴이 뛰었다. 하지만 '그들만의 리그'라는 쓸쓸한 이야기를 들었던 것도 사실이다. 누군가에게 그런 소외감을 불러일으킨다는 것은 우리가 그렇게도 경계했던 '보이지 않는 문턱'이 생긴 것이라고 인정해야 했다.

공동체를 지향하는 사람들의 특성이라고 할 수 있는 문화자본, 사회자본도 문턱이 될 수 있었다. 예를 들어 '자발적 가난'이라고 표현할 수 있는 '의식'을 가진 사람들의 아우라가 가까이하기 힘든 벽이 되는 것 같았다. 나는 맑은 가난, '청빈淸貧'이라는 말을 좋아한다. 자유가 느껴지기 때문이다. 도서관을 통해 좀더 많은 사람들이 자발적 가난이 허용하는 자유의 기운을 누리게 되길 바라지만, 도서관이 이미 자발적 가난을 선택한 사람들만을 위해 존재하는 것은 아니다. 오히려 자발적 가난 같은 건 말도 안 되는 소리라고 여기는 사람들에게 책과 만남을 통해 성찰하고 사유하면서 다양한 자리에서 삶을 볼 수 있는 기회와 가능성을 열어놓는 데 힘을 쏟아야 한다.

문턱이 높아진다는 것은 틀림없이 경계할 일이었지만, 실제로 경계한다는 건 참으로 힘든 일이었다. 어디까지 경계해야 할지 기준을 알기도 어려웠다. 더구나 공동체성은 따뜻하고 넉넉하고 흐뭇했다. 그래서 더어려웠다. 언제든 넉넉하게 자리를 채워주는 사람들에게 친밀감이 문턱이 될 수 있다는 이야기를 꺼내는 건 아예 고통스러웠다. 활동을 제지하는 것처럼 받아들여 상처를 입기도 했다. 열정이 넘치고 적극적이던 사람일수록, 자원활동이든 동아리든 속해 있던 모임의 활동이 중단되면 더이상 도서관에 발걸음도 하지 않게 되었다. 그제야 사람들이 도서관을 공동체라 여겨 강한 소속감을 가지고 있었다는 것과 그것이 문턱이 될 수 있다는 걸 알았다. 정체성을 분명히 하지 못했던 책임이 컸다. 도서관이 공동체는 아니지만 공동체성은 소중하다는 모호한 태도가 혼란을 빚을 수 있었다는 뒤늦은 반성을 해야 했다.

느티나무 같은 민간의 도서관에서는 도서관 운영주체와 후원, 자원활동으로 참여하는 사람들 사이에 경계를 명확하게 가르기 어렵다. 그래서 도서관의 다양한 활동에 참여하는 것이 운영의 책임과 역할을 분담하는 것으로 받아들여지기도 한다. 다양한 의견을 반영하고 다양한 활동 기회를 마련하는 것이 도서관의 책임이지만, 정책을 결정하고 사업을 계획하기 위해서는 전체 서비스의 장기적인 전망, 조직 내부의 역량과 자원, 우리가 운동을 통해 영향을 미치고자 하는 사안까지 모두 고려해야 하는 또다른 책임이 있다. 그런 책임을 누구에게든 강요할 권리는 없다. 의미 있는 활동이라도 다른 모임이나 이용자들의 요구와 충돌할 수 있다. 우리는 느슨함과 적절한 거리가 필요한 이유를 다시 생각하게 되었다. 독서회도 처음엔 무조건 오랫동안 활동이 이어지도록 지원하려고 애를 썼지만, 이젠 좀더 열린 모임으로 다양하게 참여할 방법을 모색하고 있다.

세상에서 가장 어려운 말이 공공성과 공동체일 거라는 생각으로 참 오래도록 몸과 마음을 앓아왔다. 이 화두를 좀더 깊이 있게 생각해나갈 수 있도록 누군가 개념을 정의해주면 좋겠다. 지나치게 단정적인 정의는 내용을 왜곡시킬 수 있지만 명확하게 정의하지 않으면 같은 표현을 쓰면서도 동상이몽이 되어버려 소통도 관계도 혼선과 상처를 빚고 말 수 있기 때문이다.

절제의 미덕

아카이빙이 우리에게 던진 두 번째 화두는 2단계의 전망이었다. 지난 세월과 대화를 하고 나면 무엇을 선택하고 집중할지 답을 얻을 줄 알았는데 이런! 아카이빙으로 정리한 70박스의 기록을 훑어보면서 그대로 몸살이 오는 것 같았다. 그 지난한 시간에 발을 딛고 앞으로 갈 길을 선택한다는 자체가 도전이었다. 언제 누가 이 많은 일들을 했다는 건지, 우리 자신도 믿기지 않았다.

조직의 사명에 '운동'이라는 말을 달고 있으니 당연한 일이기도 했다. 작은 버릇 하나를 고치려고 해도 긴 시간 애를 먹는다. 그런데 감히 도서관문화를 바꿔서 더 나은 세상을 만들어보자고 나섰으니 해야 할 일, 하고 싶은 일이 얼마나 많았겠는가. 문제는 할 수 있는 일에 머물지 않고 넘치거나 앞서갔다는 데 있었다. '절제'가 필요했던 순간들이 비로소 눈에 들어왔다. 계획한 일의 의미를 살리고 성과를 얻으려면 집중해야 하고, 집중하려면 할 수 없는 것을 할 수 없다고 분명하게 말할 수 있는 겸손과 용기가 필요했다. 지치지 않고 지속하기 위해선 때론 멈춰 서서 호흡을 고르고 다시 나아갈 채비를 할 필요가 있었다.

기록으로 다시 만난 10여 년의 세월 속에는 우리 스스로 잊고 있을 만큼 오래전에 중단된 일들도 있었다. 이렇게 오래전부터 계획한 일이었다니, 하고 새삼 놀라게 만드는 일들이 왜 아직 그 성과가 나타나지 않는 걸까, 다시 고민에 빠져들었다. 긴 토론을 거치며 여러 원인을 찾아보고 다시 시도할 것인지 여부를 놓고 저울질했다. 그제야 눈에 보였다. 어떤 일들은 너무 빨랐다. 아직 받아들여질 '때'가 아닌데 의미만 보고 추진했던 일들은 뒤늦은 안타까움을 불러일으켰다. 강도와 수위를 낮추는 게 좋았을 일들도 있었다. 운동을 하려면 너무 앞서가지 않도록 한 걸음 혹은 반 걸음만 앞서가야 한다는 걸 깨닫게 했다.

가장 문제로 보인 건 13년 동안 도서관장과 재단 이사장을 겸해온 나였다. 소위 설립자founder라고 하는 사람들이 갖는 한계 혹은 문제가 있다. 간절한 꿈이 있고 바로 눈앞에 길이 보이기 때문에 자꾸 앞으로 나아간다. 어지간해선 지치지도 않는다. 이일 저일을 동시에 해치우는 멀티태스킹에도 능하다. 미쳐 있기 때문이다. 적절한 시기에 멈춰 서서 숨을 고르지 않으면, 그의 속도와 추진력이 조직 전체에 피로감을 더할 수 있다. 내가 그 사실을 깨달은 건 10년도 더 지나고 나서였다. 그걸 아쉬워해야 할지, 오히려 그래서 이만큼 올 수 있었다고 여겨야 할지 딱 잘라 말하긴 어렵다. 다만 하고 싶은 것과 해야 할 것, 할 수 있는 것과 미뤄도 좋을 것을 가려볼 수 있는 '촉'을 놓치지 않고, 소진되지 않도록 호흡을 조절할 수 있는 결단력을 가져야 한다는 걸 다시 새길 뿐. 운동이 의미를 갖기 위해서는 무조건 길을 내고 앞질러 갈 게 아니라, 말을 걸고 동기를 불러일으켜 함께 가야 한다는 것을 깨닫기까지 참 많은 시간과 경험이 필요했다.

모든 것을 하려고 하면 어느 하나도 제대로 할 수 없을지 모른다. 제한된 자원으로 일을 해나가기 위해서는 우선순위를 두어 강약을 조절해야 한다. 그런데 도서관처럼 일상서비스의 비중이 큰 곳에서는 모든 일을 계획대로 추진하기 어렵다. '일상'이라는 말의 무게는 녹록치 않다. 책도 사람도 끝없이 시간과 에너지를 요구하고, 예상하지 못했던 상황도 수시로 발생한다.

무엇이든 결단력만 가지고 포기할 수 있는 것도 아니다. 조직을 유지해나갈 이유라고 할 수 있는 사명과 우리에게 기대를 걸고 지지하는 사람들에 대한 책임도 생각해야 했다. 게다가 절제는 어렵고 어려웠다. 차라리 맘껏 하는 게 쉬웠다. 절제해야 할 대상으로 꼽히는 일들도 누군가에겐 중요한 의미를 가진다는 걸 알 수 있었기 때문이다. 그래서 때론 단호할 만큼 담담해야 하면서도, 언제나 더 신중해도 모자랄 만큼 충분히 신중해야 했다.

선택과 집중

선택과 집중을 생각하는 것은 우리가 하려는 일을 둘러싼 환경이 변화했기 때문이기도 하다. 후원금으로 도서관을 운영하고 사업을 펼치면서 지속가능성을 담보해야 하는 민간 재단이니, 재원을 마련하고 배분할 계획을 세우는 데서도 변화된 환경을 중요하게 고려해야 한다. 도서관 인프라가 크게 늘어났고 도서관에 대한 이용자들의 요구와 기대가 달라졌다. 다른 한편으로 '도서관의 위기'를 우려하는 목소리에도 점점 무게가 실린다.

느티나무도서관을 만들던 1999년 당시, 서울 면적의 98퍼센트에 달할 만큼 큰 용인시에 도서관은 딱 한 곳, 사서는 두 명뿐이었다. 그런데 이제 시립도서관이 11개로 늘어났다. 반경 3킬로미터 이내에만 장서가 10만 권이 넘는 공립 공공도서관이 세 군데나 된다. 작은도서관은 시에 등록된 숫자만 해도 112개소다. 얼마 안 있어 느티나무에서 거리가 1킬로미터도 안 되는 교회에서 느티나무도서관만 한 규모의 도서관을 새로 열 예정이다. 어딜 가든 책을 볼 수 있고 빌릴 수 있는 환경이 된 것은 적어도 느티나무가 자리 잡고 있는 용인시 수지구와 같은 신도시 지역은 대체로 비슷해 보인다. 이제 굳이 애써서 사립도서관을 운영할 필요가 있겠느냐고 하는 사람들도 있을 정도다.

마을공유지 같은 커뮤니티 공간도 잇따라 만들어지고 있다. 학습공동체 문탁, 좋은친구센터, 용인시작은도서관협의회, 용인환경정의, 수지장애인자립센터, 아이쿱생협, 이우생협, 마을생협 같은 단체들의 활동이 뿌리를 내리면서 마을작업장이 생기고 세미나 공간, 갤러리, 마을카페도 생겼다. 그 덕에 내내 적자가 늘고 담당자를 구하기 어려워 고전하던 도서관의 북카페는 규모를 확 줄일 수 있었다. 지금은 누구나 쉽게 이용할 수 있는 캡슐커피를 책 빌리는 카운터에 놓아두고 설거지까지 이용자가 직접 하는 무인 카페 형태로 운영하고 있다.

공간만 생기는 것이 아니라 느티나무도서관에서 해왔던 활동들이 지역 곳곳에서 다채로운 형태로 열리고 있다. 온갖 주제의 강독회와 독서회가 다양한 공간에서 모임을 갖고, 함께 영화를 보고 이야기 나누는 공동체상영회가 열린다. 생태교육 나들이나 목공, 제빵, 재활용품을 만드는 워크숍도 진행된다. 우리가 섭외하려다가 끝내 실패한 저자의 강연이 바로 옆 동네에서 열리기도 했다. 그 다양한 현장에서 도서관 이용자였

거나 독서회원 또는 자원활동가였던 낯익은 얼굴들을 만난다. 많은 사람들이 꿈을 키우고 실천하는 데 도서관이 징검다리 역할을 한 것 같아 고맙고 뿌듯한 한편, 그럼 이제 우리는 무엇을 할 것인가 다시 생각하게 된다. 느티나무는 하나의 도서관을 운영하는 곳일 뿐 아니라, 그 현장을 기반으로 도서관문화를 바꾸는 운동을 사명으로 삼고 있기 때문에, 지역사회의 틀을 넘어 전체 도서관을 둘러싼 변화까지 고려해야 한다.

도서관 이용자 수가 몇 년째 줄고 있다. 계량적인 통계에 매달리지 않으려고 하지만, 숫자에 매달리는 게 문제지 통계가 건네는 메시지에는 귀를 기울여야 한다. 도서관 설립이나 운영에 자문을 얻으려고 찾아오는 사람들을 만나면서 자원활동에 대한 열의 또한 전과 다르다는 걸 느낀다. 10년 가까이 너무 뜨겁게 달아오르기만 했던 도서관 열기가 차츰 잦아드는 것 같아 반갑기도 하다. 진짜 본 무대는 들뜬 흥분이 가라앉으면서 조용히 막을 올리기 마련이니까. 하지만 지금 보이는 징후들은 그렇게 여유 있게 볼 수만은 없을 것 같다. 지식정보 환경은 갈수록 더 빠르게 변화하고 있고 지역마다 문화 공간도 다양한 형태로 늘어나고 있다. 더이상 미루고 피할 수 없는 질문들을 정면으로 응시할 필요가 있다.

정보화시대에 스스로 정보센터라고 정의하는 도서관은 정말 그 몫을 하고 있는가? 도서관에서 제공해야 하는 정보의 범위를 어떻게 봐야 할까? 누구나 도서관을 커뮤니티 공간이라고 말하는데 커뮤니티라는 용어의 정확한 정의는 무엇이고, 다른 커뮤니티 공간들과 다르게 도서관이 해야 할 역할은 무엇인가? 정보격차digital divide가 갈수록 심각해져 삶의 질은 물론 생존의 문제로까지 이어질 수 있는데 정보복지, 문화복지라는 도서관의 사명은 어떻게 구현하고 있는가? 누구도 아직 명확한 답을 찾기 어려운 문제들이다.

어쩌면 도서관은 암묵적인 인정의 혜택을 누려왔는지 모른다. 도서관의 환경이 열악하다고 늘 말해왔지만, 다른 한편으로 '공공'이라는 속성이 부여하는 권한은 큰 문제나 변화가 생기지 않는 한 '현상유지'를 할 수 있는 방패가 되는 것 또한 사실이다. 도서관은 그렇게 누구도 부정하기 힘든 정당성을 부여받고 있다. 하지만 그런 어드밴티지가 언제까지 유효할지 장담할 수는 없다. 사회 변화에 걸맞은 도서관의 역할과 기능을 좀더 구체적이고 창의적으로 모색해나가야 한다. 기존의 틀에 매인 상태로는 도서관의 존립 이유 자체에 대한 질문에 맞닥뜨릴지 모른다. 세상 모든 역사의 상상력을 담고 있는 도서관답게 냉철히 현실을 진단하고, 정말 대안이 될 수 있는 미래를 함께 그려갈 수 있기를 바란다.

우리는 언제나 누구에게나 원하는 책을 빌려주는 일에 매달렸던 데서 조금 균형을 옮겨 정보서비스를 적극적으로 제공하는 데 힘을 쏟으려고 한다. 점점 도서관에서 멀어지는 이용자들, 반대로 여전히 도서관에서 멀리 있는 잠재이용자들에게 정말 필요한 서비스를 할 수 있는 방법을 찾으려고 한다. 커뮤니티와 연계도 한 단계 깊이를 더하려고 한다. 지난 10여 년의 시간이 지역사회를 만나고 낯을 익히고 교류를 위한 신뢰를 쌓는 시간이었다면, 이제 무엇을 교류하고 무엇을 협력할지 도서관의 역할을 좀더 선명하고 구체적으로 찾아가면서 그에 걸맞은 역량과 자원을 마련해나갈 것이다.

도서관 운영이 도서관운동으로 이어지게 만드는 방법도 큰 숙제다.

그동안 책 대출을 중심으로 한 일상서비스에 매달리느라 번번이 뒤로 미뤘던 연구교류활동에 좀더 집중하려고 한다. 15년 동안 차곡차곡 쌓인 도서관 운영의 콘텐츠를 밖으로 발산할 계획을 세우고 있다. 책이나 자료집, 웹진, 사례발표를 포함한 강연과 포럼 등 다양한 형태로 도서관 문화에 대한 우리의 경험과 생각을 좀더 널리 공유하고 확산하는 일에 힘을 쏟으려고 한다.

파일럿 프로젝트처럼 진행되는 일도 많아질 것이다. 다양한 일을 상상하고 시도하려면 끊임없이 저울질하면서 다음 단계를 그려가야 한다. 어디에 우선순위를 두든 느티나무는 도서관이고 도서관운동을 하는 재단이기 때문에 도서관문화를 통해 더 나은 세상을 만든다는 사명은 달라지지 않을 것이다. 그에 걸맞은 역할로 사회에 좀더 의미 있게 힘을 보탤 수 있는 일들을 찾아가려고 한다. 15년 전에 그랬듯이, 여전히 우리 가슴을 뛰게 하는 도서관의 잠재력과 가능성을 기대하면서.

경계의 미학

자발적 아웃사이더

느티나무는 태생부터 '경계'에 서 있었다. 99퍼센트가 공립인 도서관 계에서 사립은 아웃사이더일 수밖에 없었다. 민간은 곧 영리로 연결되는 자본주의사회에서 사립이 도서관의 기본가치인 공공성을 실현할 거라는 믿음을 얻긴 어려웠다.

대표인 내가 자격증을 가진 사서가 아닌 것도 영향을 미쳤다. 느티나무는 문 열 준비를 하던 1999년부터 이미 사서가 있었지만, 사서직원 없이 자원활동만으로 운영된다고 알고 있는 사람들이 많았다. 잘하면 사서의 전문성을 위협하는 존재가 될 수 있고, 잘못하면 역시 도서관으로 보기 어려운 곳이라고 배제 당할 가능성을 애초부터 안고 있었다. 그러면서 또 도서관계 밖으로 고개를 돌려보면 어디까지나 도서관이다. 이

넘에 기반을 둔 시민단체 쪽에서 보면 공공성이란 가치는 모호하고 미적지근해 보인다. 하늘이 두 쪽이 나도 한결같이 도서관 문을 열고 일상 서비스를 해야 하니, 다 놓고 매달려야 할 연대행사가 있을 때도 열외가 되어야 한다.

넘어서기 힘든 경계와 배제를 겪을 때도 있다. 느티나무도서관이 알려지면서 이곳저곳에서 강연 요청을 받게 되었는데, 학교(도서관이 아니라 학부모모임), 교회, 복지관, 아파트, 여성회, 청소년문화센터…, 다양한 기관에서 관심을 보였지만 도서관에서 초청하는 예는 좀처럼 드물었다. 국립중앙도서관 사서연수에 어린이실의 자료수집과 장서관리에 대한 강의 요청을 받았을 때 얼마나 반가웠던지 책은 물론이고 팝업북, DVD, 퍼즐까지 온갖 자료를 실물로 보여주려고 바퀴 달린 여행가방에 가득 채워 끌고 갔던 걸 기억한다. 그래도 우리는 자발적인 아웃사이더가 되기로 했다. 주류(?)에 속하려고 애쓰는 대신 경계에서 할 수 있는 몫을 하려고 했다. 생존과 문화적인 삶의 경계, 공공성과 공동체성의 경계….

경계는 매력적이었다. 제도와 틀에서 상대적으로 자유로우니 맘껏 상상하고 실험할 수 있다. 관계로 얽혀 있지 않으니 자극을 줄 수 있고 필요할 땐 외부세력을 자처하며 지지하고 옹호하는 자리에 설 수도 있다. 운동을 하는 데는 경계가 더할 나위 없는 자리다. 뭔가를 시도하려면 선택이 따르는데 경계에는 모범답안이 없으니 선택의 폭이 넓어진다. 모범답안을 찾을 거라면 운동이라는 이름을 붙이지 않았을 테니까. 내 인생의 멘토가 늘 하는 말이 있다.

"꿈꾸는 사람의 힘은 실패에 관대하다는 데 있다."

실패를 무릅쓰는 데 거리낌이 없어지면, 그만큼 상상력이 실천으로 이어질 가능성이 커진다. 상호작용과 소통이 풍성하게 이뤄지는 것도 경계의 매력이다. 운동에는 목적과 이유가 있어야 하지만 처음부터 전체 과정을 기획해놓고 시작하는 것은 아니다. 운동으로 변화시키려는 대상은 언제나 발을 딛고 서 있는, 끊임없이 변화하는 현실이기 때문이다. 그래서 소통이 중요하다. 운동이라는 말의 뿌리는 움직임이다. 멈추지 않고 움직이려면 상호작용이 중요하다. 환경과 주체의 상호작용, 목표와 결과의 상호작용, 시도와 반응의 상호작용, 규모의 확장에 대한 요구와 밀도 있는 내실화에 대한 필요의 상호작용….

우리는 앞으로도 '경계'에 선 역할을 하려고 한다. 이유는 역시 자유와 소통과 상상력을 바라기 때문이다. 먼저 도서관이 변화를 모색하려면 다양한 실험이 필요할 것이다. 우리는 이미 그런 실험을 해왔지만, 앞으로는 그동안 쌓인 경험과 역량, 네트워크의 힘을 빌려 좀더 대범하고 적극적으로 변화를 시도해보려 한다. 예를 들면 도서관 휴관일을 하루 늘리는 것 같은 일이다. 올 들어 참 당차게도 일주일에 6일 동안 개관하던 걸 5일로 줄이기로 했다. 직원들이 쉬는 건 아니다. 온종일 회의와 워크숍도 하고 자료조사도 하고 다른 도서관이나 참고할 기관에 견학도 가기로 했다. 단지 문을 열고 책을 빌려주는 시간만이 아니라, 그렇게 보이지 않게 준비하는 시간도 도서관에 꼭 필요하다는 걸 선언한 것이다.

정부나 지자체의 도서관 평가기준은 여전히 개관시간, 이용자 수, 대출권수 같은 물리적인 통계에 치우쳐 있다. 때로는 그 수치에 매달리느라 이용자들의 만족도나 서비스의 질, 도서관의 사명과 목적을 얼마나 수행하고 있는지는 뒷전으로 밀려나기도 한다. 한없이 직원을 늘리고 예산을 늘릴 수 있다면 도서관을 24시간 열 수도 있겠지만, 주어진 자원은 한계가 있다. 정책을 결정하는 사람들에게 인력충원을 요구해도 으레 있는 요구로 치부되고 만다.

우리는 주어진 조건에서 도서관서비스가 물리적 양만이 아니라 질과 내용을 담아내야 한다는 인식을 갖게 되는 계기를 만들어보려고 했다. 이는 다음 단계를 준비하며 사업의 우선순위를 고민하고 있는 느티나무도서관 내부의 요구이기도 했다. 우리가 할 수 있는 가장 효과적인 말 걸기는 그 의미를 체험할 기회를 만드는 것이었다. 서점이 아니라 도서관에서 자료를 고르고 정보서비스를 받는다는 것이 어떤 의미인지 이용자들이 체험해서 그 가치를 요구로 표현하게 되길 기대하고 있다.

경계에서 하려는 두 번째 역할은 말 걸기다. 도서관운동의 목적을 도서관문화로 삶을 변화시키는 데 두었으니 사서만이 아니라 이용자, 시민들이 도서관의 가치를 만나고 체득하고 실천할 기회를 만들어가려고 한다. 우리 가슴을 뛰게 했던 공공성과 지적 자유라는 가치가 미사여구로 남지 않고 삶 속에서 구현되려면, 구체적인 의미를 가진 언어로 담아 전달하고 직접 체험할 수 있는 기회 또한 마련해야 한다.

책을 써서 도서관 이야기를 시시콜콜 담아내고 싶었던 것 역시 우리를 가슴 뛰게 만들었던 도서관의 가치를 많은 이들과 나누고 싶었기 때문이다. 도서관에서 얼마나 많은 사람들이 때로는 지혜를 얻고 때로는 휴식을 누렸으며 친구를 얻고 가슴 뛰는 하루를 맞았는지를. 또다른 삶이 존재한다는 것을 발견하고 다름이 불편한 것이 아니라 우리 삶의 폭을 더 넓혀준다는 것을 체험하면서 비로소 이해와 존중을 배웠으며, 고단해하던 많은 것이 괜찮아지고, 무감하던 많은 것에 물음표를 던지게 되었다는 걸.

또 한 가지, 도서관의 미래를 상상하기 위해 우리는 경계에 서 있으려고 한다. 도서관의 틀을 지켜야 한다는 책임이나 부담을 갖지 않으면서, 앞으로도 유효할 도서관의 가치와 문화를 사회 흐름 속에 어떻게 담아낼지 그려보려고 한다.

부피에처럼

15년째, 언제나 어디서나 책을 만날 수 있는 환경을 만드는 데 많은 시간과 힘을 쏟아왔다. 그사이 도서관 수는 크게 늘어났다. 물리적 인프라를 놓고 보면 10년 전과 비교할 수 없을 만큼 늘었다. 책도 많아졌다. 심지어 사람을 책으로 초대해 다양한 삶을 만나고 편견을 없애기 위한 '휴먼라이브러리'라는 프로그램에서 보듯, 사람까지 책으로 등장했다. 도서관의 방문자 수, 도서관에서 빌려간 책의 권수 따위에 매달려 도서관의 예산이 결정되고 사서의 수가 배정되던 양적 성장의 시기에서 벗어날 때가 된 것이다. 그렇다면 이제 어떻게 어떤 책을 만나고 그 만남을 삶으로 이어갈지 좀더 깊이 고민할 수 있는 여건이 마련되었다고 할 수 있다.

정보의 홍수에서 정보격차를 넘어설 정보서비스? 난 이 말을 들을 때면 장 지오노의 《나무를 심은 사람》(두레, 2005)에서 부피에 노인이 도토리를 고르고 있는 저녁 식탁이 떠오른다. 그가 저녁마다 도토리 자루를 풀어놓고 한알 한알 정성껏 골라내는 일을 긴 세월 반복했던 것처럼. 우리는 한권 한권 공들여 책을 고르고 정보를 가려내려고 한다. 그리고 도토리를 땅에 심을 뿐, 숲을 장담하지도 재촉하지도 않았던 그의 묵묵함과 한결같음을 닮으려고 한다. 해가 바뀌면서 저 혼자 싹을 틔운 나무가 숲을 이루고 바람의 방향과 향기를 바꾸고 마을사람들의 삶을 바꾸었던 것처럼, 도서관을 찾는 다양한 이용자들의 몫을 오롯이 남겨두고 서비스를 하려 한다.

이 정도면 맘껏 가슴 두근거리며 꿈꿀 만하지 않은가.

개인적으로는 책을 좀더 천천히 읽을 생각이다. 도서관을 운영하다보면 놓친 끼니를 때우느라 한입에 꿀떡 삼키듯 책을 쌓아놓고 단숨에 읽어 치울 때가 많다. 그런데 책을 쓰느라고 지난 기록들을 뒤적이면서 어느새 다시 심장을 살짝살짝 건드리는 제목들을 만났다. 마치 조를 바꾸어 편곡을 해놓은 것처럼 한줄 한줄 새롭게 다가왔다. 이제 막 나에게 이야기를 들려주기 시작한 랑가나탄, 세라, 멜빌 듀이 같은 도서관 사상가들에게 기대어보기도 할 생각이다.

도서관 열쇠를 따로 가질 수 있는 관장의 특권은 한밤중의 고요한 도서관을 맘대로 드나들 수 있다는 것이다. 풀리지 않는 고민이 있을 때, 너무 고단해서 아무것도 할 힘이 없을 때, 불 꺼진 도서관에 들어가서 침묵으로 말을 걸어오는 책 몇 권 골라들고 와서는 밤새 읽곤 한다. 소설일 때도 있고 시집일 때도 있고 혹은 과학책이나 역사서가에서 뽑아든 평전일 때도 있다.

문득 떠오른 책을 찾아서 들고 오기도 하는데, 간혹 누군가 빌려가서 자리에 없는 경우가 있다. 급하게 보고 싶어서 조바심이 나면 eBook을 구입해서 읽기도 하지만, 대개는 누군가 이 동네에서 그 책을 펼치고 밤을 보내고 있을 거라는 흐뭇한 상상을 하며 반납함으로 발길을 돌린다. 반납함에 수북이 쌓인 책들을 들여다보며 그 책들을 읽고 돌려놓았을 또다른 누군가들을 떠올리는 것 역시 한밤중 도서관에서 누리는 특별한 낭만이다. 누군가가 읽기를 바라며 사들였으면서도 '와, 진짜 이 책을 빌려가는 사람이 있구나' 하며 감탄하고, 꼭 읽고 싶은데 미뤄두었던 책이 들어 있으면 누군가 대신 읽어준 것 같아 기분이 좋아진다.

'어떤 계기로 이 책을 떠올렸을까' '어느 순간에 이 책이 눈에 들어와서 빌려갔을까' 상상하며 한두 권 골라 들고 왔다가 담당직원이 출근하기 전에 돌려놓고 온다. 그때쯤이면 마음을 무겁게 만들었던 일에 답이 보이지 않아도 다시 하루를 시작할 힘이 생긴다. 어쩌면 부피에 또한 그렇게 긴 세월을 이어갈 힘을 얻지 않았을까. 때때로 폭풍우가 언덕을 휩쓸고 가버려 무력감에 빠졌다가도 어느새 다시 줄기를 곧게 세운 나무에 보지 못했던 새가 날아와 앉은 걸 발견하면서.

새 밀레니엄과 도서관

댄 브라운의 《다빈치 코드》(문학수첩, 2008)의 마지막 장을 덮는 순간, 난 참 운이 좋은 사람이라는 생각이 다시 들었다. 잠시도 틈을 주지 않고 몰입을 요구하는 복잡하고도 탄탄한 이야기 흐름을 쫓다가 비로소 깊게 숨을 내쉬는데 '다' '양' '성'이라는 세 글자가 눈앞에 떠올랐다. 댄 브라운은 피터 드러커나 제레미 리프킨 못지않은 통찰력으로 21세기가 다양성의 시대가 될 것을 보여주었다. 더이상 하나의 정답이나 진리라고 일컫는 것이 삶을 지배하는 권력을 행사할 수 없는 시대.

내가 운이 좋다는 생각이 들었던 것은 문득 느티나무도서관 개관일이 떠올랐기 때문이다. 2000년 2월 19일. 당시에는 너무 바빠서 해가 바뀌는지 세기가 바뀌는지 생각도 못하고 지나쳤는데, 그러고 보니 21세기로 접어들면서 도서관을 연 셈이었다. 다양성의 시대와 함께 도서관을 열다니! 다양성의 시대가 반가운 것은 자유의 폭이 완전히 다른 차원으로 넓어질 것이라는 신호처럼 여겨졌기 때문이다. 달라도 괜찮고, 늦어도 빨라도 괜찮고, 불편해도 괜찮다는 의미 아닌가. 같아지려고, 속도를 맞추려고, 적응하려고 애쓰느라 고단했던 시간에서 놓여날 가능성.

사실 도서관은 그 자체로 다양성의 공간이다. 어느 순간에도, 보르헤스가 묘사한 바벨의 도서관조차 완성태일 수가 없었다. 어쩌면 그래서 도서관은 완전하다. 언제든 비워지고 다시 채워지면서 끊임없이 새로워질 수 있는 가능성마저 갖고 있으니까.

21세기를 표현하는 몇 가지 키워드를 꼽아보면 불확실성을 내포하는 다양성, 세계화와 지역화, 정보화, 지식기반사회, 커뮤니케이션, 커뮤니티, 소외와 단절과 양극화…. 어찌 보면 '경계'의 시대라고 할 수 있을 것 같다. 세계화의 흐름은 지역화와 병행되어 '글로컬Glocal' 시대라는 이름까지 등장했다. 국가나 민족의 경계를 넘어 세계가 삶터로 연결되면서 다양한 문화, 다양한 삶의 방식, 다양한 사람이 만나고 섞이게 되었다. 정보화의 흐름에서는 위키피디아로 상징되는 집단지성collective intelligence 의 형태로 소통의 중요성이 커지고 있다. 다른 한쪽으로는 정보격차와 단절이 양극화와 소외를 심화시키고 있다.

도서관은 이 모든 단어와 관계를 가진다. 교과서도 수험서도 아닌 다양한 책이 꽂힌 서가에 온 세상이 담겨 있고, 그러면서도 커뮤니티에 뿌리를 두고 있다. 책을 함께 읽고 토론하는 활동은 그대로 집단지성의 실천이다. 정보격차와 소외를 해소하기 위해 정보복지를 실현해나가는 곳이며 소통과 네트워크의 장이다.

그렇다면 이제 비로소 도서관의 가치가 빛을 발할 시대라고 할 수 있지 않을까. 제발, 도서관이 화석이나 박제처럼 숨을 멈추고 딱딱하게 굳어 있지 않기를 바란다. 21세기, 이 다양성의 시대에!

이용자를 왕처럼 모시진 않겠습니다

1판 1쇄 펴냄 2014년 7월 24일
1판 5쇄 펴냄 2019년 9월 18일

지은이 박영숙
펴낸이 안지미
디자인 이은주
제작처 공간

펴낸곳 (주)알마
출판등록 2006년 6월 22일 제2013-000266호
주소 우. 03990 서울시 마포구 연남로1길 8, 4~5층
전화 02.324.3800 판매 02.324.2845 편집
전송 02.324.1144

전자우편 alma@almabook.com
페이스북 /almabooks
트위터 @alma_books
인스타그램 @alma_books

ISBN 979-11-85430-28-7 03020

이 책의 내용을 이용하려면 반드시 저작권자와 알마 출판사의 동의를 받아야 합니다.
이 도서의 국립중앙도서관 출판예정도서목록CIP은 서지정보유통지원시스템 홈페이지
http://seoji.nl.go.kr와 국가자료공동목록시스템 http://www.nl.go.kr/kolisnet에서
이용하실 수 있습니다. CIP제어번호: 2014020553

알마는 아이쿱생협과 더불어 협동조합의 가치를 실천하는 출판사입니다.

종이 표지_실키카펫 210g/㎡ 본문_미색백상지 100g/㎡